안동 하회마을을 찾아서

안동 하회마을을 찾아서

서수용

민음사

책을 내면서

지난해 겨울, 작은 단지에 담은 햇고추장을 주시며 노종부 선산 김씨는 섭섭한 마음을 감추지 않으셨다.
「인제 서울 가면 서 교수가 언제 또 올리껴」
하시며 구십을 바라보는 노종부께서 손을 흔드셨다.
「자주 오께시더, 가니데이」
하며 안채를 나와 중문을 거쳐 솟을대문을 향하던 중 사랑채에 걸린 입암고택(立巖故宅) 현판과 그 너머로 모습을 드러낸 불천위(不遷位) 사당, 그리고 파란 하늘에 솜사탕을 풀어둔 듯 걸려 있는 구름을 바라보니 지난 한 해 동안 양진당 사랑 대청에 거처했던 일이 되살아나 가슴이 메어졌다.
사실 필자는 하회마을과 깊은 연을 맺지 못했지만 지금은 누구보다도 하회마을을 소중하게 여기는 사람이 되었다. 지난 몇 해 동안 안동에서 지내면서, 한국의 전통 마을이라고 하면서도 정작 변변히 이야기한 책자가 없어 하회마을을 제대로 담은 책을 출간하고자 마음먹었다.

하회마을은 영남 명촌(名村) 중의 으뜸으로 국내는 물론 외국에까지 널리 알려져 있는 경치가 수려한 마을이다. 꽃으로 뒤덮인 봄, 시원한 강바람을 온몸에 느낄 수 있는 여름, 강 저편 남산 바위틈에 붉게 물든 가을, 물새가 쌍쌍이 비상했다 내리 곤두박칠치는 겨울 강변의 정취 등, 자연 계절의 아름다운 변화를 어느 곳보다도 생동감 있게 느껴볼 수 있다. 그외에도 탈춤, 윷놀이, 고담준론, 헛제사밥, 감주, 안동 식혜 등등 하회마을에서 느끼고 맛볼 수 있는 것은 많다.

  이 책을 준비하면서 필자는 자연 친화적인 공간에서 이루어낸 풍성한 선비 문화를 절감하게 되었으며, 이들이 남긴 유산들의 참된 의미를 파악하기 위해 몇 분 남지 않은 선비를 만났고, 가능한 한 자주 현장으로 달려가 보고 느끼려고 노력했다. 그러나 단순히 역사적으로 하회의 문화가 선비 문화로 특징지어질 수 있기에 그러한 작업을 했던 것만은 아니다. 현재 우리 사회는 어쩌면 전통 문화의 정신이 절실하게 필요한 때라고 생각한다. 그래서 오래된 우리의 고전뿐만 아니라 하회마을 사람들이 남긴 문집과 그 밖의 저술을 들추어내면서 구전되는 사실들을 수집하는 가운데 이 시대 우리에게 요구되는 참된 정신을 찾아보려고 노력했다.

  손에 잡힐 듯 하면서도 그러나 끝내 이것이다 하고 내놓을 무엇을 이 순간까지도 찾지는 못했지만, 〈남에게 모질지 않고 착한 행실을 쌓으려고 노력한 이들의 후손들이 잘 되더라〉는 결론에 도달할 수 있었다. 〈적선지가(積善之家) 필유여경(必有餘慶)〉이라는 명심보감 구절이나 〈화인악적(禍因惡積)이요 복연선경(福緣善慶)이라〉는 천자문 구절을 찾고자 얼마나 많은 시간을 보냈는가 생각하니 묘한 느낌이다.

  일반적으로 하회마을 하면 경치가 좋다는 평이 주조를 이룬다. 그러나 그 경치만을 그려왔던 사람들은 천리길을 달려와서 보면 실망하게 된다고 불평이 많다. 이제부터라도 이 작은 책이 안동 하회마을을 새롭게 접근하는 데 지침이 되었으면 하는 마음 간절하다.

이 책이 발간될 수 있었던 것은 이문열(李文烈) 선생의 도움이 컸다. 세심한 배려에 감사드린다. 또한 어려운 출판 환경에도 불구하고 책의 출간을 맡아주신 민음사에 깊은 감사의 마음을 표하고 싶다.

이제 고추장 단지를 건네주신 노종부께 하회마을 이야기를 담은 이 책자를 올리며, 섭섭해 하시던 그 마음을 조금이나마 풀어드릴까 한다.

1999년 1월
貞陵 寓舍에서
徐守鏞 謹識

● 차례

책을 내면서 5

1 마을의 내력

안동 하회마을 13
풍산 류씨가 하회에 정착하게 된 내력 25

2 아름다운 하회마을

눈길 머무는 경치 ──「하회십육경(河回十六景)」 28
옥연십영(玉淵十詠) 40
새와 물고기의 낙원 44
서예가 정사(淨沙) 류일하(柳一夏) 씨 가(家) 46
판소리 명창 이명희 씨 47
양반 마을과 말[馬] 48

3 충효의 전통을 간직한 마을

충효지외(忠孝之外) 무사업(無事業) 54
〈하남백숙(河南伯叔)〉 형제분의 우애 59
지주중류비 65
형님을 그리워한 서애의 제문 73
추자골 야거위(野居位) 배위 열녀 안동 김씨 이야기 78

4 하회의 인물

　겸암·서애 이전의 인물들 81
　겸암파(謙菴派) 88
　서애파(西厓派) 92
　상주 낙동(洛東) 우천파(愚川派) 101

5 하회마을의 서원과 누대정사

　서원(書院) 105
　그외에 서애 선생을 모신 서원들 113
　누대정사(樓臺精舍) 119

6 하회마을의 고택들

　양진당(養眞堂) 149
　충효당(忠孝堂) 151
　하동고택(河東古宅) 152
　하회북촌댁(河回北村宅) 153
　하회남촌댁(河回南村宅) 155
　하회주일재(河回主一齋) 156
　하회류시주가옥(河回柳時柱家屋) 157
　수암종택(修巖宗宅) 157

7 하회에 남아 있는 전적과 고문서

　전적(典籍) 159
　고문서(古文書) 165

8 하회마을의 자랑

　문화인물로 선정된 서애 선생 170

사제사(賜祭祀) 171
회전(會奠) 합사(盒祀) 173
외손(外孫), 외외손(外外孫) 봉사(奉祀) 181
양종가(兩宗家)의 청주맛과 물맛 184

9 지금은 사라진 것들

서애 선생의 집터 189
농환재(弄丸齋) —— 서애 선생이 세상을 떠난 초가집 190
의장소(義庄所)와 그 밖의 소(所)들 196
국보급 하회화병(河回花屛) 198
졸재 선생의 가르침 204
해동보첩 210
멋스러운 반송이 남은 교정 풍남초등학교 213
부휴정(浮休亭) 216
남애서숙(南厓書塾) 216

10 새로 생겨난 공간들

연화사(蓮花寺) 217
마을에 생긴 하회교회 219
학록정사(鶴麓精舍) 222
심원정사(尋源精舍) 225

11 기념물

서애 선생 유애비 232
서애 선생 어록비 233
서애관 건립비 233
정부인(貞夫人) 영양 남씨, 공인(恭人) 문소 김씨 정려각 234
열녀 풍산 김씨 정려각 236

서애로(西厓路) 237

12 야담과 일화

바둑으로 퇴치한 일본 밀정 —— 치숙일화(癡叔逸話) 238
상주목사 시절에 있었던 일 242
수출(袖出) 평양도 —— 소매 속에서 평양 지도를 꺼내다 244
갈교(葛橋) —— 칡으로 만든 다리 245
산하재조지공(山河再造之功) 246
예습맥반(豫習麥飯) —— 보리밥 먹기 훈련 247
겸암굴(謙菴窟) 247
심부름으로 상대의 인물됨을 알게 함 250
서애 선생의 안광(眼光) 251
능동 묘소 252
비운의 겸암, 서애 선생 형제분의 매부 부부 254
노모와 많은 식솔들을 무사히 피난시켰던 도심촌 257
물금장(勿禁葬)을 명 받은 우헌(愚軒) 류세명(柳世鳴) 259
청백하게 살다간 낙동대감 261
하회마을의 슬픈 이야기 —— 하회수변(河回水變) 267
양진당 연당못 269

13 추모의 공간

낙고사(洛皐祠) 285
금계재사(金溪齋舍) 285
풍송석(風松石) 288
공조전서입향기적비(工曹典書入鄕紀蹟碑) 290
수동재사(壽洞齋舍) —— 상로재(霜露齋) 292
삼동재사(三洞齋舍) 295

14 명가의 가훈

신정십조(新定十條) 297
어록(語錄) 초(抄) 301
명가의 내훈(內訓) 305

15 하회의 민속놀이

하회별신굿과 탈놀이 308
하회선유(河回船遊) 줄불놀이 333
화전놀이 336

부록 349
참고문헌 355

1 마을의 내력

1 안동 하회마을

하회마을은 안동에서 서쪽으로 육십 리 거리에 있다. 자가용으로 단숨에 달리면 안동시 중심부에서 30분, 버스로는 50분 거리다. 동쪽으로는 태백산맥인 해발 271m의 화산(花山)이 평지에서 솟아 있고 남쪽에는 일월산맥인 남산(南山)과 서쪽으로는 화산 너머로 역시 일월산맥의 지맥인 원지산(遠志山)이 나지막하게 솟아 있으며 그 뒤로는 마늘봉[蒜峯]이 드리워져 있다.

마늘봉은 그 생김새가 마치 마늘과 같다는 데서 생겨난 이름이며 입에서 입으로 전해지면서 오늘에 이르렀는데, 한편으로는 만은봉(晚隱峯)으로 알려지기도 했다.[1] 이 봉우리는 하회 남산 뒤편에 뾰족하게 모습을 드러낸 마늘봉이며, 문필봉(文筆峯)이라고도 부르는 것이다. 마을의 인재 배출과도 무관하지 않은 문필봉이라는 연상 때문인지 더욱 정겹다. 마을 사람 중에는 일월산 지맥인 남산을 〈감투봉〉이라고도 부르

사진 1-1 만송정 송림

지만 그 역시 보편적인 것은 아님이 연로한 분들의 이야기로도 확인된다. 하지만 이 모두는 마을에서 배출된 많은 인재와도 무관하지 않은 것 같다.

　낙동강이 동에서 흘러 서쪽에서 다시 북쪽으로 굽이쳐 마을을 안고 돌아 흘러 하회(河回)라고 불러왔다. 〈물돌이동〉이라 했던가. 그래서 달리는 곡강(曲江), 하상(河上), 강촌(江村), 하외(河隈) 등으로도 불렸다. 시성(詩聖) 두보(杜甫)의 시에 나오는 〈청강일곡포촌류(淸江一曲抱村流)〉를 〈강촌〉이라 줄여서 표현한 것인데, 하회는 정말 그 구절이 그려

---

1) 서애 선생의 손자 졸재 류원지공의 문집인 『拙齋集』 권10에 보면 「擬以晩隱名齋記」가 있다. 일찍 세상을 떠난 仲父의 뜻을 이어 晩隱齋를 꾸미면서 쓴 記文이다. 〈산봉(마늘봉)〉은 그 발음이 〈만은〉과 유사해서 晩境에 隱居하며 道를 구한다는 의미로 취해온 것임을 밝히고 있다. 따라서 〈산봉〉은 〈만은봉〉으로도 불렸음을 알 수 있다.

낸 풍경이 눈에 선한 마을이다. 더러는 마을에 와서 꽃 파는 곳이 어디냐고 묻는 사람도 있다. 서울에 사는 사람이었는데, 아마도 〈화훼 단지(花卉團地)〉와 착각한 모양이다. 하기야 하회에는 유달리 꽃나무가 많다. 그래서 봄이 되면 그야말로 백화제방(百花齊放) 그 자체다. 그렇기는 해도 이런 질문은 너무했다는 생각이다.

수려한 화산(花山)을 주룡(主龍)으로 낮게 자리잡은 마을 모양이 산태극(山太極)·수태극(水太極)의 태극형이요, 연꽃이 물 위에 뜬 것 같다 해서 연화부수형(蓮花浮水形), 또는 다리미 형국이라고도 한다.

특히 마을 북쪽으로 화천 대안(對岸)에 깎아지른 듯 솟은 암벽은 천하의 절경이다. 그것이 부용대인데, 그 앞으로 은모래, 금모래가 드넓게 펼쳐진 백사장과 나란한 만송정(萬松亭) 소나무 숲 또한 빠뜨릴 수 없는 하회마을의 장관이다.

이 소나무 숲은 겸암 선생이 원지산과 북쪽의 부용대 사이의 허(虛)한 곳을 메우기 위한 일종의 〈비보(裨補) 숲〉으로 조성된 것이라 한다. 그러나 더욱 사실적으로 느껴지는 것은 〈부용대 절벽의 거친 모습을 가리기 위함〉이라는 말이다. 겸암 선생이 강학(講學)하던 장소인 빈연정사에 올라 부용대와 낙동강을 바라보면 이내 공감할 수 있는 지적이다.

낮은 구릉 형태의 골을 따라 주택들이 옹기종기 모여 있고 완만한 자연 경사로 인해 동서남북으로 좌향을 제각기 잡아 여느 마을에서는 보기 드문 가옥 배치를 보여준다. 하회마을의 주택 좌향을 〈제각기〉나 〈동서남북 사방〉이라고들 한다. 그러나 더욱 적절한 표현은 〈24방위〉일 것이다. 그 이유에 대해서는 설이 구구하다. 일반적으로는 일족들끼리의 일종의 자존심 경쟁이라고도 하는데 설득력은 약하다. 페어플레이를 한다 해도 결과를 짐작할 수 있기 때문이다. 그렇다면 무슨 이유에선가?

하회에서는 인물이 났을 뿐 세도가(勢道家)니 가렴주구(苛斂誅求)의 표적이 된 관료들이 나지 않았다. 학문이 있고 문화를 아는 사람들이 무수히 배출된 마을이 하회다. 그렇다면 결론은 하나다. 그러한 학문과 문화적 안목을 바탕으로 한 자연과의 조화가 그것이다. 그 조화가 각양각색의 가옥의 좌향과 형태, 구조를 결정했다고 본다. 삼면을 감싸 안고 흐르는 강을 바라보기 위한 가옥 배치라는 설이 가장 타당할 것 같다.

마을 안에는 웅장한 고기와집과 솟을대문, 그리고 정감 어린 초가집들이 지어져 전통 마을로는 조금의 손색이 없는 풍산(豊山) 류씨(柳氏) 총본산일 뿐 아니라 강산의 수려함으로도 국내의 제일이다.

하회마을은 〈허씨(許氏) 터전이요, 안씨(安氏) 문전(門前)에 류씨(柳氏) 배반(胚盤)이라〉는 전설을 지니고 있다. 〈배판〉으로 더욱 많이 불려진다. 하회마을에 대한 글을 쓴 사람들이라면 누구나 단골로 인용하는 문구다. 〈배반〉이란, 알의 노른자위 위에 희게 보이는 원형질로서 조류나 파충류의 몸체를 만드는 아주 중요한 부분을 말한다. 〈알눈〉이라고도 하는 것이다. 곧 허씨와 안씨들이 마을의 기초 공사를 했다면, 그곳에다 찬란한 문화를 꽃피운 씨족은 풍산 류씨라는 말이다. 〈하회는 류씨의 명당(明堂)〉이란 표현이 가장 적절할 것이다.

이 용어가 어디에서 유래하는가 알아보면, 마을의 입향 유래를 설명할 때 빠짐없이 이 말이 등장하고 있다는 사실이 우선 놀랍다. 이 말은 순전히 구전(口傳)이다. 세대는 멀고 사적(史的)인 확실한 고증이 없어서 매사에 이처럼 사실을 알기는 어렵다. 그러나 역사의 대략을 정리하면 이러하다.

고려(高麗) 말에 정승을 지내던 김해(金海) 허씨(許氏) 한 분이 조정에서 물러나 팔도의 경치 좋은 곳을 유람하다 안동을 경유하게 되었다. 너무나 하회의 터가 좋은 나머지 웃골 거먹실에 살기 시작했다. 이러한 사실은 강 건너 건짓골[乾池谷]에 허정승의 묘소가 있어 그분의 자손인 김해 허씨들이 묘소를 찾기 위해 20년 전까지 몇 번이나 왔다 갔다는 점에서 확인할 수 있다. 하회탈을 만들었다고 알려진 허도령 역시 김해 허씨인 것이다.

허씨들이 터를 잡고 산 지 백 년 뒤 광주(廣州) 안씨(安氏) 안성이란 분이 경상감사로 부임하여 각 고을을 순시하던 중 하회에 와서 보니 산수가 너무나 좋아 화산 기슭 향교골에 터를 잡아 살기 시작했다. 천곡(泉谷) 안성(安省)이란 분의 아들 안종생(安從生)은 사헌부 감찰까지 지냈는데 배소(裵素)의 사위이기도 하다.『광주안씨대동보』에 의하면 안성은 전서공(典書公, 류종혜)과 동시대 인물이기 때문에 전서공이 고개 밖(峴外)에 터를 잡던 시기와 같은 때에 하회에 와서 살기 시작한 게 아닌가 생각된다. 안씨는 하회에 들어와 35대까지 내려왔다는 것만 보아도 그 역사가 유구했음을 알 수 있다. 지금도 마을 근처에 안씨 묘소들이 산재하며 사십 년 전까지 한 집이 남아 있다가 떠난 뒤로는 단 한 집도 남지 않았다. 다만 매년 시사(時祀) 때나 가끔씩 옛 조상들이 살았던 하회를 찾는다 한다.

〈안씨들이 피를 천 석이나 했다〉는 말도 전한다. 부용대로부터 부계(富溪) 쪽으로 만여 평이나 광활하게 펼쳐진 농토에서 수확된 것으로 추정된다. 다만 천 석은 다소 과장된 듯하지만 농사를 알뜰하게 지었다면 수백 석은 넉넉히 수확했을 것이나 갑술년 대홍수(1934년)에 모두 유실되고 말았다 한다.

여기에는 강물이 마을 전체를 감싸안고 흐르는 하회의 지리적 특징과 어우러진 재미난 전설 하나가 있다.

광주 안씨는 하회마을에 터를 잡고 나서 그렇게 보잘것없지는 않았던 것 같다. 하루는 풍수가가 와서 묘터를 물색하면서, 〈혈식 군자(血食君子)가 날 터와 당대에 만석 부자가 날 터 중에 하나를 택하면 어느 것이나 잡아주겠다〉는 선택이 용이치 않은 제의를 해왔다. 안씨들의 명운(命運)이 걸린 실로 중요한 제의였다. 그러나 불행히도 안씨들은 우선 잘 사는 것을 선택했고 그 결정은 마을의 주인까지 바꾸는 결정적 계기가 되고 말았다. 묘를 들인 그해에 큰물이 져 순식간에 광활한 농토가 강 가운데 생겨났다. 거기에서 그해에 농사를 지어 피를 천 석이

사진 1-2 부용대에서 바라본 하회마을

나 수확했다. 그러나 최근 안동댐이 건설되기 전까지도 오 년 또는 십 년에 한 번씩 대홍수가 나면 강 가운데 섬은 생겼다간 없어지곤 했다고 하니 과학적으로도 근거가 있는 셈이다. 광주 안씨들의 부자의 꿈도 그렇게 소멸되었음은 불을 보듯 뻔하다.

마을 현황(1996년 1월 1일 현재)
인구 115세대 290명(남 141, 여 149)
건물 290동(기와집 113, 초가 84, 기타 93)
문화재 18점(국보 2, 보물 4, 중요무형문화재 1, 사적 1, 중요민속자료 10)
1980년 12월 31일 경상북도민속자료 제23호로 지정
1984년 1월 10일 중요민속자료 제122호로 변경
하회마을관리사무소(0571-854-3669)

〈혈식 군자〉란 무엇인가? 바로 서애 류성룡 선생이 그런 분이다. 어떤 인물이 국가나 사회에 큰 업적을 쌓게 되면 국가나 유림 사회에서 공론을 거쳐 사당에 모시고 영원히 기념한다. 이것을 제향(祭享), 향사(享祀), 봉향(奉享), 배향(配享) 또는 시축(尸祝, 書院에만 국한)이라고 한다. 그때 올리는 음식은 익힌 것을 쓰지 않는데 군자는 날 음식을 드신다는 뜻에서 나온 것이다.

풍산 류씨들이 입촌하여 점차로 번성하게 되자 허씨들이 먼저 한두 집 떠나고 이어서 광주 안씨들이 뒤를 이었다. 그리하여 하회마을은 류씨 집성촌으로 자리잡으면서 대촌으로서의 면모를 갖추었다고 보여진다.

풍산 류씨들이 하회에 자리를 잡으면서 얼마 안 되어 벼슬길이 열렸다. 중종대에 입암(立巖) 류중영(柳仲郢, 1515-1573)은 과거에 급제한 뒤 벼슬이 관찰사에 이르렀고, 두 아들을 두었는데 바로 겸암 류운룡(1539-1601)과 서애 류성룡(1542-1607) 선생이 그들이다.

하회는 예로부터 300여 대촌(大村)이라 불려왔다. 그러나 이것은 하회 1, 2동을 합해서 부른 말이다. 그러나 갑술년(1934) 대홍수에 유실되어 현재는 본동에 120여 호만 남아 있고, 류씨는 70여 호 정도라 한다.

이 마을은 모두가 문화재라고 해도 과언이 아니다. 그러나 특별히 정부에서 지정한 것으로는 국보가 2점, 보물이 4점, 중요무형문화재(이하 중무문) 1점, 중요민속자료(이하 중민자)가 10점, 사적 1점이 있다. 한 마

마을의 지정 문화재

하회탈 및 병산탈	국보	제121호
징비록	국보	제132호
류성룡종손가문적	보물	제160호
안동양진당	보물	제306호
안동충효당	보물	제414호
류성룡종손가유물	보물	제460호
하회별신굿탈놀이	중무문	제69호
병산서원	사적	제260호
하회북촌댁	중민자	제84호
원지정사	중민자	제85호
빈연정사	중민자	제86호
하회류시주가옥	중민자	제87호
옥연정사	중민자	제88호
겸암정사	중민자	제89호
남촌댁	중민자	제90호
하회주일재	중민자	제91호
안동하회마을	중민자	제122호
하회하동고택	중민자	제177호

을에 동일 씨족들에 의해 이룩된 이렇게 많은 문화유산이 있는 예는 드물 것이다. 국가적 차원에서 보호하고 있는 이유도 여기에 있다.

 1984년 민속촌으로 지정될 당시, 연간 3만에 불과한 관광객 숫자는 연간 4, 5십 만이나 될 정도로 폭증하고 있는 실정이다. 이들 관광객들의 폭증으로 인해 마을에는 민속 음식점과 기념품 가게는 물론 숙식을 제공하는 민박도 여러 군데 생겨났다. 또한 그에 따라 예전에는 생각지도 않았던 문제들도 생겨났고, 관광객들의 감탄과 불만도 동시에 터져나왔다.

영모각(永慕閣) —— 서애 선생 유물 전시관

서애 선생의 유물과 유품을 전시 보관하고 있는 집으로서 충효당 내부에 있다. 1965년 9월 박정희 대통령의 하사금으로 문충공 서애 류성룡 선생의 유물 보존각을 현대식 건물로 지어 1966년 6월 11일 개관식을 가졌다. 그러나 유물 전시관은 고기와집과 초가가 산재한 마을과 조화를 이루지 못할 뿐 아니라 전시 시설이나 유물 보관 시설이 모두 좁아 제 기능을 다하지 못하였다. 이러한 사정이 알려지자 당국의 협조와 영부인 육영수 여사의 재건에 대한 각별한 배려로 57평의 고기와형 유물 전시관을 1973년 5월에 착공하여 1975년 10월에 준공한 뒤 1976년 6월 7일에 개관하여 300여 점의 유물과 유품을 일반에 공개하게 되었다.

사진 1-3 영모각 현판(고 박정희 대통령 친필)

현판 글씨는 박정희 대통령 친필이다.

하회마을을 찾은 분들은 자세한 안내를 받지 못하면 이곳 유물전시관을 둘러보지 못하게 되기도 한다.

원로 학자 고(故) 소극(小極) 서주석(徐周錫) 선생님으로부터 작은 사진 한 점을 건내받았다. 그 사진은 흑백이었고 양복 입은 신사가 포즈를 취하고 있었는데 영모각 옛 건물임을 직감했다. 사진의 주인공은 선생님 자신이었다. 옛 영모각 건물은 사진을 보면 외견으로는 한껏 멋을 낸 상당히 복잡한 흰색 콘크리트 구조다. 70년대 초까지 존재했던 이 건물 사진을 이제야 처음 보았을 정도로 우리는 기록에 약하다는 점과 하회마을 소개 책자가 부족했다는 점을 동시에 느꼈다.

그러나 한 차례 시행착오를 거쳐 재건축한 현재의 유물 전시관인 영모각 역시 개관 20여 년을 지나면서 다시 많은 한계를 드러내고 있다. 우선은 내부 전시 공간의 태부족을 지적하고 싶다. 영모각에 전시할 만한 수많은 유물 유품들이 금고 속에 보관되어 있다. 필자가 느끼기에도

사진 1-4 최초의 영모각 모습. 사진 속의 인물은 고(故) 서주석씨이다

현재 전시되어 있는 대부분의 고문서들은 복제품(複製品)이며 전시품의 교체 역시 적절히 이루어지지 않고 있다. 대부분은 전시 위치조차 변화가 없다.

다음으로는 영모각의 위치 문제다. 하회마을은 160여 만 평의 광활한 지역 전체가 중요민속자료로 지정되어 관리되고 일반에 공개되어 있다. 하회 1리로 대표되는 하회마을 역시 골목이 복잡하고 수많은 건축물이 있기 때문에 관광객들이 충효당 솟을대문을 통해 영모각까지 당도해 관람하기까지는 상당한 어려움이 있다. 입장시 상세한 안내를 받더라도 익숙히 찾아가기에는 길은 멀고 골목은 복잡하며 너도나도 관광객이기 때문에 마땅히 물을 곳도 없다.

마을 입구에 좀더 과학적으로 설계되고 넓고 쾌적한 전시 공간이 절대적으로 필요하다는 생각이다. 그곳에서 마을의 문화나 역사에 대한 시청각 안내도 할 수 있는 공간도 마련된다면 금상첨화일 것이다.

마지막으로 지적할 내용은 전시 내용물이다. 보다 포괄적인 하회마을의 문화나 역사를 이해할 수 있는 자료가 전시되어야 한다는 점을 지적하고 싶다. 국보나 보물로 지정된 서애 선생 관련 자료만 전시되어서는 마을을 이해하는 데 충분치 못하다. 하회마을이 배출한 많은 훌륭한 분들의 유물 유품들과 그들의 학문적 업적을 엿볼 수 있는 자료, 이를테면 문집이나 저술, 그리고 그들과 관련이 있는 종택이나 사당, 서원이나 정자, 대(臺) 등의 사진 자료 따위도 전시물로 고려할 수 있을 것이다.

덧붙이고 싶은 것은, 하회마을 유물 전시관에는 국보로 지정된 하회탈이 전시되어야 한다는 것이다. 문화재의 해외 반출(搬出)만 문제되는 것이 아니다. 문화재의 석연찮은 국내 반출도 이제는 심각히 고려할 시점인 것이다. 하회마을의 영모각을 사진처럼 이렇게 지었을 무렵 하회탈은 서울로 반출되어 국보로 지정되었는데(1964. 3. 30), 잘못 지어진 건물은 이미 20년 전(1975)에 고쳐지었으나 국보로 지정돼 국가 소유로 되어 서울 국립중앙박물관에 그 일부만 전시되어 있는 하회탈 반환의

사진 1-5 새로 지은 현재의 영모각 모습

요구는 고려의 대상도 되지 못하고 있는 현실이다.

　유물 전시관인 영모각에 들어서면 서애 선생이 사용했다는 선비상 한 점과 만나게 된다. 전문가도 아니고 한 번도 만져보거나 가까이에서 본 적이 없기 때문에 재질이 무엇인지, 상태가 어떤지도 알 수 없지만 육안으로 판단하기에는 400여 년 풍상을 겪은 경상(經床)으로는 지나칠 정도로 깨끗하게 보관되었다는 느낌이다. 41년 위인 퇴계 선생의 것과 는 너무나 차이가 난다는 점 때문에도 그런 생각이 들었는지 모른다.

　그 사유가 적혀 있지는 않지만, 들은 바로는 이 선비상은 당초 서애 선생의 셋째 아들 수암 류진의 종택에 보존되어 왔고, 의문의 실물(失 物) 사건이 있었으며, 뒤늦게 모 대학 교수가 그것을 최종 구매했다고 한다. 그런데 이 선비상이 충효당 본가로 돌아오게 된 것은 뒷면에 한 문으로 적힌〈임진왜란을 극복한 선생의 탁월한 경륜과 높은 학문이 모두 이 책상 위에서 나왔다〉는 선생을 추앙한 글귀 때문이다.
 서애 선생이 사용했던 물건이라는 표시 때문에 실물과 전매 과정을 겪게도 했지만 그것이 단서가 되어 후손가로 되돌아올 수 있게 되었던 것이다. 이런 우여곡절 끝에 선비상은 선생의 종택 영모각으로 돌아와 일반에 공개될 수 있었다.
 꼬리를 물고 일어나는 생각은 그렇다면 학문과 문필에도 당대 제일이었던 선생께서 아꼈던 벼루가 있었을 게 아닌가 하는 것이다. 퇴계 선생의 경우는 제자가 선물했다는 아름다운 매화연과 또 다른 벼루 한 점을 남겨 지금도 도산서원 유물 전시관에 가면 만날 수 있다.
 벼루는 다른 물건과는 달리 돌로 만들어졌기 때문에 반영구적이다. 오늘날까지 남아 있는 선생의 손때가 묻은 서책이며 고문서들을 지키려는 후손들의 노력은 대단했다고 판단된다. 그렇다면 이 경상과 호흡했을 서애 선생의 체취가 배인 벼루는 어디로 갔단 말인가.

2 풍산 류씨가 하회에 정착하게 된 내력

 풍산 류씨는 고려말 호장을 지낸 휘 절(節)을 시조로 한다. 이분이 지금의 풍산읍 상리에 살다가 7세 조인 공조전서(工曹典書) 류종혜(柳從惠)공에 이르러 하회 큰고개(大峴) 밖에 집을 지었다. 또한 일종의 나그네 숙소라고 할 수 있는 관가정(觀稼亭)을 지어 궁핍한 사람들을 3년 동안 도와주는 공덕을 베풀었다. 3년 동안 은혜를 입은 사람이 많았다. 이를 기반으로 허씨와 안씨들이 살고 있는 곳을 피해 연화부수형(蓮花浮水形)의 울창한 숲을 베어내고 늪지대에 흙을 넣어 터를 닦아 집을 짓기 시작하여 몇 해만에 대저택을 지으니 지금의 양진당(養眞堂) 사랑채는 그 당시 건물의 일부라고 전한다.
 조선 초엽에 이름난 마을인 하회, 그것도 이미 다른 씨족들이 터를 잡아 살고 있는 마을에 혼인이나 다른 특수한 인연이 아닌 상태로 진입하기란 애초부터 불가능했는지 모른다. 또한 잦은 자연 재해, 그리고 숲이나 늪과 같은 제반 장애물도 만만한 상대는 아니었다. 자연히 사연이 없을 리 없다.

입향조인 공조전서는 하회 화산 꼭대기에 올라 하회마을을 면밀히 관찰했다. 물의 흐름이나 산세며 기후 조건 등 주도면밀한 검토였으리라.

하회의 뒷산인 화산은 명산(名山)이라고 한다. 왜 그런가 했더니 우선은 주변의 산들과 비교해 보아도 그 규모 면에서 으뜸이며 또 강을 끼고 하류로 내려가는 것이 아니라 물을 거슬러 다시 올라오는 형세를 하고 있다. 이를 〈역수형(逆水形)〉이라 하는데, 풍수지리적 측면에서는 대단히 좋은 기상인 모양이다. 또 하나, 화산은 산이 겹으로 두텁게 이루어졌다는 것이다. 그래서인지 몰라도 사방으로 움직이며 화산을 보면 참으로 천 가지 만 가지 모양을 보여준다. 가장 인상 깊은 곳은 병산서원 앞산 정상에서 바라본 것이었는데, 꿈틀거리는 한 마리의 용이 생각날 정도였다.

화산 정상에서 오랜 시간을 조망(眺望)한 끝에 천년 기지로 택한 입향조는 지금의 양진당 터에다 곧바로 살 집을 지었다. 형편이 넉넉했던 터라 비교적 규모가 큰 집을 경영했던 모양이다. 그 집은 지금의 큰종가인 양진당(養眞堂)을 말하는데 뜻밖에도 기둥을 세우면 넘어지곤 하기를 수차 반복하게 되자 갈등이 없을 수 없었다.

하루는 곤히 자는데 산신령이 현몽(顯夢)하기를, 〈그곳은 네 터가 아니다. 굳이 네 터를 만들려면 3년 동안 활만인(活萬人)을 하도록 하여라〉라고 했다. 〈활만인〉이란 만 명의 사람을 구원해 주라는 불가능에 가까운 산신령의 주문이었다. 그러나 집을 짓기 위한 집념도 만만치 않아 지금의 큰고개 밖에다 원두막과 같은 보잘것없는 집을 마련하고 여름이면 밭에 외도 갈아 오가는 이들에게 먹이고 짚신을 삼아 길손들에게 주기도 하고, 가마솥에 밥을 지어 가난하고 굶주린 행인에게 대접하는 등 지극 정성으로 3년 동안 만여 명에게 공덕을 베푼 뒤 기둥을 다시 세우니 현몽한 대로 되었다는 전설이다. 물론 〈수십 년〉이나 〈여러 해〉 등 적선(積善)한 기간은 상당한 차이를 보이고 있기는 하나 하회마을에 본격적으로 살기 위해서는 이러한 노력이 선행되었다는 점만은 확실한 것 같다.

류씨가 하회에 정착한 이후 입암(立巖), 귀촌(龜村), 권옹(倦翁), 파산(巴山) 등 이름난 관리와 걸출한 선비가 배출되었다. 특히 조선 중기의 성리학자인 겸암(謙菴) 선생과 임진왜란 당시 난리를 다스린 재상으로 〈산하재조지공(山河再造之功)〉을 세운 서애(西厓) 선생 형제분이 나셨다. 두 분 모두는 퇴계 선생의 가르침을 받은 고제(高弟)로서 영남학파의 거봉이 되었다.

2 아름다운 하회마을

〈하회마을은 아름답다〉는 말은 그야말로 새삼스럽고 그래서 진부한 표현이 되고 만다. 그러나 달리 그 아름다움을 표현할 참신한 단어도 떠오르질 않는다. 하회마을은 아직도 우리의 마음속의 그리운 고향 그 자체로 남아 있다.

한문식 표현으로는 화도강산(畵圖江山), 금상첨화(錦上添花)라 하면 제격에 맞을지 모르겠다. 그림 같은 자연 환경에다 훌륭한 인물도 많이 났기 때문에 그렇다.

1 눈길 머무는 경치 ──「하회십육경(河回十六景)」

하회마을을 대표하는 아름다운 경치마다에 이름을 붙인 사람은, 서애 선생의 맏손자인 졸재(拙齋) 류원지(柳元之, 1598-1674)공이라고 전해 온다. 십육경 하나하나가 모두 수채화를 연상케 할 만큼 하회마을 중에

사진 2-1 하회십육경 현판. 졸재 류원지 작품이다.

서도 특히 아름다운 경치이지만 잠깐 스쳐가는 길손들에겐 좀처럼 그 모습을 보여주지 않는다. 77세로 세상을 떠난 졸재공이 돌아가신 해 1월에 썼다는 「하회십육경」 시 작품은 현재도 양진당 사랑 대청마루에 드높이 걸려 있다.

그런데 이상하게도 현판에는 〈하외십육경〉으로 기록되어 있다. 〈외(隈)〉라는 글자는 〈굽이 외〉 자로서 물가의 굽어 들어간 곳 또는 후미지고 쑥 들어가서 으슥한 곳이라는 의미를 지니는 글자다. 그렇기에 물 하(河)자와 어울려 하회의 지리적 특징을 잘 표현해 둔 것이라 생각된다. 조선 중기에는 이처럼 하회마을은 하외라고도 쓰였음을 알려주는 자료가 이 현판이다.

서애의 장손자 졸재공은 학문과 문장을 겸비한 당대를 대표할 만한 훌륭한 분이었다. 우선 간접적으로나마 그러한 면모를 접할 수 있는 것

2 아름다운 하회마을 29

은 그가 남긴 문집뿐인데, 그 문집을 마을에서 쉽사리 구해보기 어려웠다. 번역본은 차치하고라도 그 흔한 영인본으로도 발간된 적이 없다. 그래서 하는 수 없이 영모각에 소장하고 있는 『졸재집』을 보았다. 영모각에는 『졸재집』이 있기는 했으나 아쉽게도 완질(完帙)이 아니었다. 그렇지만 다행하게도 권10에서 「겸암옥연이정사십육경기(謙庵玉淵二精舍十六景記)」를 만날 수 있었다.

제목에서 확인할 수 있는 것처럼 하회십육경은 겸암정사와 옥연정사에서 느낄 수 있는 아름다움의 극치를 한데 묶어 16개의 경치로 분류한 것이다. 〈사시의 경치가 같지 않고 아침 저녁으로도 그 모양이 각기 달라 언어로 표현할 수 없을 정도다(四時之景 不一 而朝暮之態 各異 有難以言語名狀)〉라는 서문의 표현은 아주 적절하다.

하회마을 양진당 안채 대청마루에서 「화전가」를 들은 적이 있다. 한복을 맵시 있게 입고 낭랑한 목소리로 화전가를 읽는 풍산 류씨 따님의 기품이 돋보였고, 주위에서 듣는 분들은 〈그렇지〉, 〈좋다〉를 연발했다. 내용 중에는 하회십육경을 여실히 노래한 것이 있었는데, 눈에 선할 정도로 자세한 묘사였다. 이날 화전가를 듣고서 비로소 하회십육경은 아직도 하회 사람들의 눈과 가슴에 남아 있는 줄 알게 되었다.

입암청창(立岩晴漲) : 입암(형제 바위)의 맑은 물 경치

〈입암〉은 겸암 형제분의 부친인 입암 류중영의 아호다. 입암은 달리는 〈형제 바위〉라고 부른다. 그러니까 3부자 분의 바위인 셈이다. 거창할 듯도 한데 실상은 그렇지 않다. 겸암정사 앞 물 가운데 그저 아담한 두 바위로 구성되어 있다. 입암은 만송정 둑 길에서는 얼른 눈에 들어오지 않는다. 바위가 눈에 들어오지 않으니 맑은 물 경치는 더욱 느끼기 어렵다. 이 경치를 보려면 겸암정에 올라야 한다. 계절적으로는 낙엽 진 겨울이 제격이다. 마을 쪽에서 볼 때와는 판이하게 다른 바위 모양을 볼 수 있고, 맑은 수국(水國)의 경치가 펼쳐진다. 특히 겨울철이면 바

위 주위는 철새들의 낙원이 된다.

마암노도(馬巖怒濤) : 마암(갈모 바위)에 부딪치는 성난 물결 경치

마암은 〈갈모 바위〉 또는 〈말 바위〉라고 부른다. 역시 물 가운데 있는 바위인데 바로 옆쪽의 살쾌 바위와 나란히 서 있다. 다른 점이 있다면 마암은 그 규모가 크며 뻐죽하게 생겼다는 점이다. 그렇지만 만송정 둑 쪽에서 볼 때는 거대한 부용대 바위에 눌려 그렇게 대단해 보이질 않는다. 그렇지만 이 바위는 옥연정사에서 겸암정사로 난 바위 길에서 내려다 볼 때 그 진가가 발휘된다. 누가 바위 이름을 가르쳐주지 않더라도 씩씩한 한 필의 말이 연상된다. 뛰어내려 힘차게 도약하고 싶은 충동이 일 정도라면 달리 설명이 필요치 않을 것이다.

〈마암노도〉의 멋은 여름철이 제격이다. 세찬 바람이라도 불면 강물은 이 우뚝한 바위에 산산이 부서져 흰 이빨을 드러낸다. 겸암과 서애 그리고 하회십육경을 제정한 서애의 손자 졸재가 바위 길을 수없이 오가며 계절마다 느꼈을 마암노도는 400여 년이 흐른 지금에도 더욱 정겹다.

졸재의 기록에 보면, 이 바위는 〈장천암(障川巖)〉으로 개명했다. 막을 장(障), 내 천(川), 즉 강물을 막는 듯한 바위라는 의미다.

화수용월(花岫湧月) : 화산에 달이 돋은 경치

화수는 화산 산봉우리를 말하며 용월은 달이 힘차게 솟는 모양이다. 화산은 마을 뒤편에 있는 하회의 진산(鎭山)으로 그 웅장한 자태는 밤낮으로 보아도 그만인 산이다. 웅장하면서도 산봉우리는 완만한 모습을 지니고 있어 마치 따뜻한 고향 할아버지를 생각나게 하는 산이 화산이다. 그 화산 중턱에는 하회마을 입향조인 공조전서공의 묘소와 서낭당이 모셔져 있다. 그런 산 위로 둥근 달이 살짝 얼굴을 내민 장면, 우리가 어렸을 때 마을을 가면서 느꼈던 그런 포근함이 있는 밤이다. 아직도 이 아름다움을 하회마을에서는 만끽할 수 있다.

산봉숙운(蒜峯宿雲) : 구름에 잠긴 마늘봉 경치

마늘봉에 잠긴 구름. 이 아름다움을 만나자면 우선 마늘봉을 눈에 익혀야 한다. 마늘쪽처럼 생긴 봉우리가 어디 한 둘일까 마는 다행히도 이 봉우리 위에는 한 그루의 소나무인 듯한 물체가 우뚝해 찾기가 쉽다. 그러나 실상은 잦은 산불을 감시하기 위해 세워둔 임시 초소이다.

남산 쪽으로 바라보면 얼른 눈에 들어오는 봉우리가 바로 마늘봉이다. 봉우리만 찾으면 안개를 만나는 일은 아주 쉽다. 안동 지방은 강이나 내륙 할 것 없이 안개가 잦다. 안동댐과 임하댐이 건설된 이후로는 더욱 그러하다. 그래서인지 안동 사람들에게는 안개 낀 경치는 그렇게 신비감을 주지 못한다. 그러나 동양화 한 폭을 연상할 수 있는 안개가 살짝 낀 경치는 아직도 충분히 아름답다.

언젠가 아침 일찍 마을 구경을 하고 도산서원 쪽으로 떠날 계획을 했다. 그러나 아침에 일어나 배를 타고 부용대에 올라 산태극, 수태극의 절경을 감상하려던 계획은 수정이 불가피했다. 칠흑 같은 밤이 아니어도 지척을 분간 못하는 안개가 끝없이 펼쳐졌기 때문이다.

이 봉우리 역시 『졸재집』에 보면 만은봉(晩隱峯)으로 불렸음을 알 수 있다.

송림제설(松林霽雪) : 만송정 숲에 눈 갠 경치

송림은 만송정 숲을 말하고 제(霽)는 개다라는 의미로 제설은 눈이 그쳤다는 뜻이다. 만송정 송림은 당시에는 훨씬 규모가 컸던 것 같다. 만송정 숲은 사시사철 그 푸름을 자랑한다. 만송정 숲은 계절마다 그 얼굴을 바꾸지 않지만 그 항상성으로 인해 더욱 듬직함과 편안함을 느끼게 해준다. 소나무는 푸른색이다. 그 푸른색은 흰색으로 대비될 때 더욱 선명해진다. 눈보라가 칠 때는 흰색과 푸른색이 묘한 조화를 이룬다. 그러다 막 눈이 그쳐 대비가 더욱 극명해진 경치가 바로 〈송림제설〉이다. 그 눈이 이른 봄에 내리는 서설(瑞雪)이면 더욱 좋을 것이요, 정다

운 사람과 하회를 찾았을 때 만난 첫 눈이라도 될 양이면 생애에 기억되는 아름다운 추억이 될 것이다. 송림제설은 바로 뒤편에 자리잡은 빈연정사에서 바라볼 때가 제격이다. 빈연정사는 겸암 류운룡 선생이 거처하던 곳으로 문중의 많은 선비들이 즐겨 찾아 글을 읽었던 유서 깊은 장소다.

만송정 송림을 겸암 선생께서 심은 관계로 대종택 입암고택에서 보존에 대한 관심과 염려는 대단하다. 그 때문에 오늘날까지 울창한 만송정 송림이 남아 있는 것이 아닐까라는 생각이 든다.

율원취연(栗園炊煙) : 백율원(百栗園)에 연기 어린 경치

하회마을에는 사람들의 눈을 현혹시키는 아름다운 꽃들이 워낙 많아서 밤꽃이나 배꽃에까지는 눈길이 다다를 겨를이 없었는지 모른다. 그러나 이 마을을 자주 찾다보면 조금씩 그 꽃들이 보이는 것으로 미루어, 이 마을에서 자연과 함께 살다 보면, 온전히 그 아름다움을 느낄 수도 있을 듯하다.

충효당(忠孝堂) 노종부 박씨 부인의 일기에 보면 배꽃의 아름다움을 적은 대목이 몇 군데 보인다. 그런데 그 아름다움은 참으로 진한 것이어서 어찌 보면 숙연하기까지 하다.

〈중춘(仲春)이 넘고 보니 꽃은 거지반 만개(滿開)다. 아침에 일어나니 이화(梨花)가 곱게 피었다. 복잡한 마음, 불쾌한 기분도 이 꽃의 아름다움에야 어찌 위로가 되지 않으리…….〉 이것은 충효당 노종부의 글이다. 지금도 충효당 노종부가 거처하는 방 동쪽 문을 열면 늙은 배나무가 보인다.

백율원이란 밤나무 100여 그루가 있었다는 동산이다. 그러나 백율원은 이제 마을 사람뿐 아니라 세인들의 기억에서 멀어져갔다. 저녁이라도 하회마을에서 역시 밥짓는 연기가 날 까닭이 없다. 그래서 이 아름다운 경치는 다시 볼 수 없다. 사실 밥짓는 연기는 시각적으로만 아름

다운 것은 아니다. 어쩌면 후각이 먼저일지 모른다. 그 냄새, 그것은 고향의 냄새가 아닐까.

　백율원에는 정자도 있었는데 지금은 하회마을 남촌댁 담 안으로 이건되어 있어서, 그 정자가 백율원에 있었던 사실을 아는 사람은 드물다.

　근래에 안내를 받아 백율원 터를 찾은 적이 있다. 알고 보니 이전에 하회 전경을 찍기 위해 몇 번 오른 적이 있었던 남산 가는 길 한편에 있었다. 하회마을을 기준으로 보면 〈남포홍교(南浦虹橋)〉 건너편에 백율원이 있었다. 지금도 그곳에는 여러 그루의 밤나무가 살고 있었지만 아쉽게도 아름드리 밤나무는 만날 수 없었다. 광덕 2리 속명 〈저우리〉로 가는 길을 따라 〈상봉정〉과 〈돌고지〉를 지나 몇 채의 인가가 있는 왼쪽으로 꺾어들면 백율원 터에 도달할 수 있다.

수봉상풍(秀峯霜楓) : 남산 수봉의 단풍 경치

　산자수명(山紫水明)한 가을 경치다. 산은 불타는 듯 물은 명경처럼 맑기만 하다. 절벽 틈새로 자란 단풍나무의 자태가 물 위에 비치는 경치는 파스텔톤의 수채화처럼 곱다. 남산(南山) 봉우리는 참 아름답다는 생각이 든다. 사진 작가를 따라 하회마을 전경 사진 촬영을 한 적이 있다. 역시 작가의 눈은 문외한과는 다르다는 것을 느끼면서 일을 했는데, 재미난 사실은 입지 선정에 있어서는 마을을 많이 찾은 필자가 다소 앞섰다는 점이다. 역시 많이 다니며 늘 〈어디에서 보면 마을을 더욱 사실적으로 볼 수 있을까〉를 생각했기 때문일 것이다. 그러나 총론(總論)에서의 우위는 각론(各論)에서는 여지없이 무너지고 만다.

　하여튼 하회마을 전경 사진을 찍을 장소로 남산을 떠올린 사람이 필자였다. 강 둑 안쪽인 마을에서 남산을 바라보면 화산이나 부용대와는 또 다른 멋을 간직하고 있다. 바위들, 뒤에 그것들이 팔선대(八仙臺)라는 사실을 알았지만, 신비할 정도이다. 기회가 되면 수심이 비교적 얕은 강 가운데로 들어가 팔선대를 바라보고 싶은 충동이 일 정도이다.

남산 정상에서의 촬영을 마치고 다시 조금 내려가 깎아지른 듯한 절벽 위에 당도했다. 저만치에 화산이 보이고 부용대가 조금 멀게 느껴지며 황금 들판을 베개삼아 마을이 비스듬하게 있다. 또 흰 모래와 검푸른 강물, 그 위로 흰 물새가 유유히 날고 있는 경치다. 이곳이 바로 팔선대 위라는 사실은 달리 설명이 필요치 않았다. 그런데 이 팔선대 주변에는 활엽수들이 유달리 많다. 특히 곱게 물드는 작은 활엽수들이 바위틈에 무더기로 자라나고 있다. 서리라도 살짝 내리면 기암괴석의 암벽 가득히 단풍이 물들어 마치 비단을 펼친 것 같다고 한다. 단풍(丹楓)이 아니라도 아름다운 남산은 단풍까지 물들면 그야말로 우화등선(羽化登仙)의 기분을 느끼게 해줄 것이다.

도잔행인(道棧行人) : 상봉정 비탈길을 지나는 행인 구경
마을 서남쪽의 가파르던 길을 〈도잔〉이라고 불렀다. 〈도잔〉이란 〈잔도(棧道)〉를 의미하는 듯한데, 잔도란 산골짜기와 절벽 따위에 널빤지 따위를 놓아 선반처럼 만든 길을 말한다. 사다리 잔(棧)자다. 달리는 붕(棚)이라고도 쓴다. 복도라는 뜻으로도 쓰인다. 보통 복도는 각(閣)이라고 한다. 중국 무협지에 자주 등장하는 아주 험준한 길이 연상된다. 그러나 현재 이 지점을 보면 실감이 나지 않는다. 하회 서남쪽 현재의 상봉정(翔鳳亭)이 있는 쪽이 잔도가 있었던 지점이다. 원래 이곳은 〈서애(西厓)〉라고 불렀던 곳이다. 서애 선생의 글에서도 지난날 부친을 모시고 이곳을 거닐었던 사실을 추억하고 있음을 볼 때, 지금처럼 이렇게 삭막(索漠)하지는 않았던 모양이다. 하회 사람들은 남산 쪽인 앞 개에서 배를 타거나 나무 다리를 건너 이곳을 즐겨 찾았던 모양이다. 지금은 양수 펌프장과 아스팔트 포장, 도로 주변의 옹벽 공사 등으로 예스러움이 완전히 가셨다. 더구나 행인은 이제 더욱 찾기 어렵다. 농촌의 이농 현상이 이곳 역시 예외는 아니어서 이 길을 통해 오가는 사람들이 많지 않다. 또한 행인의 대부분은 자동차편을 이용하는 실정이다.

남포홍교(南浦虹橋) : 남산으로 건너는 나루에 무지개 다리 구경

뱃나들은 마을 남쪽 강이 서로 마주 보는 지점에 있었다. 마을에서는 매년 가을과 겨울철이면 다리를 놓아 통행에 편리하도록 했다. 그 다리가 〈무지개 다리〉라는 의미를 지닌 홍교다.

원봉영우(遠峯靈雨) : 원지산에 내리는 신령한 비 구경

원봉은 원지봉(遠芝峯)을 말한다. 그 산에서 〈원지〉라는 다년생(多年生) 초본(草本)이 많이 나기 때문에 〈원지봉〉이라고 한다. 서애 선생이 지은 정자 역시 원지정사라고 이름한 인연을 지닌다. 조선 시대에는 〈아지초〉라고 했고 『동의보감』에도 소개된 식물이다. 높이는 약 30cm 정도이고, 뿌리는 굵고 길며 능선이 있다. 꽃은 7-8월에 자주색으로 피고 뿌리를 약용으로 쓴다. 약효는 거담 작용과 정신 안정의 효과가 있다고 한다. 이 원지봉에 봄비라도 뿌려서 파릇파릇하게 풀빛이 짙어지면 참으로 볼 만하였던 모양이다. 예전엔 원지초가 잘 자라게 하기 위해 매년 불로 태워주었다는데, 이제 이러한 배려도 없어져 아름다운 풍경은 만날 수 없다.

하회의 전경 사진 촬영을 위해 원지봉에도 올라본 적이 있다. 봉우리 정상 부근에는 사과밭으로 개간되어 있고 밤나무와 비교적 키가 작은 소나무가 잡목들과 제법 우거져 있다. 또한 상봉정이 있는 서애(西厓) 아래에 건설되어 있는 배수 펌프장이 이곳에도 건설되어 있을 뿐 아니라, 진입로 일부는 시멘트로 포장까지 되어 있어 하회십육경에까지 들 정도로 아름다웠던 옛모습이 사라진 지는 오래다. 또 어떤 풀이 원지초인지도 희소해서 찾지 못했다.

반기수조(盤磯垂釣) : 겸암정 앞 물가 바위에서의 낚시질 경치

겸암정에서 그 아래 강가로 내려가는 길은 가파르기는 하지만 위험한 정도는 아니다. 일단 물가에 당도하고 보면 뜻밖의 널찍한 바위를

사진 2-2 겸암정사에서 바라본 부용대

만나게 된다. 그 바위가 바로 반기다. 소반 반(盤), 낚시터 기(磯), 그래서 반기다.

  강물의 유속이 비교적 빠르지만 물새 떼가 많이 몰리는 것만 보아도 오염이 안 되었고 먹이가 풍부하다는 것을 알 수 있다. 강 이쪽에서 낚시질하는 모습을 바라보는 즐거움, 그것이 바로 하회십육경 중의 하나인 반기수조다. 오른쪽으로는 형제바위가 보이고 왼쪽으로는 부용대가, 그리고 앞으로는 맑고 푸른 강물 저편으로 만송정 숲이 길게 보인다.

  남남으로 만났다 하더라도 이곳에 와서 낚시터에 앉게 되면 피아(彼我)의 구분 없이 훌쩍 십년지기로 다가서게 될 것이다.

적벽호가(赤壁浩歌) : 부용대 앞 뱃노래 경치
  중국 삼국 시대 오(吳)나라 장수 주유(周瑜)가 위(魏)나라 조조(曹操)

의 대군을 격파했던 전적지 〈적벽〉. 이 적벽은 양츠강 연안에 있다. 송나라 시인 소동파가 천하의 명문장 「적벽부(赤壁賦)」를 읊고 뱃노래를 한 곳은 같은 호북성이지만 현(縣)이 다른 장소다. 그러나 그 역시 〈적벽〉으로 천하에 알려져왔다. 사실 문학 작품은 역사와는 다른 점이 있다. 그렇기 때문에 천고 뒤에 나라마저도 다른 조선 땅 안동 하회마을 서쪽의 깎아지른 듯한 벼랑도 〈적벽〉이라 이름하여 한껏 그 멋을 더했던 것이다. 적벽에는 또한 빠질 수 없는 것이 풍류다. 풍류에는 명문장이 함께 해야 한다. 그런 면에서는 안동 가운데도 하회가 적격이다. 아름다운 경치와 빛나는 문장이 어느 한 시대도 끊어진 적이 없기 때문이다. 민속놀이 장에서 설명할 〈줄불놀이〉는 〈적벽호가〉의 절정이라 할 것이다.

강촌어화(江村漁火) : 강 마을의 고기잡이 배의 불빛 경치

이 경치는 아마도 겸암, 옥연 두 정사에서 밤중에 강과 마을 쪽을 바라보면서 느낀 것이라 생각된다. 한밤중, 때는 늦봄이나 이른 여름이면 제격이었으리라. 마을과 그리 멀지 않으면서도 훌쩍 티끌세상을 떠난 듯한 그윽한 정취를 지닌 두 정사에서 저문 줄도 모르고 독서에 몰입하다 머리를 식힐 겸 잠깐 나와서 뜻하지 않게 만난 경치, 고기잡이 배의 불빛은 참으로 따스했을 것이다. 그러나 이 역시 이제는 쉽사리 재현될 수 없다. 두 정사에 기거하며 한밤중에 마을을 바라볼 수 있는 사람이 있겠는가. 그런데도 1990년 4월 문화부에서는 이곳에 〈문화부지정 예술창작 공간〉으로 만든 적이 있고 아직도 그 푯말이 처량하게 붙어 있다.

도두횡주(渡頭橫舟) : 옥연정 앞강을 건너는 배 구경

배는 떠난다와 머문다는 이미지를 함께 간직하고 있다. 그러나 배라면 떠남이 우선일 듯하다. 한 곳에 머물러 그저 물결에 일렁이고 있다면 어쩐지 처량해 보일 것이다. 뱃나루를 막 떠나 강을 가로질러가는

배는 그래서 동적인 멋을 함께 지닌다. 아울러 강 저편에서 이쪽으로 건너오는 배에는 그리운 사람이 타고 있을 수도 있지 않는가. 그래서 더욱 기다려질 수도 있다. 두 정사 앞 높다란 대에서 물끄러미 바라보는 맛, 아름답지 않을 수 있겠는가.

수림낙하(水林落霞) : 수림에 떨어지는 노을 경치

수림(水林)은 겸암정사 서쪽에 있는 산 이름이다. 물 수(水)자로 인해 다소간 뜻이 혼동되기도 한다. 우선 수풀 림(林) 때문에 물가에 있는 숲 정도로 해석하기 쉽다. 다행하게도 『졸재집』 권10에서는 〈수림(水林)은 산 이름이다〉라고 주석을 달아 놓아 의문의 일단은 풀린다. 수림낙하는 겸암정 서쪽에 있는 수림산(水林山)에 매양 해질녘이면 주변이 온통 붉어지는 경치를 말한다. 겸암정사 뒤편으로 올라서면 수리조합에서 가설해 둔 고가 도수로와 접하게 되는데, 그 서쪽으로 멀리 봉우리들이 즐비하게 보인다. 해질녘에 그곳을 바라보며 소요하는 겸암 선생의 모습이 떠오른다.

평사하안(平沙下雁) : 드넓은 강변에 내려앉는 기러기 구경

평사는 만송정 앞의 모래밭을 말한다. 그곳에 하얗게 내려앉는 기러기 떼를 만나지는 못했다. 그러나 겨울이면 유유히 날다 사뿐하게 내려앉는 몇 마리의 기러기들은 늘 만날 수 있다. 하회마을 주변에는 마치 해수욕장의 모래밭이 연상될 만큼 드넓은 백사장이 펼쳐져 있다. 이러한 풍경은 부용대나 남산, 그리고 화산 정상에 올라보면 더욱 실감할 수 있다.

2 옥연십영(玉淵十詠)

『서애집』을 보면 서애 선생은 옥연정사를 짓고 그 주변의 아름다운 경치를 10수의 오언율시(五言律詩)로 노래하고 있다.

필자는 하회마을을 찾으면 언제부턴가는 부용대에 올라 관망하고 내친김에 겸암정사까지 걸어가기도 한다. 발목이 빠지는 정도의 산 굴밤나뭇잎을 밟아보기도 하고 산 속에서 신록을 가만히 엿보기도 했다. 기왓골 사이로 살짝 덮힌 아름다운 설경을 있는 그대로 옮겨보고자 카메라 셔터를 눌러보았지만 사진기 탓인지 기술 탓인지 아니면 미적 감각의 한계인지 늘 불만 투성이의 사진만 한 뭉치만 손에 들어오곤 했다.

〈부용대 오르기〉는 그렇게 숨가쁠 것도 야단스러운 준비도 필요 없는 산행이라면 산행이고 산보라면 산보랄 수 있는 정도의 것이다. 자주 다니면서도 『서애집』에서 읽고 알기 전에는 옥연정사에서 부용대 3부 능선 바위 틈새로 오솔길이 그렇게 아름답게 나 있는 줄을 몰랐다.

겸암과 서애 형제분께서 서로 그리우면 굽 높은 나막신을 신고 서로 오갔다던 그 길이 300여 년 세월 동안 이렇게 오롯이 남아 있는 것이다. 그 신비하고 정겨운 길을 걸으며 마을과 강 그리고 바위며 물새 따위를 마음껏 보고 바람소리, 물결소리 그리고 물새 울음소리를 듣고나면 가슴까지 후련해짐을 느낀다. 다만 초행에는 발 아래 까마득한 낭떠러지와 강물로 인해 오금이 저려오기도 한다. 그래도 경치가 워낙 좋아서 두려움도 이내 묻히고 만다.

또한 그 길을 걸으면서 서애 선생이 이름지어 둔 바위 곳곳마다 아담한 글씨로 새겨진 암각서(巖刻書)를 살피는 즐거움도 있다. 신록을 배경으로 복숭아꽃, 살구꽃을 좌우로 끼고 강 건너 하회마을을 바라보는 멋, 60평 고급 빌라와도 바꾸지 않을 멋이요 경치다.

옥연(玉淵)을 위시해서 추월담(秋月潭), 달관대(達觀臺), 능파대(凌波臺), 운송대(雲松臺), 계선암(繫船巖) 등의 암각서가 그것이다. 낮은 위

◀ 사진 2-3 달관대(達觀臺)

▼ 사진 2-4 운송대(雲松臺)

2 아름다운 하회마을 41

치에 새겨진 글씨를 따라 손가락을 움직여보면 절로 신선 세계에 한 발 다가선 느낌이다.

서애가 읊은 시 10수의 제목은 추월담(秋月潭), 달관대(達觀臺), 능파대(凌波臺), 쌍송애(雙松厓), 계선암(繫船巖), 도화천(桃花遷), 완심재(玩心齋), 간죽문(看竹門), 겸암사(謙菴舍), 지주암(砥柱巖) 등이다.

그 가운데 두 수의 시를 소개하려고 한다.

쌍송애(雙松厓)

亭亭二株松 / 對立蒼崖間 / 上有彩禽棲 / 下有淸河瀾
涼風半夜起 / 靈籟月中寒 / 山空人不到 / 秋雲空往還

정정한 두 그루 저 소나무여
푸른 바위틈에 마주보고 서 있구나
그 위엔 고운 새가 깃들었고
아래론 맑은 강물 부서지는데
서늘한 바람 한밤중에 불어오니
신령한 솔바람 달밤에 한기가 이네
텅 빈 산 찾는 이도 없는데
가을 구름만 괜스레 오가고 있구나.

——『서애집』권2

이 시를 읽고 옥연에 가보면 고운 새와 맑은 강물, 그리고 하늘에 뜬 한가로운 구름과 시원한 바람을 여실히 느낄 수 있다.

다른 한 수는 「간죽문(看竹門)」이라는 시로 〈대나무 숲을 바라보는 문〉이라는 의미다. 수차 그곳을 가보았지만 대나무가 그렇게 많은 줄도 몰랐고 대숲에 부는 바람소리가 그렇게 청아한 줄도 느끼지 못했다. 자세히 보니 옥연정사 앞뒤로 모두 오죽(烏竹)이 무리지어 자라고 있었다. 서애가 오죽을 좋아해서인지 오죽이 서애를 따라서인지 유적지마다에는 오죽이 유달리 눈에 띈다. 옥연정사 앞뒷마당, 겸암정사, 병산서원, 충효당 종택 불천위 사당 앞, 서미동 초가 농환재 옛터에서 번번이 만난 오죽을 통해 그런 생각을 해보았다.

또한 서애의 셋째 아들이며 병산서원에도 모셔진 상주시 중동면 우물리 수암종택 사당 주변에서도 무성한 오죽을 만날 수 있었다. 오죽은 풍산 류씨 가문의 휘장(徽章)인 듯한 인상이다.

간죽문(看竹門)

老翁罷午睡 / 負手行曲庭 / 行處意易闌 / 出門看修竹
適與江風會 / 淸音散氷玉 / 時有叩門人 / 忘形誰主客

노옹이 낮잠을 막 깨어나
뒷짐 지고 뜰을 거닐도다
거닐다 기분 더욱 상쾌하면
문을 나서 대 숲을 바라보네
강바람이라도 불어 나부끼면
옥이 부서지는 해맑은 소리
더러 날 찾는 이 있는데
누가 주인이고 나그넨지 몰라라.

———『서애집』 권2

자연에 동화되어 자연의 한 부분이 된 서애의 만년이 상기된다. 어쩌면 임진왜란의 홍진(紅塵)을 뒤로 한 채 한적한 옥연정사에서 임진왜란 회고록인 『징비록』을 저술할 때인지도 모른다. 깜박 낮잠에서 깨어나

뜰을 조용히 걷는 모습이다. 뒷짐을 지고 뜰을 거닐다 바로 정사 앞에 펼쳐진 대나무 숲을 바라보고 있는 서애의 모습이 눈에 어리는 듯하다. 시는 거기에서 멈추지 않는다. 한편으로 대나무 잎에 바람이 스치는 듯한 맑은 소리를 전해주고 있다. 자주 듣지는 못했지만 서먹하지는 않은 그런 소리다. 시는 어떤 속세의 사람이 찾아든다 해도 주객을 잊을 정도로 자연과 한 덩어리가 된 상태로 끝을 맺었다.

이처럼 탈속한 곳이 불과 몇 백 미터를 강으로 격한 옥연정사와 부용대, 그리고 겸암정 주변으로 드넓게 펼쳐져 있다. 이곳에서는 하회의 또 다른 면을 느낄 수 있어서 좋다.

3 새와 물고기의 낙원

하회마을을 자주 찾으면서 차츰 만나는 풍경이 하나 더 있다. 여름과 겨울철이면 더욱 그러하다. 겨울의 철새와 여름의 물고기가 그들이다.

철새로는 청둥오리와 원앙새, 그리고 산을 끼고 있어 꿩도 많다. 입향 시조 묘소를 보기 위해서 화산(花山)에 모셔진 전서공의 묘소를 오르다가도 몇 번이나 산 꿩의 비상에 가슴이 철렁했다.

하회마을은 산과 강으로 고립되어 있다. 그래서 하회마을에서는 도둑질을 해도 마을 입구만 지키고 있으면 꼼짝없이 잡혀서 도둑질하기에는 입지 조건이 아주 나쁜 편이라고 우스개를 하기도 한다. 자루에 곡식을 가득 넣고 조금 동여맨 형세라 할 수 있을지 모르겠다. 그러나 새들과 물고기들이 살기엔 천국이나 다를 바 없다.

첫째, 오가는 사람들이 많지 않다는 것이다. 특히 외지인들이 들어와 새나 물고기들을 함부로 잡지 못한다는 것이다. 자유롭게 사는 새와 물고기에 소유권이 있는 것은 아니지만 명촌(名村)이며 대촌(大村)까지 와서 타성들이 함부로 다리를 걷고 고기를 잡는다거나 총이며 덫을 가지고 새를 잡는다는 것은 상상하기 어렵다. 그래서 자연히 이들은 보호를 받게 되었다.

둘째, 자연 조건이 너무나 좋다는 것이다. 예전에는 물론 지금까지 오염되지 않은 상태가 유지되고 있다. 산에는 수목이 많고 수심이 깊은 강물, 게다가 모래 섬이나 강 둑으로 인해 잡초도 무성해 먹이가 많다. 산업화·도시화된 현대에도 주변에는 변변한 공장도 하나 없다. 이 지역의 경제적 여건을 생각해보면 불행이나, 자연 환경 보존이라는 측면에서는 다행이요, 천행이기도 하다.

새들은 마을 쪽 강 둑보다는 맞은편에 무리지어 와서 논다. 그래서 강 건너에는 또 다른 물새들의 세계가 펼쳐져 있다. 조류에 관해 문외한인 필자가 구별할 수 있는 청둥오리, 물오리, 원앙말고도 여러 종류의 새들을 볼 수 있다.

하회마을을 수없이 방문하면서도 새들을 연구하는 사람을 만난 적은 없다. 이젠 하회마을의 아름다운 이들 철새도 조사되고 연구되어 산천과 함께 길이 보존되었으면 하는 생각이다.

〈꺽지〉[1]라는 물고기도 잡아서는 안 되는 것으로 지정받았다는 사실을 얼마전 지상을 통해 알았다. 그러나 하회마을이 있는 안동에서는 아직 꺽지가 많다. 필자도 지난 여름에 꺽지회를 한 접시 맛나게 먹었을 정도다. 회를 쳐서 먹을 만한 꺽지가 아직도 난다는 것이다.

하회마을에서도 민물고기 가운데 특급이라 할 수 있는 꺽지며 쏘가리(鱖魚, 金鱗魚, 水豚)가 잡혔다. 그러나 이제는 그런 특급들은 만나기가 용이치 않다. 그러나 실망할 단계는 아니다. 구름 같은 잉어(鯉魚)떼

---

1) 꺽저기와 꺽지는 전문가만이 구분할 수 있을 정도로 유사하다. 꺽저기는 15cm를 넘지 않는 소형어로서 약간 길고 납작하며, 꺽지는 몸길이가 24cm정도로 조금 길고 납작하다고 한다. 주변에서 잡히는 물고기가 〈꺽지〉라고 부르는 것이었으며, 20cm를 훨씬 능가하는 것을 만난 적도 있다. 필자 역시 근자에 처가 곳인 길안천(吉安川)에서 여름에 〈손고기〉로 비교적 작은 꺽지를 잡은 적도 있다.

며 꽁치만한 은어떼가 있고 메기는 팔뚝만한 것이 잡히기도 한다. 물론 이제는 전문으로 고기를 잡는 사람은 없다.

　신기했던 사실은 강과 산으로 포위된 이곳에 매운탕집이 한 집도 없다는 것이며 또 식당에도 〈매운탕〉이란 전문 메뉴를 준비한 곳이 없다는 것이다. 그래서 주민들에게 물어보았더니, 매운탕이라는 것이 없고 고기를 남이 잡아오면 〈찌제 먹었다〉고 한다. 〈찌제 먹는〉 것은 일종의 〈조림〉이라고 보아야 할 것이다. 그러니까 물을 거의 잡지 않고 고기에다 양념 그리고 보조 재료를 넣고 거의 물기가 없게 조리해 먹는다고 한다. 하여튼 그런 음식도 파는 것이 없다. 다만 최근 한두 군데 외지인들이 개설한 음식점에서는 잉어찜, 메기매운탕을 하고는 있지만 하회마을 강에서 잡은 것을 맛보기란 쉽지 않다.

　주민들의 말처럼 〈아침녘이면 버들가지에 배 딴 물고기를 꿰어 골목마다 다니며 전해주는〉 그런 여름 아침을 다시 맞아보고 싶다. 그래서 개다리 소반에 올려진 찌진 물고기 냄새도 맡아보고 싶다, 놋젓가락을 들고 조밥 한 공기와 함께.

4 서예가 정사(淨沙) 류일하(柳一夏) 씨 가(家)

　1987년 서울신문과 한국방송공사와 내무부가 주관한 제2회 전 국토 공원화 운동 아름다운 가정 대상(大賞)을 받은 정사 류일하 씨 집이 안동 하회마을에 있다. 500여 평의 대지 위에 목조와가 45평을 짓고 정원에는 연못과 향토수목 30종 189본과 초화류 6종 250본을 식재하였다. 또한 진입로 및 주변 조경을 위해 수목 20종 137본, 잔디 공간 420㎡를 조성하는 한편 실내 화분으로 꾸민 집이다. 전체적으로는 농촌 전통가옥으로서의 독특한 품위와 운치가 있다는 것이 대상 수상 이유였다.

　이 집은 특히 주인인 원로 서예가 정사 류일하 씨가 계셔서 빛을 더

한다. 류일하 씨는 서애 선생의 14대 손이다. 〈숭조경친전지자자손(崇祖敬親傳之子子孫)〉. 조상의 빛난 얼을 숭앙하고 어버이를 공경하는 정신을 영원히 자손들에게 물려주자는 뜻을 담은 현판이 처마 끝에 커다랗게 걸려 있다. 역시 동고서재의 주인이 쓴 글씨다.

하회마을 역시 후손들이 점차 마을을 떠나 이제는 연로한 부모 조상들이 세가를 지키고 있다. 자연 정부에서의 관리는 자금과 일손에서 모두 딸리게 마련이다. 뜰에 난 풀이나 떨어진 낙엽도 이젠 힘겨운 것이 사실이다. 그러한 때에 자신의 집을 이처럼 아름답게 꾸며서 보람있게 살고 있다는 점은 아름다운 하회를 더욱 빛나게 하는 것 중의 하나라고 생각된다.

5 판소리 명창 이명희 씨

퇴계 선생이 써서 장래가 촉망되는 제자에게 내려준 겸암정(謙菴亭)이란 현판이 높다랗게 걸려 있는 곳이 있다. 겸암정에 갈 때면 서애 선생의 손자인 졸재 류원지공이 정해둔 하회 16경 속에 자신도 그 한 부분이 되는 듯한 상쾌한 기분이 든다. 아름드리 고목이며 그림같이 자리잡은 아늑한 정자, 강물을 사이로 손에 잡힐 듯 가까이 마주한 마을, 정겨운 오솔길, 모두가 분재 작품인 듯한 바위틈의 노송, 이 모든 것이 장쾌한 교향악조로 아름다운 경치를 연출해 내곤 한다.

고기잡이하는 사람과 나무하는 이들이 강을 사이에 두고 서로 부르고 화답하며 닭 울음소리와 개 짖는 소리가 들렸던 곳, 너무 적막하여, 그래서 그윽한 멋도 더해지는 하회를 실감할 수 있는 곳이 바로 겸암정이다.

남촌 대문 앞을 막 벗어난 길목이 서울의 명동만큼이나 붐볐다던 시절은 어느덧 전설이 되고, 대대로 하회마을에 살아왔던 사람들도 이곳을 버리기도 하고 떠나기도 했다. 그래서 빈 공간으로 남아 있는 곳이 많다. 빈 공간은 좋은 것을 좋아할 줄 모르는 불청객을 불러들이기 마련이다. 철없는 아이들이나 지각 없는 어른들은 진흙 발로 마루에 오르고 심지어는 취사까지 해가며 온갖 오물을 버리고 가버리기가 일쑤이다.

대종택인 양진당에서도 그곳을 관리할 신실한 사람을 백방으로 수소문하였으나 내왕이 불편하고 마땅한 경제적 이득도 없는 이유로 번번이 뜻을 이루지 못했다. 그러던 어느 날 조상의 음덕과 하늘의 도움 때문인지, 1990년 전주대사습놀이대회 판소리 명창 부문 장원을 차지했던 경상북도 무형문화재 제8호 이명희 명창이 종택을 찾아와 겸암정을 창 공부와 후진 양성의 공간으로 사용하고 싶다는 의사를 전했다.

사람을 알아보는 지인지감(知人之感)이 남다른 노종부께서 기꺼이 허락했고, 이명희 명창은 사재를 털어 정갈하게 집안을 만져 다시 정채가 도는 공간으로 만들었다.

이명희 영창은 고인이 된 인간문화재 김소희 여사의 으뜸가는 제자로서 대구에 근거를 두고 경향 각처에서 활발한 활동을 하고 있는 중견 국악인이다.

겸암정 마루에서 예술을 알고 멋을 느낄 줄 아는 지기(知己)들과 민요 한 가락이나 판소리 한 마당을 듣고 배울 수 있는 즐거움, 그 무엇과 바꿀 수 있겠는가. 아쉽게도 이명희씨는 근자에 이곳을 떠났다.

6 양반마을과 말[馬]

대종택인 양진당 사랑 대청에서 신선처럼 앉아 한여름 동안 책을 펼친 적이 있다. 졸음이 엄습하고 도시 생활과는 비교가 되지 않을 만큼 따분한 생각도 들었지만 지금 생각하니 그것이 신선 놀음이었다.

점심 때가 되면 노종부께서 손수 장만한 안동국시 한 그릇이 소반에 올려져 나오곤 했다. 작은 종지에 담긴 장물(간장), 곧 짠지 한 접시, 젓갈 한 접시, 대략 그런 반찬들이니 특별히 남길 것도 없고, 먹고나면 이내 뱃속이 가난해지는 음식이었다.

오전 11시를 전후부터는 관광객들이 몰려드는데, 솟을 대문채에서부터 왁자지껄하다. 눈에 가장 먼저 띄는 것이 문간채에 딸린 마구간이다. 마구간에는 고졸(古拙)한 형태의 말죽통이 놓여 있다. 당연히 그곳에 시선이 간다. 아이들은 호기심이 많아 자신들의 부모에게 묻는다. 〈아빠 이게 뭐예요?〉 사람들은 그 질문에 대개 〈소죽통이야. 크지?〉라고 대답한다. 그리고는 이내 사진 촬영에 열중이다. 또 어떤 이는 〈세도가 대단했겠다, 위세가 대단한데〉라고 말하면서 아궁이를 들여다보기도 하고 닫혀진 문고리를 한두 번 당겨보기도 하며 더러는 문구멍을 뚫고 잠긴 내부 공간을 한참 들여다보기도 한다.

그러나 솟을대문에 딸린 공간은 주인어른을 충분히 모셨던 건장한 말들이 그 큰 눈망울을 굴리며 머물렀던 마구간이다.

소를 두는 공간인 외양간과는 그 기능이 확연히 다르다. 물론 경상도나 강원도 지방에서는 소를 두는 공간 역시 마구간이라 불러왔는데, 그것은 말을 키울 때 부르던 명칭이 아직까지 남아 있는 현상일 뿐이다.

필자 역시 수다한 고가들을 둘러보았지만, 그러나 이제는 마구간에 기름기가 반지르한 말들이 있는 것을 본 적이 없다. 어린 시절 서울에서 초등학교에 다닐 때 거대한 말 위에 높다랗게 올라타고 곤봉을 덜렁이며 지나가던 기마경찰을 본 기억이 전부다. 경마장을 찾는 사람들은 말의 이미지가 우리와는 다를 수 있겠지만, 조선 시대의 하회마을에는 집집마다 건장한 말들이 말울음을 울렸을 것이다. 그러나 이제는 말은 없고 마구간만 남은 것이다.

근자에 하회마을에서 〈추임새〉라는 숙박과 식당을 겸한 시설을 운영하는 염 사장을 알게 되었다. 그 건물의 옥호(屋號)인 〈추임새〉를 지어준 것도 필자이고 보면 인연이 없지는 않다. 염 사장은 호주와 뉴질랜

드산 말 두 필을 구입해 열심히 말 사육에서 조련까지 공부해 이제는 부인은 물론 초등학교에 다니는 그의 아들까지 능숙하게 말을 탈 수 있게 만들었다. 추임새 마당에는 특별히 말을 탈 수 있는 트랙을 만들었고 그 옆에는 마음껏 운동할 수 있는 공간도 별도로 마련했다.

안주인은 자신에게보다 말에게 더욱 정성을 들인다고 애교 있는 푸념을 펼쳤지만 염 사장은 승마가 최고의 스포츠라는 주장을 꺾지 않았다.

염 사장은 이제 프로의 경지에 이른 것 같다. 그가 아들과 함께 10리가 넘는 풍산으로 들길을 나란히 달리거나 해거름에 마을 강둑을 지나는 모습은 한 폭의 동양화였다.

최근에 염 사장은 내친걸음이라서인지 우리나라에서 최고간다는 백마 한 필을 구입해 호흡을 맞추고 있다. 먼 발치에서 보면 영락없는 백마를 탄 기사다. 백마를 탄 기사에게 옥색 도포에다 통영 대갓, 혁화를 마련해 주고 싶고 중매도 해주고 싶다고 했더니 박장대소를 했다. 불원간 하회를 찾은 관광객 틈에서 백말을 타고 그림같이 지나는 선비를 만나보고 싶은 마음이었다.

3 충효의 전통을 간직한 마을

 흔히 안동을 인물이 많이 난 곳이라는 뜻으로 〈인다안동(人多安東)〉이라 부른다. 공민왕 글씨로 알려진 〈안동웅부(安東雄府)〉라는 현판이 아직도 안동시에 보관되어 있다. 당초에 걸려 있던 시청 제3별관은 군청 청사로 쓰일 때까지도 그 명맥이 이어졌으나 이제는 그에 상응하는 대접을 받지 못하고 있다. 〈인다안동〉 역시 이제는 산업화·도시화에서 밀려나 그 빛을 잃고 있다. 다만 일부 직종, 특히 교육계에서는 아직도 그런 호칭이 〈명불허전(名不虛傳)〉임을 느낄 수 있지만, 학계나 정치경제계에서는 이미 명성을 타처에 내준 지 오래다.
 또 안동은 〈선비의 고장, 충절의 고장〉으로도 불린다. 선비의 고장 역시 이제는 그렇게 대단치 못하다. 선비를 전통적 의미로 〈한문학자〉로 바꿀 수 있다면 옛 안동 선비의 정신과 한문학적 소양과 세계관을 가진 분을 이제는 쉽사리 만날 수 없다.
 안동시에서는 근래에 하회마을에 〈선비의 집〉이란 다소 낯선 현판을 걸었다. 중요민속자료로 지정된 하동고택 대문 오른쪽에 걸린 이 현판

사진 3-1 하동고택 정문

은 아직도 하회마을에 선비가 있음을 말하는 것이기는 하나, 그렇게 해서라도 안동과 선비 그리고 하회와 선비를 연결해야 하는 현실임을 생각하면 안쓰럽기까지 하다.

〈충절의 고장〉의 경우는 더욱 추상적이다. 조선 시대에는 한 고을에 역적이 나거나 패륜아가 발생하면 고을 전체에 그 책임을 물었다. 그렇기 때문에 자기 자신은 물론 가족, 친지, 지역 사회의 질서에 누구나 관심을 가졌고 교화(敎化)에 책임을 느껴 선도에 앞장 섰다. 도덕적 지방 자치가 완벽하게 시행되었다고나 할까.

안동부(安東府)에서 조선 중기인 선조 9년(1576)에 〈신복(申復)〉이란 자가 어머니를 죽이는 사건이 발생했다. 그로 인해 안동부는 혁파(革破)되어 현(縣)으로 강등되었다. 부(府)의 불명예스러운 혁파는 〈모든 지역민이 구정물을 뒤집어 쓴 채 아직 씻어내지 못했다〉는 생각을 갖게 했다. 100여 리의 경계와 13개 고을을 거느렸던 거진(巨鎭) 안동부로서는 최대의 수치가 아닐 수 없었다. 이러한 조치에 대해 지역의 지도층 인사들은 그 재발 방지에 온갖 노력을 다했고 한편으로는 조정에 안동부로의 환원을 간곡히 청했다. 그때 지역민 대표로 상소문을 쓴 분이 바로 하회 출신 겸암 류운룡 선생이며, 이 상소문은 『겸암집』 권2에 〈청안동복호소(請安東復號疏)〉라는 제목으로 기록되어 전한다. 겸암은 〈풍속지미(風俗之美)〉가 열읍(列邑) 가운데 가장 뛰어났던 당당한 〈충의지향(忠義之鄕)〉으로서의 명예 회복을 갈망하고 있다.

결론적으로, 안동은 역사적으로 볼 때 선비의 고장이었고 충절(忠節)의 고장이었으며, 인물이 많이 배출된 곳이었다 할 수 있다. 안동에 뿌리를 두었던 사람들, 이들을 우리는 출향 인사라고 부르는데, 그들은 사회 각계각층에서 지금도 두드러진 활동을 전개하고 있다. 이러한 사실은 많은 사람들이 산업화, 도시화에서 밀려난 안동으로부터 자의 반 타의 반으로 떠나 대처(大處)에서 자아를 실현하고 있기 때문이다. 그런데 이제 우리는 산업화, 도시화 과정에서 뜻밖에 발생하는 수많은 문제들을 어떻게 해결할 것인가 하는 문제를 생각하지 않을 수 없다. 가치관의 혼돈, 도덕성의 결여, 부정부패, 불신, 분쟁, 이익 갈등 등 수다한 문제를 해결해 줄 수 있는 것은 무엇인가 하는 생각을 갖게 될 것이다. 이미 서구에서는 〈합리주의를 대체할 더 좋은 이념이 없을까〉 하는 연구가 활발히 진행되고 있다고 들었다. 뜻밖에도 그들이 찾은 대단한 것 가운데 하나가 우리 안동 지방의 지방자치제도였던 향약(鄕約)이었다고 한다. 미래 사회는 안동인에게 희망적일 것인가? 그렇다고 생각한다. 우선은 자긍심을 심는 일이 보다 중요할 것이지만 안동에 살고 있는 대다수 주민들은 그렇지 못하며 이는 젊은 층으로 갈수록 더욱 두드러진다.

각설하고, 하회는 안동 가운데서도 안동이라고 할 만한 곳이며, 그것은 전적으로 하회가 배출한 인물로 인해 만들어진 것이다. 하회는 안동 최고의 반촌(班村)이며 그래서 선비의 마을이었다. 하회마을을 자주 찾으면서 늘 생각하던 문구가 있다. 〈선비의 기개 품고 열린 세계 주역으로〉가 그것이다. 그렇게 할 때 비로소 인다안동(人多安東)이나 선비의 고장, 충절의 고장의 진가는 더욱 드러날 것이기 때문이다.

이제 선비의 고장, 충절의 고장을 대표했던 하회마을로 들어가보자.

1 충효지외(忠孝之外) 무사업(無事業)

〈안동〉하면 하회를, 그리고 〈하회〉하면 서애 류성룡 선생을 떠올리는 것은 자연스러우며 또 당연한 것인지 모른다. 물론 씨족 내부적으로는 형님인 겸암 류운룡 선생에 대한 상대적인 소홀함에 대해 섭섭하게 여기는 수도 있겠으나 객관적 사리 판단력을 가진 사람들이라면 누구나 〈서애 선생〉을 추앙하는 현상에 대한 이견이 없을 것이다.

다만 안동 하회마을을 알고 배우려면 서애의 부친인 입암 류중영과 형님인 겸암 류운룡에 대한 이해가 필요하다는 점을 말하고 싶다.

두 분 형제는 우애가 독실했다. 지금도 두 형제분의 혼령이 손을 맞잡고 하루에도 몇 번씩이나 마을 둘레를 돌고 계신다고 말하는 후손들의 믿음을 주목할 필요가 있다. 그러한 믿음은 백파(伯派, 겸암파)와 계파(季派, 서애파)로 호칭되는 입암 류중영의 후손들을 화합하게 하여 하회의 아름다운 전통문화를 내일로 이어주는 역할을 담당할 것이기 때문이다.

이와 유사한 또 다른 이야기도 들을 수 있다. 〈60년 전에 내가 신행 왔을 때는 거의 붙어 있었는데, 인제는 그 틈새로 사람이 댕길 수 있게 됐잖니껴. 참 희한한 일 아이껴.〉 겸암정 앞에 있는 형제바위를 두고 대종부는 이렇게 걱정한다.

필자가 형제 바위를 가까이 보기는 오래지 않다. 솔직한 첫인상은 볼품이 없다는 것이었다. 나란히 선 크고 작은 바위에다 입암은 〈입암(立巖)〉이라고 의미를 부여했고 후손들은 〈형제 바위〉라고 불러 비로소 유명해지게 되었다. 속인의 안목으로 판단하면 아우 바위라 할 작은 바위는 작아도 너무 작다는 생각이 든다. 그러나 입암 당시만 해도 설 립(立)자, 바위 암(巖)자라는 글자 뜻을 가지고 본다면 수많은 보다 크고 멋진 대상물이 지천으로 널려 있었음에도 굳이 작고 보잘것없는 소박한 대상물을 자신의 아호(雅號)로 삼았던 참 의미를 되새길 필요가 있다. 결국 보다 중요한 것은 부모에게 효도하고 형제간에 우애하며 인간답게 살아가는 것이었다. 이렇게 옛 어진 분들은 이처럼 보다 자신을 낮추고 겸손했던 것이다. 이런 관점에서 이 바위를 바라보면 더 정겹게 느껴질 것이다. 어떤 후손의 걱정은 그 〈틈새〉가 후손들의 마음속에 생겨나서는 안 된다는 우려요 경계가 아닐까. 아니면 두 형제분의 혼령이 그런 교훈을 후세에 전하기 위한 작위(作爲)일까. 추측은 꼬리에 꼬리를 물고 일어난다.

서애 선생은 25살이라는 젊은 나이에 문과에 급제한 뒤 30대에 이미 벼슬을 그만두고 고향으로 돌아와 부모를 모시고 동기와 정을 나누며, 학문과 자연을 벗삼으려는 뜻을 드러내곤 했다. 그러나 그때마다 그 뜻을 이루지 못했고 학문과 경륜을 바탕으로 인신(人臣)으로서는 최고의 지위인 영의정에까지 이르렀던 것이다.

그런데 〈서애 선생〉 하면 빠뜨릴 수 없는 사건이 임진왜란이다. 우리는 〈임진왜란〉 하면 다소간 유쾌하지 못해 하기도 한다. 〈국론 분열로 어처구니없는 참패를 당했던 7년간의 전쟁〉쯤으로 정리가 되는 것 같다. 그러나 임진왜란은 우리가 승리한 전쟁이며 그 승리의 주역에 서애 류성룡 선생이 있었다는 사실을 기억해 내지 못한다.

단적인 예로, 우리나라는 왕조의 붕괴 없이 수습되었음에 비해 침략자 일본은 도요토미 정부가 패전 책임을 져 무너지고 도쿠가와 정부가 선 것을 들 수 있다. 총 병력 30만이 갑자기 쳐들어온 전쟁, 임진왜란은 사전에 치밀하게 준비한 30만 침략자와 10여만 관군(官軍)과 그 절반 수준의 의병(義兵)으로 맞선 조선의 싸움으로 〈중과부적(衆寡不敵)〉의 전쟁이었다.

이런 중과부적의 상황에서 모든 책임을 맡아 나라를 그들에게 넘겨 주지 않고 무난히 수습한 분에게 〈영웅〉이라는 칭호를 부여함은 당연한 것이다. 한문 문자로는 〈산하재조지공(山河再造之功)〉이니 〈출장입상지재(出將入相之才)〉니 하면서 추앙해 마지않았다.

이러한 선생의 공은 백성들에게는 은혜였다. 민심은 천심이라고 자신들의 목숨을 구해준 은혜를 잊지 못했음은 당연하다. 그런 〈대감〉이 도리어 억울하게도 죄를 입고 시골에 가 계시다가 세상을 떠났던 것이다. 소식을 접한 도성의 백성들은 늙은 아전이나 종로통의 장사치 할 것 없이 수천 명이 선생이 살았던 묵사동 옛집으로 몰려들어 대성통곡을 했다. 뿐만 아니라 너무 가난하여 장례를 치룰 경비조차 넉넉지 않음을 알고는 너도나도 삼베 한 뼘, 엽전 한 푼을 가지고 와 보탰다고 한다.

벼슬아치를 가렴주구(苛斂誅求)나 일삼는 나쁜 사람쯤으로 알았던 인심이 흉흉했던 시절에 백성들이 보인 이 같은 애도와 추모는 서애 선생이 진정으로 민중의 편에 선 애민정신(愛民精神)을 실천한 사람이라는 사실을 확인시켜 준다.

서애는 21살(명종 17년, 1562) 때 도산으로 퇴계 선생을 찾아가 가르침을 청하자 〈이 사람은 하늘이 낸 사람이다〉라는 평가를 받았고, 그 평가를 우리는 400여 년 뒤에도 다시 확인할 수 있다. 조정에서 60년마다 맞는 임진년마다 선생의 사당으로 관리를 파견하여 선생을 추모하는 제사를 올린 것은 당연한 예우인 것이다.

서애 선생은 임진왜란 때의 공적이 워낙 두드러져 한편으로는 학문이나 문학 등 그 밖의 성취가 간과되기도 했다. 그러나 선생은 대학자였다. 성리학 이론서를 두루 연구하여 많은 주석(註釋)을 달았고, 여러 권의 논저를 남겼다. 성리학이 말단에 흐르게 되면 실천이 없는 공리공론에 흐르는 폐단이 있기도 한데, 서애의 경우는 실용지학에도 관심을 기울였다. 조선 후기에 정조가 수원성을 축조하면서 선생이 편찬한 『축성방략(築城方略)』을 보고 크게 감동하였다는 사실이 그를 증명한다.

아울러 선생은 원숙한 인격자였다. 아무리 아랫사람이라 해도 인정할 것은 인정하고 배울 것은 배우는 태도를 지녔다.

〈조선공사(朝鮮公事) 삼일(三日)〉이란 우리나라에서 만들어진 고사(故事)가 있는데, 그 주인공이 바로 서애다.

선생은 탁월한 행정 처리 능력을 소유하고 있었다. 또한 문장이 뛰어나 어려운 공문서나 복잡한 송사(訟事)라 할지라도 물 흐르듯 처리하여 주위 사람들을 놀라게 했다.

정승의 중책을 맡은 선생은 어느 날 아주 중요한 공문서를 만들어 급히 하인에게 전달하라고 명했다. 그런데 뜻하지 않게도 주변 여건이 바뀌어 급히 그 내용을 고쳐야 했다. 그렇지만 하인에게 명한 지 몇 일이 지난 터라 필시 전달되었다고 생각하니 낭패가 아닐 수 없었다. 그래도 혹시나 하는 생각에 〈그것을 전해주었느냐!〉고 점잖게 물었더니, 뜻밖에도 〈아직 제가 가지고 있습니다〉라는 것이 아닌가. 다행이라고 여겼으나 한편으로는 명이 지체된 사실을 꾸짖지 않을 수 없었다. 그러자 하인이 하는 말이 〈조선공사 삼일이라고 하는 말이 있사온데, 대감께서 또 고칠 것 같아서 몇 일 가지고 있었습니다〉라는 대답에 할 말을 잊을 수밖에 도리가 없었다.

그를 꾸짖지 않음은 물론 조정(朝廷)의 명(命)이 아침저녁으로 바뀌는 폐단을 절감하고 더욱 신중히 일을 처리했다고 한다.

사진 3-2 미수 허목이 쓴 충효당 현판

선생은 늘 충효(忠孝)를 강조했다.

　남의 자식된 사람은 하루라도 부모를 잊을 수 없다. 또한 임금을 섬김에 있어서도 부모를 생각하듯 하여 밥 한 그릇 먹을 사이라도 잊어서는 안 된다.

　이것은 바로 선생 자신에 대한 다짐이며 후손에 대한 가르침인 것이다. 그것을 가훈(家訓)이라 해도 무방하다. 서애 선생의 종택 이름이 〈충효당(忠孝堂)〉인 것은 지극히 당연한 것이다. 선생은 시를 통해서도 똑같이 말씀했다.

　　勉爾子孫須愼旃
　　忠孝之外無事業

　　권하노니 내 자손들이 꼭 지킬 것은
　　충과 효밖에 다른 것은 없느니라

선생은 돌아가실 무렵에 조카에게 유명(遺命 : 유언)을 받아 적게 했는데 그 내용은 역시 동일하다.

너희들이 착한 일을 생각하고 힘껏 행한다면 가문을 보존할 수 있을 것이다. 나는 세상에 살면서 공덕(功德)을 이룬 것이 없으니 죽으면 간소하게 장사 지낼 것이며 남에게 청해 비명(碑銘) 같은 것을 만들지 말아라. 만장(挽章)도 스스로 만들어 보내준 것만 쓰도록 하여라.
또 가업(家業)을 지키는 데는 체통(體統)이란 것이 있어서 문란하지 않아야 한다. 성효(誠孝)와 화목(和睦)은 곧 가업을 지켜나가는 도리인 것이다. 상례(喪禮)와 제례(祭禮)는 오직 공경과 정성스러운 마음가짐에 달린 것이니 그저 풍성하게 음식 장만하는 것에만 힘쓰지 말아라.

2 〈하남백숙(河南伯叔)〉 형제분의 우애

겸암과 서애 형제분은 마을을 대표하는 인물이다. 우리들이 지금까지 그분들을 기리는 것은 벼슬이 높아서만은 아니다. 우리가 오늘날 하회를 생각할 때 영의정을 지낸 서애 류성룡을 먼저 떠올리고 찾는 예가 허다하다. 더러는 영의정이 오늘날 국무총리에 해당된다고 보충 설명을 하기도 할 것이다. 그러나 총리를 지냈으면 어떻다는 말인가? 어느 시대나 총리는 있게 마련이고 판서도 부지기수다. 왕조가 불안할 때일수록 정승이나 판서의 교체는 잦았다. 그런 한 시대에 잠깐 그 직에 있었다는 사실이 현재에 그렇게 의미 있는 것은 아니다. 문제는 그 직에 있으면서 어떤 생각과 어떤 업적을 국가와 사회에 남겼느냐는 점이다. 아울러 고려할 점은 가정에서 어떤 모범을 보였는가 하는 것이다. 그런 점을 고려해 본다면 두 분 형제는 고결한 인간미를 역사에 남긴, 그래서 훌륭한 분이라는 결론에 도달한다. 형제간의 우애에 주목하는 것도 이 때문이다.

겸암은 영남 명문 출신으로 퇴계 선생의 문하에 남 먼저 나아가 진작 주목을 받은 분이다. 학문과 사업에 남다른 업적을 남기면서도 일생 동안 뜻을 굽혀 현실에 영합하지 않고 당당하게 정도를 걸었던 분으로 지금까지 변함없는 추앙을 한 몸에 받고 있다. 아울러 수많은 야담과 전설, 그리고 비결(秘訣)을 있게 한 주인공이기에 겸암에 대해 조금 아는 사람이라면 신비한 이미지마저 가지고 있는 것도 사실이다. 구한말 국왕인 고종이 국난 수습을 위해 비결을 널리 구했을 때도 종손인 류시만(柳時萬)공을 통해 〈겸암비결(謙菴秘訣)〉을 구해보려 했음은 우연이 아니다.

겸암의 부친은 주지하는 것처럼 문과에 급제하여 내외 요직을 두루 역임한 충직한 관인(官人)이었고, 그의 맏아들이면서 한편으로는 퇴계 선생으로부터 〈이 사람은 하늘이 낸 사람이다〉라는 극찬을 받았던 출장입상(出將入相)의 명재상 서애 류성룡의 형님이기도 했다. 임진왜란을 승리로 이끈 구국재상(救國宰相)이 바로 겸암의 아우였던 것이다. 동문수학한 처사(處士)의 전형적 인물로 평가받는 송암(松巖) 권호문(權好文)은 〈임진지공(壬辰之功)이 반재차로(半在此老)〉라고 기리고 있다. 서애가 세운 임진왜란의 공이 실상은 절반 정도는 겸암에게 돌아가야 한다는 이 말은 우리에게 시사하는 바가 크다.

그러나 이 말을 두 분의 우애로 풀어보면 〈당연한 표현〉이라고 생각된다. 얼마나 아름다운 일인가. 구체적으로 적을 물리치는 방안을 제시했느냐 하는 것은 문제가 될 수 없다. 이를테면 야담으로 전해지는 〈미리 평양성 지도를 준비해 도포 소매에 넣어두게 했다〉,〈일본 밀정을 간파하고 서애를 해치지 못하게 했다〉는 따위는 그렇게 중요하지 않을 수 있다는 말이다. 보다 중요한 것은 두 분의 우애를 따를 사람이 없었다는 점이다.

효성이 지극했던 선생에게는 연로한 홀어머니가 계셨다. 임진왜란을 당하자 그 어머니를 형님에게 부탁하고 자신은 나라를 구하는 일에 전념할 수 있었던 한 가지 사실만으로도 〈임진지공 반재차로〉라는 평을 받을 만하다고 생각한다. 그러나 실제는 타고난 효심을 지녔던 겸암에게 어머니를 모시는 일은 당연한 것이었고, 나아가 학문적으로나 세상을 경륜함에 있어서 상당한 영향을 끼쳤음은 불문가지(不問可知)다.

두 분의 우애는 선생의 셋째 아들 수암(修巖) 류진(柳袗, 1582-1635)이 11살 어린 나이 때 겪은 사실을 국문으로 기록한 『임진록』에서도 잘 드러난다.

…… 그날 밤에 아버님[柳成龍]께서 대궐에서 나와 할머님께 울며 절하시고 하직하시는데 할머님은 타일렀다. 〈정승으로 이미 나라에 몸을 바쳤거늘 어찌 나를 돌보리오. 염려 말고 주상(主上)을 모시어 국사(國事)에 힘써라〉하시니 아버님은 두 번 절하고 목이 메어 더 말을 잇지 못하시었다. 닭이 운 후에 아버님이 대궐로 가시느라 본가로 오시었다. 큰아배[柳雲龍]가 따라와 계시거늘 다시 손잡고 이별하실 때 아버님이 큰아배님께 사뢰되 〈나는 죄 중하와 어머니 곁을 떠나오나 형님은 효성이 지극하시니 어머님을 아무려나 무사히 아니 모시리까. 형님을 믿자와 가나이다〉 하시며 아무 분간 없이 우리 삼형제와 누님을 내어놓으시고 또 사뢰되 〈어미 없는 자식들을 던지고 가오며 형님을 믿사오니 아무려나 살려내 주소서〉. 큰아배가 우시며 〈죽고 살기를 함께 하겠노라〉 대답하셨다. 아버님은 그 길로 대궐에 들어가 계시어 다시는 나오지 못하셨다.

이튿날 오후에 큰아버님께서 할머님을 모시고 동대문 밖 궁으로 나가셨다. 그 궁은 외조상 광평대군(廣平大君, 1425-1444 : 세종의 아들)이 계시던 집이라 오촌 족장이 충의를 지키고 계셨다. 새 어머니(장씨 부인)도 우리 동생들을 데리고 함께 나가니, 그때 맏누님은 시부모를 모시고 같이 가시고, 둘째 누님은 처녀로 나이 열일곱이고, 맏형은 열다섯, 중형은 열셋, 나는 열하나요, 동생 셋 중에 맨 위가 겨우 아홉 살이었다.

이때 두 형제분의 모친은 서울에 와 계셨고 겸암은 당시 사복시 첨정직(병조의 종3품)에 있었다. 서애는 국왕에게〈나라 일이 이러하니 신은 마땅히 목숨을 바치고 어가를 따라 가겠으나 신의 형은 벼슬을 해임시켜 어머니와 함께 피난하도록 하여주시옵소서〉라고 간청하여 윤허를 받았다. 이때가 선조 25년(1592) 4월 30일이었다. 당시 모친은 81세, 겸암이 54세, 서애가 그보다 세 살이 적은 51세였다.

피난 행로를 보면, 궁궐을 나와 광평대군 후손가를 거쳐 5월에 가평의 현등사, 6월에 화악산에서 조종사로 이동, 미지산에 들어가 소설사에 머물렀다. 7월에 용문산에 들어갔다가 8월에 관동 지방으로부터 죽령(竹嶺)을 넘어 풍기를 거쳐 부석사(浮石寺)에 갔다. 영주 부석사에서 다시 예안(禮安)의 용수사(龍壽寺 : 고려 때의 고찰로 퇴계 문하에서 즐겨 찾던 고찰)로 갔다가 서후면 신천촌(薪田村 : 섶밭, 학가산 아래 마을)으로 옮겼다가 고향 하회로 왔다. 다시 하회에서 예안을 거쳐 봉화, 춘양현을 지나 태백산 아래 도심촌(道心村)에다 움막을 짓고 난을 피했다. 다시 하회로 돌아온 것은 세상을 떠나기 2년 전인 61세 때였다.

평자들은 두 분을 중국의 유명한 성리학자인 정명도(程明道)와 정이천(程伊川) 형제에 비유하기도 한다. 그래서 나온 문자가〈하남백숙(河南伯叔)〉이다. 이들 형제를〈양 정자(兩 程子)〉라고 하여 성리학이 주자에 이르러 집대성되는데 결정적인 기여를 한 위대한 분이다. 겸암과 서애 형제분을 대비시킴으로써 비교적 잘 알려지지 못한 겸암의 비중을 알려주는 것이다.

겸암은 입암 류중영의 맏아들이기 때문에 풍산 류씨 종가를 맡은 분이다. 그래서 오늘날〈겸암종가〉라고 하지 않고〈큰종가〉라고 하는 이유가 거기에 있다. 그에 비해 아우인 서애는〈서애종가〉또는〈충효당 종가〉라고 불러 구분하고 있다.

그런데 하회마을을 찾은 사람들은〈큰종가〉를 찾으려 해도 그런 안내 표지판을 발견하지 못할 것이다. 큰종가, 즉 풍산 류씨 대종택은〈양진당(養眞堂)〉이란 당호로 지정되어 있다. 양진당은 겸암의 6대 주손 류영(柳泳)이란 분의 호이다. 양진당을 확인하고 솟을대문을 들어서면 또 한번 이해되지 않는 장면과 대하게 된다. 〈입암고택(立巖古宅)〉이란 큰 글씨가 쓰인 현판이 높다랗게 걸려 있기 때문이다. 〈양진당〉은 뭐고 〈입암고택〉은 무엇이며 〈겸암〉은 또 누구란 말인가?

다시 설명하면 입암은 겸암의 부친이며, 그의 맏아들이 겸암 류운룡, 그리고 겸암의 6대손이 양진당 류영이며 이들은 모두가 맏으로 하회 류씨의 종손이 되는 사람들이다. 현재 종손은 겸암을 기준으로 할 때는 16대요, 하회 입향조인 전서공 류종혜(柳從惠)를 기준으로는 22대로 종손은 류상붕(柳相鵬) 씨다. 서애 선생의 경우는 14대 종손이 현재 충효당 주인 류영하(柳寧夏) 씨다.

겸암과 서애의 종택은 서로 골목 하나를 사이에 두고 있어서 마음만 먹으면 짧은 시간에 모두 둘러볼 수 있다. 역사적으로 큰 인물로서 수백 년간 이웃하여 이처럼 후손들이 오손도손 사는 경우는 흔치 않다. 오늘날까지 두 종택이 이렇게 우애 있게 유지될 수 있었던 것 자체가 형제애에 기본을 둔 것이 아닌가 하는 생각이다. 두 종택 모두 보물로 지정되어 있는데, 겸암 종택이 보물 제 306호, 서애 종택이 보물 414호이다.

두 분은 3년 2개월의 연령차가 있다. 겸암 형제는 부친의 명(命)에 의해 누구보다 먼저 도산(陶山)의 퇴계 선생 문하에 나아간 동문(同門)이기도 했다. 그런 뒤 아우인 서애는 과거 시험에 응시하여 진작 벼슬에 나갔고, 겸암은 제제다사(濟濟多士)들과 학문에 더욱 침잠했다. 겸암은 원래 과거 공부를 달갑게 여기지 않았다. 초년에 향시(鄕試)에는 몇 번 합격하기도 했으나 30세를 조금 넘기면서 아예 과거(科擧) 자체를 단념하고 오로지 학문에만 전념했다. 물 건너에 겸암정사(謙菴精舍)를 짓고 〈겸암(謙菴)〉으로 자호한 것도 이 무렵의 일이었다. 그리고 이러한 자세를 일생 동안 견지했다. 물론 임진왜란을 전후해 부친의 명(命)

도 있고 해서 잠깐 음직(蔭職)으로 벼슬에 나아간 것은 어쩔 수 없는 상황인 권도(權道) 그 이상도 이하도 아니었다. 그러나 일단 벼슬길에 나아가서는 평소 닦은 바 경륜을 마음껏 펼쳤으니, 금부도사, 진보현감, 인동현감, 풍기군수, 원주목사를 지내며 목민관(牧民官)으로서의 귀감을 보이기도 한 것이 그것이다.

    출처(出處)에서 모두 세인의 추앙을 받았던 선생의 진면목은 헌종 3년(1836) 국왕의 선생에 대한 치제문(致祭文)에서 〈겸(謙)이 퇴(退)에서 그 뜻이 더욱 깊어졌으니 묘계로 인한 글자가 부합되어 마침내 종전을 얻었다(謙之於退 其旨益淵 妙契字符 遂得宗傳)〉라 하여 〈겸(謙)〉과 〈퇴(退)〉가 사제간에 묘하게도 합치되었다고 추모한 데서 잘 드러난다.

    벼슬살이에 탐탁해하지 않았던 겸암은 부모 봉양에 온 정성을 다했다. 형제간의 역할 분담이었다고나 할까. 겸암은 63세를 일기로 세상을 떠날 때까지 50여 년을 한결같이 효성을 다한 분이었다. 돌아갈 무렵 형제간의 모습은 감동적이다.

    선생의 병세가 점차 심해지던 중 하루는 날씨가 매우 화창하였다. 아우인 문충공에게 〈저 문밖에 날씨가 매우 좋구나. 그러나 병든 내가 나갈 수 있겠느냐?〉라고 하자, 〈병이 왜 차도가 없겠습니까. 차도가 있으면 제가 모시고 함께 산보하여 어딘들 못 가겠습니까?〉라고 했다.

    형제간의 일상적인 대화로 생각할 수 있겠으나 실로 생과 사를 사이에 둔 말이라 무게를 느낄 수 있다. 형제는 아름다운 하회라는 천혜의 자연 환경 속에서 비로소 만나 천륜지락(天倫之樂)을 나눌 찰나였다. 사실 아우인 서애로서는 평생 조정에 나가 온갖 세파를 겪었던 터였다. 늘 홀어머니와 사려 깊은 형님에게 미안하고 감사한 마음의 빚이 있었던 터였다.

    임진왜란이 끝난 뒤 세상 인심과는 달리 서애 선생에 대한 반대파들의 공격은 집요했다. 그러한 공격을 고향 하회에서 논리적으로 하나하나 막아낸 분이 바로 겸암 선생이었다. 조상 사업 역시 백씨(伯氏)인 겸암의 몫이었다.
 이제 낙향해서 그 모든 것을 갚으려 할 즈음 갑자기 형님이 중병에 걸린 것이다. 서애의 희망은 희망대로 이루어지지 못한 채 겸암은 홀어머니를 남기고 선조 34년(1601) 3월 5일 63세를 일기로 세상을 떠났다. 자신의 운명을 알았던 겸암은 마지막으로 아우에게 이렇게 부탁한다.

 내가 조석으로 문안드리는 일마저 거른 지가 이미 오래기에 어머니께서 걱정이 많을 게다. 만일 내 안부를 물으시거든 절대 위중하다고 하지 말아라.

 노모는 늘 옛사람들의 올바른 행실이나 교훈이 될 만한 일들을 듣기 좋아했다. 그래서 겸암은 고금의 충신이나 열사들의 이야기를 하루도 빠짐없이 자상하게 해 드리곤 했다. 겸암이 세상을 떠나자 그 일은 아우의 몫이 되었을 것이다.

3 지주중류비

 하회의 충효의 전통에 대해 언급하면서 빠뜨릴 수 없는 부분이 바로 지주중류비(砥柱中流碑) 건립이다. 이 비를 세운 정신이 바로 충효를 길이 계승하기 위함이며, 또 비문을 아우에게 부탁하면서 형제간에 나눈 대화가 매우 뜻깊기 때문이다.
 필자가 지주중류비를 본 것은 모두 두 번이다. 비에 대한 첫인상은 아주 강렬했다. 필자는 많은 빗돌과 거기에 적힌 내용을 보아왔지만 이처럼 강렬한 인상을 심어준 비를 만난 적은 드물다. 깊숙이 음각(陰刻)된 꿈틀거리는 듯한 글씨에 압도할 만한 크기, 그리고 서애의 명쾌한 논리, 전편을 흐르는 충절, 형제간의 우애가 두드러진 명문장 때문이다.
 구미시 오태동(1983년 칠곡군 북삼면 오태동에서 구미시로 편입) 나월봉(蘿月峯) 아래 유유히 흘러가는 낙동강 물을 바라보며 천추(千秋)에 우뚝하게 서 있는 비가 바로 지주중류비다. 즐비한 구미공단의 굴뚝들 때문에 경치가 반감되기는 했어도 봄에는 농밀한 아카시아 꽃 향기로 가득한 곳으로 남아 있다.

겸암 류운룡은 선조 18년(1585) 인동현감으로 부임하여 야은(冶隱) 길재(吉再) 선생을 배향한 오산서원을 건립하고, 아울러 오래되어 자획이 불분명한 묘비를 다시 세웠다. 또한 야은 선생의 무덤 가까이에 터를 잡아 중국 명나라 명필 양청천(楊晴川)의 탁본 글씨와 아우인 서애 선생의 음기, 박도생(朴道生)의 글씨로 새겨 선조 20년(1587)에 지주중류비를 세웠다. 당시 선생은 48세였다. 그러나 현존하는 비는 당초 겸암이 건립한 후 193년이 지나 정조 4년(1780)에 새로 세운 것인데, 제자와 음기(陰記)는 옛 그대로 하고 음기만을 임희우(任希雨)의 글씨로 바꾼

사진 3-3 지류중류비

것이다.

〈지주중류〉란 글씨는 중국 백이숙제(伯夷叔齊) 묘(廟)에 쓰여 있는 문구다. 〈지주〉란 황하 중류에 있는 산 이름으로 〈지주산(砥柱山)〉이라고도 부른다. 먼 옛날 중국의 우(禹)임금이 홍수를 다스릴 때 지주산을 깨뜨려 하수(河水)를 통하게 하였다는 전설이 있다. 그런데 지주산이 천추 만대로 절개를 상징하는 백이숙제의 정신을 집약하는 문구로 사용된 것은 저 도도히 흐르는 황하(黃河)의 흙탕물 속에서도 꿈쩍하지 않고 버티고 있기 때문이다. 이것이 바로 백이숙제의 정신이요, 야은 길재의 충절을 대변하는 것이다.

고려말 조선초에 걸쳐 야은 선생이 세웠던 고결한 인간 정신이 퇴색해 갈 무렵 인동현감으로 부임하여 우선적으로 선생의 사당을 건립하고 다시 지주중류비를 세운 겸암의 정신 역시 지주중류 정신과 맥을 같이한다고 할 수 있다. 또한 형님의 명을 받아 즐겁게 그 의미를 부여한 아우 역시 뒷날 임진왜란이라는 미증유의 시련을 굳굳하게 극복한 점을 통해 본다면 형에게 뒤지지 않는 지주중류 정신을 실천한 분이라 할 것이다.

서애는 형님의 명을 받고 심력을 다해 비문을 지었다. 당시 서애 선생의 직함이 홍문관 제학(종2품직)이요 문장으로 널리 이름난 분이었으니 당연한 것이라고 생각할 수 있다. 그러나 조선왕조 건립에 반대하며 끝내 조정에 나오기를 거부했던 야은 길재 선생의 정신을 충(忠)과 절(節)로 무리 없이 연결시킨다는 것은 어렵고도 위험천만한 일이었다. 중종 5년 2월 1일에 음애(陰崖) 이자(李耔)라는 분이 정몽주와 길재의 사당을 세울 것을 청하였다. 그러나 즉시 윤허를 얻지 못하고 〈예관들에게 물어보라〉는 식으로 핵심을 비켜가고 있다. 그런데 그 이튿날 예조에서는 사당을 세우는 것이 바람직하지 않다는 결론을 내어 국왕에게 보고를 한다. 예조의 주장은 이러했다.

정몽주와 길재를 위하여 사당을 세우는 일은 국초부터 이러한 논의가 없었고 또 사전(祀典)에 사당을 세우는 조항이 없습니다. 자손을 녹용하고 그 분묘를 소재지의 수령으로 하여금 나무를 베거나 마소 먹이는 것을 금하는 일 같은 것은 가합니다.

국왕은 주청한 내용 그대로를 시행했다. 인조 1년 10월 14일에서야 이들 사당에 대한 국가적인 치제(致祭)가 이루어졌다. 그리고 선조 대인 겸암 선생 당시에 선산부 금오산 아래에 비로소 야은 선생의 사당을 건립할 수 있었던 것이다.

이런 시각에서 이 글을 읽어본다면 행간에 들어 있는 문장의 묘리를 느낄 수 있을 것이다. 다음은 비문을 번역한 것이다.

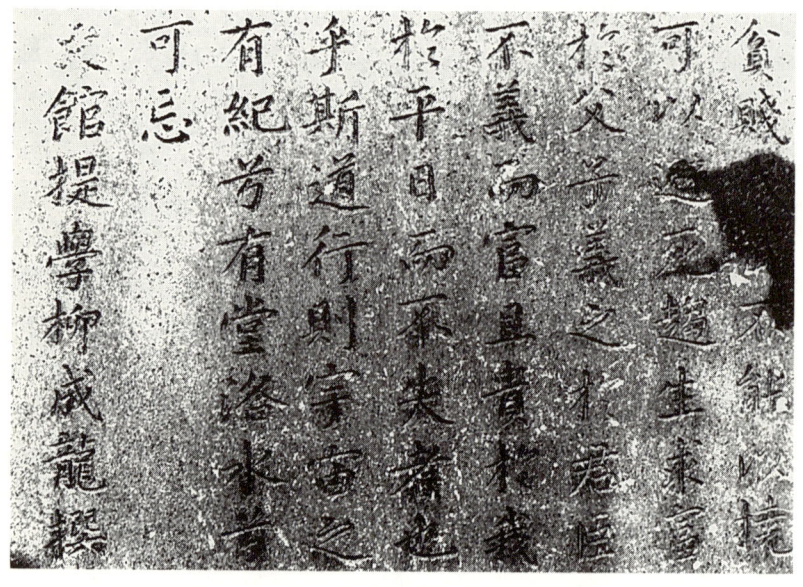

사진 3-4 지류중류비 부분. 〈홍문관 제학 류성룡 찬〉이란 글이 보인다.

지주중류비문(砥柱中流碑文) ── 서애 류성룡 지음

　풍산(豊山) 류운룡(柳雲龍) 현감께서 인동(仁同) 고을을 다스린 지 3년만에 길야은(吉冶隱)의 무덤을 크게 수리하였는데, 그 무덤 왼편에는 높다란 언덕이 있었다. 앞으로는 흐르는 낙동강을 굽어보고 뒤로는 금오산(金烏山)을 의지하였으니 넓은 들판이 펼쳐져 있고 안개 낀 모래밭은 아득하기만 하였다. 그것을 보고 기뻐하며 계획을 세워 그 터에다 서원을 짓고 사당을 세워 선생의 제사를 받들었다.

　감사 이산보(李山甫)공과 선산부사 문덕수(文德粹)가 이 일을 함께 찬동하여 설계하고 경영하여 그 모자라는 것을 도와주니, 그 일이 쉽게 진행되어 몇 달이 못 되어서 준공을 보게 되었다.

　이때 그 앞에다 비석을 세우고 중국인 양청천(楊晴川)이 쓴〈지주중류(砥柱中流)〉란 커다란 네 글자를 새기게 하고, 그 일을 마친 뒤 현감께서 아우인 내게 말씀하기를,〈나는 이 일을 통해 선생의 절개를 밝혀 후세에 교훈이 되게 하려 하니 그 뒷면에 그 같은 내용을 적도록 하게나〉하였다. 나는 사양치 않고 지주(砥柱)에 대한 뜻을 물었다. 현감께서는 이에 대해〈장강(長江)과 황하(黃河), 회수(淮水), 제수(濟水) 가운데서도 황하수(黃河水)가 제일일세. 만일 그 물이 범람하여 온 천하를 뒤덮는다면 곤륜산(崑崙山)을 무너뜨리고 여량(呂梁)을 뚫고 용문(龍門)을 넘고 이수(伊水)와 낙수(洛水)를 삼켜서 양(梁)나라와 송(宋)나라의 들판을 휩쓸 것이네. 거센 물결이 진동하면 해와 별도 어두워지고 언덕과 골짜기가 뒤바뀌어 광대하게 넘쳐흘러 높은 산과 큰 언덕이라 할지라도 모두 물에 휩싸여 감히 높고 큰 체를 못할 것이며 만물을 한순간 휩쓸어버릴 것일세. 그런데 이런 황하에 돌이 있는데 혼자만 특출나게 빼어나 거세게 용솟음치는 물결에 부딪쳐도 그 꺾고 무너뜨릴 기세를 막아내고, 모래와 돌들이 단숨에 삼키려 해도 그 견고함은 움직이지 못하며, 큰 물결이 빠지게 하려 해도 그 높은 것을 덮지는 못하고 우뚝하게 높은 그 기상은 만고를 지나도 하루 같았다네. 그래서 그것을 지주라 이름하였다네. 대개 사물이 그러한 것이 있을진대 사람도 의당 그러함이 있을

것일세. 나는 일찍이 옛 충신과 열사들이 변천하는 세파 속에서도 그 뜻을 변치 않음이 이와 같음을 보았다네. 나라가 망하고 시정과 조정이 바뀌자 정직한 사람과 간사한 이들이 함께 어울리고, 착한 사람과 악한 사람이 한데 뒤섞여서, 앞으로는 벼슬의 유혹이 있고 뒤로는 형벌의 두려움이 따르기 때문에 사람들은 목숨만이라도 유지하는 것을 다행으로 여기고 세상의 도의는 벼슬하는 것만을 귀한 것으로 여긴다네. 그래서 상류층에 있는 사람들은 벼슬에만 매달리고 아랫사람들은 초야에서 허덕이게 되니 이러한 시대 조류에서는 홀로 뛰어나기란 어려운 것일세.

여기에 어떤 절개 있는 선비가 홀로 떨치고 일어나 죽음으로써 올바른 도리를 지키며 그 한몸으로 우주의 삼강(三綱)과 오상(五常)의 무거운 책임을 도맡아 부귀(富貴)도 그를 현혹시키지 못하고 빈천(貧賤)도 그를 움직이지 못하며, 위엄과 무력이 그를 굴복시키지 못하여 정의(正義)와 충절(忠節)은 당대에 빛나고 그 교화(敎化)와 명성(名聲)은 후세의 모범이 되었다네. 이것으로 저것을 비유한다면 그 누가 그렇지 않다고 하겠는가.

길 선생(吉 先生)은 고려말에 벼슬하여 나라가 망할 것을 미리 알고 산림(山林)으로 내려와 몸을 보전하였다네. 성인(聖人 : 이 태조)이 나와 만물이 우러러보고 해와 달이 빛을 발하고 산천이 그 모양을 바꿀 때가 되어서는 전날 왕씨(王氏)의 문(門)에 의지해 먹고살던 사람들은 분주히 날뛰면서 뒤질까 걱정하였지만, 선생만은 두 임금을 섬길 수 없다는 정의를 정색하며 내세워 자취를 감추어 문을 닫고 들어앉아 죽기로 맹세하고 세상에 나가지 않았으니, 그 충성이 참으로 빛나는지고.

대개 천하의 큰 어려움을 당해 천하의 큰 절개를 세우고 천하 사람들이 하지 못하는 일을 하여 오직 금오산(金烏山) 한 구역으로 왕씨의 연호(年號)를 수십 년 동안 지켜왔으니, 〈아 장한지고. 그것이 참으로 지주(砥柱)였으니, 이러한 데서 그 뜻을 취함일세〉라 했다.

나는 말하기를, 〈선생의 절개는 높고 형님의 비유는 적절합니다. 그러나 이것으로 교훈을 삼으려는 의도는 무엇입니까?〉라 했다.

현감은 탄식하기를, 〈천하의 물건이란 반드시 자신을 잘 지킬 수 있은 다음에야 남을 이길 수 있는 것이지. 저 지주가 특별히 높기도 하고 단단하기도 한 까닭은 처음부터 홍수를 생각하지도 않았지만 홍수가 끝내 움직이지 못하였으며, 올바른 선비와 어진 사람은 할 것과 하지 않을 것을 미리 마음 속에서 정하여 확고하게 움직이지 않기 때문에 부귀와 빈천, 위엄과 무력에도 흔들리지 않는다네. 나는 이것을 가지고 학자들에게 경계할까 하네〉라 했다.

나는 〈참으로 옳은 말씀입니다. 이러한 데에 대해 말씀해 주십시오〉라고 말했다.

현감은 말하기를, 〈사람의 욕심은 목숨보다 더한 게 없고 싫어하는 것은 죽음보다 더한 게 없으며, 그 사랑하고 사모하여 반드시 얻고자 함은 부귀보다 더한 게 없네. 참으로 욕심대로 하여 억제함이 없다면 누구나 죽음은 피하고 살 길만을 찾아서 부귀를 구하려 하지 않겠는가. 이렇게 되면 윤리를 해치려는 습성과 부모도 돌보지 않는 풍습만 가득하게 되어 마치 하수와 바다가 터진 것 같이 마침내 삼강(三綱)이 무너지고 구법(九法)이 없어져서 사람이 금수(禽獸)가 되고 말 것이니 성인(聖人)이 이것을 걱정하여 사람을 가르치는 데 있어서 먼저 그 본심을 세우게 한 것이네. 본심이란 무엇인가. 부자간의 인(仁)과 군신간의 의(義)는 하늘이 내려준 만물의 법칙일세. 이것은 우리가 본래부터 가지고 있는 것으로 밖에서 오는 것이 아니지. 그러나 더러 그 정당한 도리를 다하지 못하는 것은 욕심이 그것을 가렸기 때문일세. 그 가려진 것을 제거하여 그 당초의 본심을 되찾으면 본심이 확립되어 자연적으로 외물은 가볍게 여길 것이네. 이렇게 된다면 산다고 해도 하지 않을 것이요, 죽는다 해도 피하지 않을 것일세.

의롭지 못한 부와 귀는 나에게는 뜬구름 같을 것이니 어떻게 털끝만큼이라도 그 마음을 움직일 수 있겠는가. 실로 그러하다면 이익과 욕심은 홍수(洪水)요 본심은 지주(砥柱)니, 사람들이 내 몸에다도 지주를 갖지 못하면서 어찌 세상의 지주가 될 수 있겠는가. 그렇기 때문에 위태롭고 어려운 환경에서 큰 절개를 지켜 조금도 변치 않는 것은 모두 평소에 그 본심을 세워 잃지 않았기 때문이니, 곧 길 선생이 이런 분일세. 저 엄벙덩벙하면서 그럭저럭 행동하다가 욕심의 물결이 덮치는 가운데 휩쓸려서 빠져나오지 못하는 이도 선생의 명성을 듣고서 지주의 뜻을 구하여 보고 자신의 일상 행동을 가슴속으로 반성하면, 과연 중심이 잡혀서 그 사납게 흐르는 물결을 막아내지 않겠는가. 이러한 도(道)가 실행되면 우주간(宇宙間)의 동량(棟梁)과 인류(人類)의 주석(柱石)이 이로부터 서게 되어 땅덩어리가 물에 빠진 것을 구제할 수 있을 것이다. 이것으로 교훈을 삼는다면 또한 좋지 않겠는가?〉라 했다.

나는 일어나 절하고 말하기를 〈그 뜻이 극진합니다. 저는 이 밖에는 더 말할 수 없기에 삼가 들은 대로 쓰겠습니다〉하고 이어서 다음과 같이 명(銘)했다.

> 금오산이여 무엇이 있던가?
> 터가 있고 사당이 있도다
> 낙동강 물 굽이쳐 흐름이여
> 그 흐름은 크고도 유장하여라
> 한줌의 흙 거친 언덕이여
> 아 선생의 무덤이라네
> 돌을 깎아 글을 새김이여
> 만년을 두고 밝게 빛나리라
> 충성과 효도를 다함이여
> 끼친 은혜가 없어라
> 좋은 제물과 술을 올림이여
> 마치 정령이 오가시는 듯
> 높은 산과 맑은 물을 바라봄이여
> 선생 생각을 그칠 수 있으리.

—『서애집』권19

구미시 오태동에 있었던 오산서원은 자취가 없음은 물론 연세 든 어른들조차 〈오산서원(吳山書院)〉이라는 서원 이름까지 망각하고 있을 정도로 역사의 뒤안에 묻혀 있다. 다행이라면 오산서원 강당이었던 충효당 건물 1동만 구미시 도량동 720번지로 옮겨 1948년에 중건된 정도이다. 안동 하회마을의 서애 선생 종택의 당호와 동일한 강당 이름이다.

4 형님을 그리워한 서애의 제문

『서애집』권19에는 모두 10편의 제문이 올라 있다. 제문마다 애절한 사연이 있겠지만 형제간의 우애를 생생하게 그려놓은 「제백형문(祭伯兄文)」은 우리에게 감동을 주기에 충분한 명문장이다. 우리는 이 제문을 통해 서애 선생은 문장으로도 일가를 이루고 있음을 알 수 있다.

오호애재(嗚呼哀哉)라, 우리 형님이시여! 어찌 차마 저를 두고 가십니까. 저는 그렇다 해도 구십 자친(慈親)이 계시는 줄은 왜 모르십니까. 형수씨와 자녀 그리고 제손(諸孫)들이 집안 가득 모여 형님을 부르고 있사온데 형님은 듣지 못하시고, 부여잡아 당겨도 돌아보시지 않으십니다. 정신이 아득하여 돌아오시지 못하고, 손과 발을 거두어 관을 덮고서 평생 사시던 하회를 떠나 멀리 저 산중으로 가신다는 말입니까. 오호라 형님이시여!
저 세상에 무슨 그리움이 있으며 이 세상에 무슨 싫은 것이 있기에 세상을 싫어하여 길이 버리시고 떠나셨습니까. 오호애재라, 오호애재라.
형님은 기해년(중종 34년, 1539) 생이요 저는 임인년(중종 37년, 1542) 생으로 나이 차이가 그렇게 나지 않아 엉금엉금 기어다니며 놀 때부터 조금 자라 책을 허리춤에 끼고 스승을 찾아갈 때까지 하루 한시라도 서로 떨어진 적이 없었습니다.
갑인년(명종 9년, 1554) 가을, 형님 나이 열여섯에 안동 법흥(안동 法興에

世居하고 있던 固城 李氏)으로 장가를 들고서야 비로소 저와는 떨어져 있게 되었습니다. 그때 저는 홀로 서울에 있으면서 달을 보나 구름을 보나 매일 형님 생각으로 자추지동(自秋至冬) 눈물이 마를 겨를이 없었습니다. 이듬해 봄에 형님이 뱃길로 광나루(城東 釜浦)에 오셨다기에 저는 황급히 달려나가 뱃전에 올라 악수하며 맞이하니 하도 반가워서 말조차 나오질 않았습니다. 그 당시 연우(煙雨)가 온 강에 가득하고 봄바람은 호탕하게 불었는데 십리 들길을 함께 말머리를 나란히 하고 달려 어머니를 뵈오니 그 즐거움이 한량 없었습니다. 지금 그 일을 생각함에 아득한 꿈길만 같은데 형님께서도 그 일을 기억하고 계시온지요.

　형님은 소싯적에 병이 많아서 더러는 정도가 심하기도 했기에 고향에 계시고 저는 아버지를 모시고 멀리 관서(關西) 지방에 가서 서로 떨어져 만나지 못함이 어언 몇 해가 지나 병인년(명종 21년, 1566) 여름 정주(定州)에서부터 서울로 돌아올 때 일입니다. 황강(黃岡) 땅 여사(旅舍)에서 꿈에 형님을 뵈었는데 병석에 누워 모습이 하도 수척한지라 깜짝 놀라 일어나 앉으니 눈물이 쏟아지고 날이 새도록 생각나 잠을 이루지 못했습니다. 서로 그렸던 정(情)은 시장(詩章)에 있을 뿐입니다.

　무진년(선조 원년, 27세) 가을에 제가 한림(翰林)으로 명을 받고 성주사고(星州史庫)에 폭서(曝書 : 책을 볕에 말림)하러 갔을 때 왕복 길에 고향 형님 처소에 들러 정자에서 뵌 적이 있었습니다. 겸암정사(謙菴精舍)의 수죽간(水竹間)에 묵으면서 책상을 마주하고 남김 없는 대화로 십여 일을 지내다가 떠날 적에 형님은 〈산수가 보기 좋고 소나무와 국화가 자랐도다, 세상의 헛된 이름에 마음 둘 게 있겠나(溪山可愛 松菊已長 世間浮名 豈足係戀)〉라고 말씀하시고 즐겁고 조심스럽게 사는 길로 저를 힘쓰게 했는데 제가 우매하여 비록 형님 말씀을 실천하지는 못했으나 그 말씀은 아직도 제 귀에 남아 있어 잊지 않았습니다.

　오호라! 형님께서는 천성이 깨끗하고 절개가 있어서 선을 좋아하고 악을 미워하는 마음이 있었습니다. 사람을 대할 적에는 구차스럽게 영합하시지 않고 뜻에 맞지 않아도 사색(辭色)을 내지 않았기에 젊었을 때는 친구들 사이에 너무 고상하고 강직하다고 꺼림을 당하는 경우도 없지 않았습니다. 그러나 만년에는 도의(道義)로서 닦으시고 시서(詩書)의 가르침에 젖어서 마침내 다시 화평 온후한 기상으로 돌아와 사람들과 사귈 때 종일토록 유유연(悠悠然)하시며 음식과 담소에 서로 피곤한 줄도 몰라 함께 노는 사람들조차 오래도록 수양을 통해 이룬 줄을 몰랐을 정도였습니다.

또한 독실한 품행과 연원이 있는 학문이 있었으며, 재주는 반석이라도 뚫을 만하고 지식은 선악을 분별할 수 있는 정도였습니다. 이런 일들은 다른 사람들로서는 모두 어려운 일인데 형님은 겸해 갖고 계셨습니다.

고을의 수령으로 계실 때는 선정(善政)이 많았으나 그것은 형님으로서는 대단치 않은 예외의 일이요, 참된 포부는 아니었습니다.

슬프도다, 하늘이시여! 이렇게도 훌륭하신 우리 형님을 여기에 그치게 하여 빼앗아가십니까. 슬프고 슬픕니다.

임진왜란에 천지가 뒤집히고 세상이 도탄에 빠져 세실(世室) 구가(舊家)가 사방으로 피난하여 보전한 집이 열에 한둘도 되지 못했습니다. 저는 공의(公義)로 나랏일에 분주하여 가사를 돌볼 겨를이 없었는데 형님께서 팔십 노모를 업고 백여 식솔들을 거느리고 풍찬노숙(風餐露宿)으로 낮에는 숨고 밤에는 길을 가 구렁에 빠지고 엎어져도 그 어려움을 이겨내고 천리 먼 길을 온갖 고생을 겪은 끝에 무사히 고향 하회로 돌아와 마침내 임진왜란을 면할 수 있게 되었습니다. 이 모두는 천지신명께서 돌보아 주신 바이나, 실제로는 형님의 효성으로 그렇게 된 것인 줄 압니다.

슬프고 슬픕니다. 저는 완고하고 비루하므로 자신을 돌아봄에 우매하여 나무 한 그루가 큰 집을 지탱할 수 없고 한 조각 돌로 바다를 메울 수 없다는 분수를 잊고, 국가 대임을 맡으니 보는 사람들이 한심스럽게 생각할 정도였습니다. 그러나 형님은 저를 지극히 사랑해 주시고 걱정하시어 길고 짧은 서찰을 달마다 연이어 보내셨는데, 그때마다 다른 말씀은 없으시고 다만 〈속히 벼슬에서 물러나라〉는 말씀뿐이더니 멀지 않아 형님 말씀을 징험하게 되었습니다. 이것은 형님의 선견지명과 탁월한 지식과 식견이 다른 사람보다 아주 뛰어났음을 말하는 것으로, 저는 비록 십가지로(十駕之勞)를 다해도 형님의 한걸음을 바라보지 못할 정도입니다. 아, 슬프고 슬픕니다.

무술년(선조 31년, 1598) 12월에 제가 파면을 당하고 남하하여 형님을 태백산 아래[道心村]에 가서 뵈옵고 이듬해 2월 하회로 돌아오니 형님께서도 오래지 않아 신위(神位)를 모시고 고향으로 돌아오셨습니다. 그때가 사월 초순간인지라 비록 시사(時事)는 헤아리기 어렵고 가난과 병고가 겹쳤으나 스스로 위로되기로는 학발자친(鶴髮慈親)께서 자식을 기다리는 걱정이 없으시고 형제가 다같이 어버이 밑에서 살아 인생의 즐거움이 여기에 더할 수 있었겠습니까. 조석으로 문안 드린 다음에 형제가 한방에 마주보고 더러 편안히 임원(林園)을 왕래하고 구름과 달을 따라가며 위아래 계곡에 봄비가 내려 토맥(土脈)이 풀어지면 손수 삽을 들어 꽃이나 대나무를 심고 서리 내린 가을날 아침에 낙엽이 날리면 동자들에게 실과를 줍게 하고 동유서범(東游西泛)으로 어조(魚鳥)를 벗삼아 날마다 그것으로 일삼으니 족히 세상사를 잊고 늙어가는 줄도 몰랐습니다. 그런데 어찌 형님께서 병이 한번 들자 그대로 세상을 떠나시어 그런 즐거움을 다하지 못하게 되었단 말입니까.

아, 슬프고 슬픕니다. 형님이시여! 진정으로 돌아가셨단 말입니까. 이것이 꿈입니까, 생시입니까. 실지로 돌아가신 것입니까, 거짓으로 그렇게 된 것입니까.

어찌 요 몇 달 동안 제 눈에 형님이 보이지 않고, 어찌 제 귀에 형님 웃음소리가 들리지 않으며, 또 어찌 자친께서 날마다 형님의 병환의 경중을 물으시는데 어머님 문안을 오시지 않는단 말입니까. 그렇다면 우리 형님이 돌아가신 것이 과연 그렇단 말입니까. 이것이 사실이요 꿈이 아니란 말입니까. 슬프도다!

작년 12월 13일 제가 서쪽으로 국상(國喪 : 懿仁王后의 喪) 길을 떠날 적에 형님은 이미 병환중에 계셨는데 무리하여 문을 나서 북쪽 송림(松林)의 만송정(晩松亭)까지 나와 저를 전송할 때 말없이 바라보다가 떠나 제가 북쪽으로 화천 빙하(氷河)를 건너 높은 곳에 올라 고개를 돌려보니 형님은 아직 그 자리에 우두커니 서서 저를 바라보고 계시는지라 (느낀 바가 있어) 길을 재촉하여 겨우 열이레만에 돌아와 형님을 뵈오니 위독하신 지 이미 십여 일이었습니다. 자질과 붕우들이 모두 모이고 백약이 무효한 지경이라 마침내 구하지 못하였으니,[1] 이것은 진실로 이 아우의 죄가 쌓이고 쌓여서 천지신명의 도움을 받지 못한 까닭입니다. 그렇지 않다면 형님께서 귀신에게 무슨 원한이 있고 하늘에 무슨 허물이 있어 이렇게 되었겠습니까. 슬프고 슬픕니다.[2]

저와 형님이 이 세상에서 형제로 생활한 지가 육십 년이 되었습니다. 중년 이후로는 인사(人事)가 다단(多端)하고 세고(世故)가 추천(推遷)하였을 뿐 아니라 피차간에 벼슬길에 올라 함께 살지 못할 때가 많았으나 다행히 만년에서야 고요한 고향 강가에 모여서 살게 되어 비로소 하늘이 저의 평생 소원을 들어주는 줄 알았더니 어찌 이 소원을 다하지 못하고 우리 형님을 앗아가셨습니까. 아! 조물주는 인정이 없고 어질지 못함이 심하신 분입니까.

저도 이제 매우 쇠하고 병들어 형님이 돌아가신 후로는 허전하고 쓸쓸하여 의지할 곳이 없고 문을 나서도 갈 곳도 없으니 이 심회를 누구에게 하소연하며 급하고 어려울 때 누가 있어 돌아보겠습니까. 외롭고 가련한 정상(情狀)은 형영(形影)이 서로 조상할 뿐이오니 인간 세상에 무슨 살 재미가 남았겠습니까. 이치로 따지면 저도 이 세상에 오래 살지 못할 것이오나 다만 자친(慈親)이 계시니 억지로 살아 있기는 합니다만 〈죽은 사람이 섧다〉고 하지만 저도 곧 형님 곁에 갈 것입니다.

오호라! 형님께서 돌아가신 지 벌써 석 달이라, 여러 상주들과 더불어 금월 15일 임자에 형님을 금계(金溪) 선영 옆에 장사 지낼까 합니다. 동봉(東峯) 위에 혈(穴)을 잡았는데 그곳은 계유년(선조 6년, 1573) 겨울에 형님과 함께 선고(先考)의 산소를 모실까 하여 둘레돌까지 마련하였다가 도중에 지

---

1) 1601년 3월 5일 세상을 떠남. 하루 전에 모친은 서애의 거처로 모심. 모친은 이 해 8월 21일 세상을 떠남.
2) 서애는 伯兄의 墓誌文도 직접 지었다.

세가 너무 높아 아래로 옮겼던 곳입니다. 널리 술사(術士)에게 보였던 바 〈차혈(此穴)이 심길(甚吉)이라〉 하고 또 그 밑 수십 보 지점이 장법(藏法)에 더욱 좋다하기로 그곳으로 정합니다. 형님 의사에는 어떠하실는지요.

　슬프도다. 형님은 항상 임천(林泉)에 소요하기를 좋아해 병석에 계실 때도 저에게 〈창밖에 날씨가 좋은데 병이 들어 못나가니 어찌하나〉 하기에 〈형님 병환만 나으면 저하고 어딘들 못가겠습니까〉라는 위안의 말씀을 드렸더니 사생간의 이치는 모르겠으나 그토록 밝고 빛나시어 없어질 수 없는 형님께서 지금은 어디에 계시옵니까. 이 세상에 계십니까 아니면 저 세상에 계십니까. 위로 떠서 천기와 같이 운행하십니까, 아니면 아래로 운물(雲物)과 함께 호흡하고 계십니까. 연하동부(煙霞洞府)에서 신선과 함께 왕래(往來)하시는가요 가정에 계시면서 친척과 더불어 주선(周旋)하고 계시온지요. 그렇지 않다면 캄캄하고 막막해 오도 가도 못하시는지요. 이 아우의 울음소리가 하늘에 닿고 눈물이 구천(九泉)에 이르러도 형님은 모르시고 들으시지 못하십니까.

　아, 슬프고 슬픕니다. 강 위의 구름은 침침하고 산의 나무들은 무성한데 임간일실(林間一室)에 유도유서(有圖有書)라 이곳이 형님께서 조석으로 살고 쉬던 곳입니다. 만약 혼령이 계신다면 오셔서 두루 다닐 것이요 모르신다면 제 말은 쓸데없는 것이겠지요. 아! 이제는 마지막이요 그만입니다. 어찌할꼬 어찌 할꼬. 오호애재라!

5 추자골 야거위(野居位) 배위 열녀 안동 김씨 이야기

　〈야거위〉는 화산(花山) 추자골 주룡(主龍) 신향(辛向)에 합폄으로 모셔져 있다. 야거위 산소에서는 하회마을이 한눈에 들어오는 화산 줄기라 상쾌함을 느낄 수 있다. 마을에서 보면 당당한 마을의 뒷산으로 진산(鎭山)에 해당된다.

사진 3-5 야거위(野居位) 묘소

〈야거위〉 묘소로 불리는 주인공은 소싯적 이름이 〈야거(野居)〉였기 때문에 그렇게 부르는 것이다. 풍산 류씨 9세손으로 입향조인 전서공 종혜(從惠)의 손자요 겸암 선생의 종고조(從高祖)가 되시는 분이다. 그러니까 겸암의 고조부가 호군공 소(沼)인데 그의 백형(伯兄)이라는 말이다. 뿐만 아니라 9남매의 제일 맏 분이 바로 야거위이기 때문에 제일 큰집이 될 분이다. 그런 대단한 분의 묘소를 관직도 아닌 이름으로 부르는 것은 특이하다. 이런 경우는 대개 사연이 있기 마련이다.

『풍산류씨족보』에 보면 〈조몰이소자행(早沒以小字行)〉으로 간략히 기록되어 있는데, 〈일찍 세상을 떠나 소싯적 이름으로 불린다〉는 뜻이다.

조선 시대 세종 대왕 당시 안동 김씨로 감목관(監牧官)을 지낸 효첨(孝瞻)공의 따님으로 태어나 사정공의 아들 9형제 중 맏며느리로 하회 땅을 밟게 될 야거위 할머니는 의성 사촌 고향에서 초례청에서 뜻밖에

3 충효의 전통을 간직한 마을 79

도 낭군이 갑자기 원인 모를 병이 나 급거 하회로 돌아가고 마는 불상사를 당한다. 야거위 할머니의 불행은 이어져 하회로 돌아간 낭군은 병이 더해져 세상을 떠나고 말았다. 야거위 할머니는 하는 수 없이 의성 사촌(沙村) 친정에 머물러 있었으나 타처로 재가할 것을 강권하자 친정을 떠나 몸종 한 사람만을 앞세우고 낯설고 물선 시집인 하회로 와 팔십 평생을 수절하였다. 뿐만 아니라 부지런히 물레질로 무명실을 자아 팔아서 모은 돈으로 웃골 일등 답을 사서 문중에 보관케 하기도 했다. 함께 따라왔던 몸종 역시 야거위 안동 김씨와 운명을 같이해 평생 하회에서 살다가 세상을 떠난 뒤 야거위의 묘 위쪽에 묻혔다.

이 지역 유림들은 야거위 할머니가 세상을 떠난 뒤부터 뜻을 기려 이후 500여 년 동안 묘사(墓祀)를 정성껏 받들어왔으나 오랜 세월 상전벽해(桑田碧海)의 변화를 겪어오면서 토지마저 없어져 이제는 문중에서 근근히 분향을 받들고 있는 실정이다.

당시에는 양자 제도가 보편적으로 시행되지는 않았던 것 같다. 만약 양자법이 보편적으로 시행되었다면 큰집이 무후(無後)로 내려올 까닭이 없었기 때문이다.

한 개인의 유한한 인생으로 본다면 달리도 생각할 수 있겠으나, 야거위 위토(位土)의 유무와 상관없이, 〈지조를 지켜야 한다〉는 가르침을 오늘날까지 우리에게 가르쳐주고 있는 것이다.

야거위 묘소는 최근 병산서원으로 통하는 직통로 개설을 위해 확장한 도로 가에 자리잡고 있는데 봉분이 상당히 큰 규모다. 작은 상석 한 기(基)만 마련되어 있다.

4 하회의 인물

1 겸암·서애 이전의 인물들

설천(雪泉) 안성(安省, ?-1421)

광주인(廣州人). 자는 습지(習之) 또는 목삼(目三), 호는 설천(雪泉) 또는 천곡(泉谷). 아명이 〈소목(少目)〉이었는데 왕명으로 두 글자를 합해 〈성(省)〉으로 개명했다. 고려말 조선초의 문신이며 광주 안씨 하회마을 입향조다. 고려 우왕 초에 진사시에 합격하고 우왕 6년(1380) 문과에 급제하여 보문관 직학사, 밀직 제학을 거쳐 상주판관이 되어 청백한 이름을 떨쳤다. 상주판관 시절에는 성을 쌓아 왜구에 대비하기도 했다. 조선 개국 후인 태조 2년(1393) 청백리에 뽑혀 송경유후(松京留侯)에 임명되었을 때 궁전 기둥에 머리를 부딪치며 자결하고자 했으나 제지로 뜻을 이루지 못했다고 한다. 태종 11년(1411) 정조사가 되어 명나라에 다녀와 강원도 관찰사로 나갔다. 벼슬이 참찬에 이르고 평양백(平壤伯)에 봉해졌다. 장수의 창계서원(滄溪書院)과 남원의 호암서원(湖巖書

院)에 제향되었다. 시호는 사간(思簡)이다.

류종혜(柳從惠)

풍산인(豊山人). 겸암과 서애 형제의 6대조로 풍산 류씨 하회 입향조이다. 전서공은 당초 풍산현 안에 살고 있었으나 하회로 이거하여 전토를 개간하고 집을 지어 살기 시작했다. 특히 함께 고려조에 전서 벼슬을 하다가 향리로 은퇴한 배상공이란 분과 서로 교분이 두터웠는데 집과 전토를 마련해 주고 함께 살았다. 하회마을 입구에 입향조인 공조전서공을 기리는 기적비가 최근 건립되어 있다. 묘소는 화산에 있는데, 최근 풍산 잘패에서 이장하였다. 상석과 묘비 그리고 망주를 새로 세웠는데 이전에 있던 묘전비도 함께 세워두고 있다.

배상공(裵尙恭)

홍해인(興海人). 백죽당(栢竹堂) 상지(尙志)의 아우로 문과에 급제한 뒤 고려 시대에 공조전서(工曹典書)를 역임했다. 고려가 망하자 벼슬을 단념하고 형인 백죽당과 함께 안동으로 낙향, 하회에 터를 잡았다. 형인 백죽당은 두문동 72현 중의 한 분인데, 아우 역시 같은 정신이었다고 한다. 평소에 친분이 있던 풍산 류씨 하회 입향조인 공조전서 류종혜(柳從惠)와는 막역한 사이였다. 이들 두 분의 전서를 일컬어 〈하회 이 전서(河回二典書)〉라고 불렀다 한다. 아들 배소의 묘소 바위 위에 있다.

배소(裵素)

홍해인(興海人). 조선 초의 문신. 하회마을 입향조인 공조전서(工曹典書) 상공(尙恭)의 아들이며 평창군사를 지낸 권옹(權雍)의 장인이기도 하다. 태종 8년(1408)에 사마시에 합격한 뒤 사재감 주부가 되었다. 세종 8년(1426) 강원도 도사를 지냈고 이조정랑에 이르렀다. 후손이 끊겨 풍산 류씨 하회마을에서 외외손(外外孫) 봉사(奉祀)를 하고 있다. 풍산

쇠실(鐵谷)에 모셔진 묘소에는 최근 빗돌을 새로 다듬어 세웠다. 다만 부인 안동 권씨 위에는 옛 양식 그대로의 작은 빗돌이 서 있어 이채롭다. 묘소 입구의 규각비 1기는 육안으로 그 내용 판독에 어려움이 있지만 상당한 역사를 지닌 고비(古碑)임에는 틀림이 없다.

안팽명(安彭命, 1447 - 1492)

광주인(廣州人). 자는 덕보(德甫), 호는 빙애(氷厓). 사헌부 감찰 종생(從生)의 아들이며 어머니는 이조정랑 배소(裵素)의 딸이다. 세조 14년(1468) 진사가 된 뒤 성종 3년(1472), 춘장(春場) 별시문과에 병과 16인으로 급제하였다. 사헌부 장령, 집의, 사간원 사간을 역임했다. 1492년 8월, 예빈시 부정이 되어 왕명으로 평해(平海)에 다녀오다가 강릉 객사(客舍)에서 일생을 마쳤다. 성품이 강직하고 청렴하였을 뿐 아니라 〈쟁신의 풍도(諍臣之風)〉가 있었다고 한다. 청백리(淸白吏)에 녹선되었다. 조카 윤덕(潤德)도 문과에 급제했다.

류공작(柳公綽, 1481 - 1559)

자는 유재(裕哉). 이조판서에 증직된 자온(子溫)의 맏아들이다. 어려서 부모를 여의고 음직으로 예빈시 주부, 사헌부 감찰, 군자감 주부, 포천현감 등의 직을 거쳐 간성군수에 부임했다. 강원도 간성은 바다에 접한 고을로 전임 군수들은 어민들을 수탈해 그 피해가 극심했으나, 공은 애민정신을 바탕으로 그 어려움을 하나하나 해결해 칭송을 받았다. 퇴계는 공의 묘갈명에서 〈백성을 다스리는 관원들이 모두 공과 같이 성실하다면 국왕의 은택이 막혀 백성들에게 미치지 못하는 폐단이 없을 것이니 나라를 다스림에 무슨 어려움이 있겠는가〉라고 기리고 있다. 향년 79세로 세상을 떠났다.

집이 몹시 가난하여 장례를 치르기에도 어려움이 있을 정도였다 한다. 사후에 좌찬성에 증직되었다.

묘소는 군위읍 외량리 송현(松峴 : 솔티)에 있는데 오지탄금형(五指彈琴形)의 명당이라 한다. 명종 10년(1555), 14살 때 서애가 간성고을로 조부를 찾아가 향교에서 글을 읽었다. 2년 뒤 겸암이 서울에서 간성 임지로 조부를 찾아 뵌 기록도 보인다. 겸암은 그 기회에 금강산을 유람한 뒤 10월, 고향으로 돌아왔다.

간성군수공은 명종 14년(1559) 5월 서울에서 세상을 떠났고, 8월에 공의 처가[延安 李氏]와 처외가[南陽 洪氏] 고을인 군위로 운구해 11월에 장사를 지냈다. 부친의 명으로 손자인 겸암이 퇴계에게 묘갈명을 청했다. 옛 묘전비는 퇴락해 다시 세운 묘비가 묘소 오른쪽에 서 있다.

류공권(柳公權, 1485-1539)

자는 평경(平卿). 자온(子溫)의 둘째 아들이며 입암 중영의 숙부요, 귀촌 경심의 부친이다. 중종 14년(1519) 생원이 되고 중종 23년(1528) 식년문과에 병과 22인으로 급제한 뒤 공조정랑, 사헌부 지평을 거쳐 중종 34년(1539) 서장관으로 명나라에 갔다가 세상을 떠나니 향년 55세였다. 사후에 예조참판에 증직되었다. 외조부는 보백당 김계행이고 장인은 대전 남팔준이다. 묘소는 안동시 서후면 성곡리 능동에 있다.

권옹(倦翁) 류빈(柳贇, 1520-1591)

자는 미숙(美叔), 호는 권옹(倦翁). 퇴계 선생의 문인이며 입암 류중영의 재종숙이다. 공은 일찍이 학문에 힘써 초시에 합격하였으나 본시에 불리하자 과거에 뜻을 끊고 오직 독서와 수양에 힘썼다. 특히 역학(易學)에 밝아 『역도오십이본(易圖五十二本)』을 저술하기도 했다. 문집 2권 1책이 남아 있다.

입암(立巖) 류중영(柳仲郢, 1515-1573)

자는 언우(彦遇), 호는 입암(立巖). 간성군수를 지낸 공작(公綽)의 아들이다. 중종 35년(1540) 26세 때에 식년문과에 병과 23인으로 급제하여 전적, 사헌부 감찰, 형조정랑, 평안도 감군어사, 장악원정, 사헌부 장령, 사복시정, 의주목사, 형조참의, 황해도 관찰사, 정주목사, 청주목사, 동부승지, 예조참의 좌부승지 등의 직을 지냈다. 입암은 명석한 사리판단과 탁월한 행정처리 능력을 견지했다. 명종실록에 보면 공은 〈강직하고 명철하여 번거로운 일을 능숙히 처리하는 재주가 있었다〉고 기록되어 있다. 이러한 점은 지방관리로서의 치적을 올릴 수 있게 만들었다. 일찍부터 공보(公輔)의 큰 그릇으로 기대되었으나 평생 공적인 일을 제외하고는 권귀(權貴)들과의 접촉이 없었다. 따라서 굴종과 타협을 애초부터 모르는 원칙주의자였다. 이러한 정인군자(正人君子)적인 입장은 경세제민(經世濟民)의 큰 포부를 펴지 못하게 만드는 한 요인으로 작용했다. 향년 58세를 일기로 서울에서 세상을 떠났다. 아들의 귀로 의정부 영의정, 풍산부원군(豊山府院君)에 증직되었다. 묘소는 외선조 평사군사 권옹(權雍)의 묘 아래에 있다. 묘소 앞에는 공의 아들 서애가 홍문관 수찬 때 지은 비가 서 있다. 묘소 아래에는 소재 노수신이 지은 신도비가 서 있다. 입암 묘소는 안산의 사(砂)가 영상을 배출되는 명당(明堂)이기 때문에 서애가 정승이 되었다 한다.

귀촌(龜村) 류경심(柳景深, 1516-1571)

자는 태호(太浩), 호는 귀촌(龜村). 하회에 입향한 공조전서 종혜(從惠)의 현손이며 공조정랑을 지낸 공권(公權)의 아들이다. 입암의 종제(從弟)다. 중종 32년(1537) 생원 진사 양시에 합격한 뒤 중종 39년(1544) 별시문과에 을과 2인으로 급제하였다. 이어서 명종 1년(1546)에는 주서(注書)직에 있으면서 중시(重試) 문과에 장원으로 급제했다. 중종 34년(1539) 부친인 정랑공이 중국에 사신으로 갔다가 그곳에서 세상을 떠나자 어머니인 남씨 부인은 애도 비통하며 삼년상을 나고도 탈상을 하지 않고 여러 자녀들의 양육을 아들인 귀촌에게 부탁하기를, 〈내가 오늘까지 죽지 못한 것은 너희들의 성장을 기다렸기 때문이다〉라 하고 식음을 전폐하여 세상을 떠났다(중종 37년, 1542). 이 일이 조정에 알려져 정려(旌閭)의 명이 내렸다. 현재 하회마을로 들어서는 고개목에 열녀비와 비각이 이건되어 있다.

공조정랑, 사간원 정언, 예조정랑, 홍문관 수찬 등의 직을 지내고 〈양재역 벽서 사건〉에 연루되어 파직당했다. 1551년 재기용되어 회인현감, 정주목사, 나주목사, 회령부사, 호조참판, 대사헌, 병조참판 등의 직을 지내고 평안감사의 명을 받았다. 공은 폐병으로 병세가 위중하였으나 왕명을 어길 수 없어 억지로 부임길에 올라 5월에 병세가 극심하여 체임을 상소하고 다시 중추부사가 되어 돌아오던 도중 장단(長湍) 초현리(招賢里) 민가에서 세상을 떠났다. 국왕은 관곽을 하사하고 귀장(歸葬)케 했다. 향년 56세.

관리로서 매사를 물 흐르듯 처리했고 수령들의 횡포를 적발하고 백성들의 어려움을 구휼해 가는 곳마다 칭송을 받았다. 미암(眉巖) 유희춘(柳希春)은 그의 『일기(日記)』에서 〈이 사람은 지향하는 바가 정당하고 재기가 빼어났으며, 항상 백성들을 아끼고 구제하는 마음을 지니고 있었다〉고 평했다. 공은 여러 남매의 맏으로서 어린 동생들을 잘 보살피는 등 우애도 독실했다. 묘소는 안동시 서후면 성곡리 능동에 있다. 공은 9녀를 낳은 뒤 1남을 두었으나 21세에 세상을 떠났고, 손자도 35세에 사망하여 대가 끊기자 겸암의 후예가 후사를 이어 제사를 받들고 있다. 종질(從姪) 서애가 지은 비문을 써서 1985년에 세운 묘비가 묘소 앞에 서 있다. 문장도 뛰어나 변영청(邊永淸) 장문보(張文輔) 등과 함께 〈영가삼걸(永嘉三傑)〉이란 칭이 있었다.

파산(巴山) 류중엄(柳仲淹, 1538-1571)

자는 경문(景文), 뒤에 희범(希范)으로 고쳤다. 호는 파산(巴山). 참봉 공석(公奭)의 아들로 숙부인 공계(公季)에게 출계하였기 때문에 겸암과 서애의 종숙부(從叔父)가 된다. 농암(聾巖) 이현보(李賢輔)의 손자인 이원승의 사위이며 퇴계의 처이질서(妻姨姪婿)다. 단아하고 청순한 인품이 향리에 널리 알려졌다.

일찍부터 명리에 초연하여 위기(爲己) 실천(實踐) 공부에 전념하였는데, 퇴계 문하에 나아가 더욱 그 뜻을 굳혔다. 1564년 종형(從兄)인 입암(立巖)이 황해도 관찰사로 있을 때 겸암과 서애 형제와 함께 해주의 신광사(神光寺)에서 몇 달 동안 공부하기도 했다. 학문과 도덕으로 세상에 크게 쓰일 인물이었으나 애석하게도 퇴계 선생이 돌아가신 이듬해인 선조 4년 12월 25일, 34세를 일기로 세상을 떠나자 동문수학한 비지(賁趾) 남치리(南致利)와 함께 〈공자(孔子) 문하의 안자(顔子)〉에 견주어 〈계문(溪門)의 안자(顔子)〉라고 칭하며 애석해 했다.

분강서원(汾江書院 : 농암 이현보 선생을 배향한 서원)과 타양서원에 제향되었고 불천위로 모시고 있다. 남긴 글은 거의 난리에 유실되었고 몇 편의 글이 『파산일고(巴山逸稿)』로 남아 있다.

의병장 류종개(柳宗介, 1558-1592)

자는 계유(季裕) 권옹 빈(贇, 입암 류중영의 從兄)의 아들로 태어나 경상좌도 의병장이 되었다. 선조 12년(1579) 진사에 합격하고 선조 18년(1585) 훈도(訓導)로서 식년문과 병과 18인으로 급제하여 교서관 정자가 된 뒤 전적을 역임하고 처가[奉化 琴氏] 고을인 문촌리에 내려와 있던 중 임진왜란을 당하였다.

의병을 규합하여 고을을 보전하다가 강원도 지역에서 태백산맥을 타고 이동하던 왜적들과 화장산 일대에서 싸우다 봉화 땅 소천(小川)의 전피현(箭皮峴)에서 전사하였다. 현재 그 장소에는 전적비가 세워져 있다. 조정에서는 광해군 8년(1616) 그의 충의(忠義)를 높여 예조참의에 증직하고 충신 정려각을 내렸다. 충신각은 봉화군 상운면 문촌리에 있다.

2 겸암파(謙菴派)

겸암(謙菴) 류운룡(柳雲龍, 1539-1601)

자는 응현(應見), 호는 겸암(謙菴)으로 입암 중영의 맏아들이다. 심학연원(心學淵源)의 적통(嫡統)이요, 목민관(牧民官)의 귀감(龜鑑)이며 고결(高潔)하고 온후(溫厚)한 인간상을 우리에게 심어준 분이다. 아우인 서애 류성룡 선생과 함께〈하남백숙(河南伯叔)〉이라 칭한다. 15세에 처음으로 퇴계 선생의 문하에 올라 학문에 힘썼으나 과거시험에는 뜻을 두지 않았다. 34세에 친명(親命)에 의해 음직(蔭職)으로 벼슬길에 나간 겸암은 중앙관서의 여러 직책을 거친 뒤 인동현감으로 나가서는 법을 공평하게 다스려 칭송을 받았다. 특히 인동에서는 야은 길재의 무덤 뒤에 오산서원(吳山書院)을 창건하고 지주중류비(砥柱中流碑)를 세워 고을에 충절(忠節)의 기풍을 진작시켰다. 다산 정약용의 『목민심서』에 겸암의 인동현감 재직시의 사례가 오른 것은 우연이 아니었다.

임진왜란 때는 풍기군수로서 멀리 의주의 행재소까지 정조문안사(正朝問安使)를 파견하고 「군국편의소(軍國便宜疏)」를 올리기도 했다. 「군국편의소」 가운데 주목을 끄는 것은 단연 죽령(竹嶺)의 요새화 방안이다. 1595년에는 원주목사에 제수되었으나 오래지 않아 사임했다. 향년 63세. 이조판서에 증직되었고 순조 34년 5월 3일에 문헌공(文獻公)이라는 시호가 내렸고, 뒤에 문경공(文敬公)으로 개정했다. 풍기(현 예천)의 우곡서원과 안동 풍천의 화천서원에 배향되었다. 문집 5책이 있다.

묘소는 하회 화산에 있는데 비 전면에는〈문경공겸암류선생지묘(文敬公謙菴柳先生之墓)〉라 하였고, 부인 철성(鐵城) 이씨(李氏)를 부장했다. 특히 공의 묘소 전면에는 망주 석인(石人) 외에 우리 고장에서는 예가 드문 석양(石羊) 한 쌍이 설치되어 있다. 겸암의 신도비는 두 기가 있다. 화천서원 왼쪽에 있는 것이 척암(拓菴) 김도화(金道和)가 찬한 구비(舊碑)이고, 하회마을 매표소 맞은편 묘소 입로에 1983년에 재차 민

종식(閔宗植)이 찬한 신도비를 세웠다.

회당(悔堂) 류세철(柳世哲, 1627-1681)

자는 자우(子愚), 호는 회당(悔堂). 겸암 운룡의 증손이요, 졸재 원지의 문인이 되어 도학연원(道學淵源)을 이었다. 효종 5년(1654) 28세로 사마시에 합격, 동몽교관, 시복시 주부를 거쳐 공조좌랑, 군위현감을 역임하였다. 효종의 상을 당하자 왕대비인 조대비의 복제가 문제가 되었다. 송시열 등 서인측 학자들은 기년복을 주장하여 이를 관철시켰고 허목과 윤선도, 윤휴 등 남인 학자들은 삼년복을 주장하여 그 시비가 오래 지속되었다(현종 7년, 1666). 경상도 유림을 대표해 상복고증(喪服考證) 29조를 지어 서인측의 기년설(朞年說)을 반박하는 기해방례(己亥邦禮) 상소를 여러 번 올렸다. 1000여 유림들이 연명으로 올린 예로는 드문 일이었으나 상소의 책임자로 추대된 회당은 이로 인해 서인 관료와 태학생들이 일어나 결국 유벌(儒罰)을 면치 못했다. 이후 숙종이 즉위하면서 송시열이 처벌됨과 아울러 함께 유벌이 해제되어 내시교관으로 재등용되었다. 공은 당시에 〈천리 영남 땅의 예를 말하는 선비요, 평생을 시골에서 글을 읽은 사람(千里嶺南言禮士, 一生林下讀書人)〉이라는 평을 들었다. 군위현감 재임 시에는 민폐를 없애고 공정한 정치를 펼쳤으며 학문을 진흥하는 등의 치적을 올렸다. 〈무자기(無自欺)〉로 삼자부(三字符)를 삼아 당명(堂名)으로 사용했으나, 당명은 뒤에 〈회(悔)〉자로 고쳤다. 향년 55세로 세상을 떠나자 의성 비안현(比安縣) 북쪽 고두산(高頭山) 미양(未向) 둔덕에 장사 지냈다. 문집 2책이 있다.

우헌(寓軒) 류세명(柳世鳴, 1636-1690)

자는 이능(爾能), 호는 우헌(寓軒)으로 겸암 운룡의 증손이며 낭천현감의 손자요, 연산현감을 지낸 원리(元履)의 여섯째 아들이다. 16세부터 재종숙부인 졸재 원지(元之)에게 배웠는데, 〈견해가 정투(精透)하다〉고 크게 칭찬을 받았다.〈퇴계 선생 이후 성리학은 졸재에 의해 절충되었고 졸재의 문하에서 우헌에게 이어져 더욱 밝혀졌다〉는 평을 받았다. 현종 1년(1660) 사마시에 합격한 뒤 현종 7년(1666) 4형 회당 세철과 함께 영남 유림을 이끌고 격절 통쾌하게 방례(邦禮)를 논했다. 숙종 1년(1675) 증광문과에 병과 23인으로 급제하여 호당을 거쳐 교리, 홍문관 부수찬 등 요직을 지냈다. 숙종 15년(1689) 홍문관 교리에 임명되었을 때 헌납에 난은 이동표(봉화 노루골), 집의에 팔오헌 김성구(봉화 바래미), 수찬에 지촌 김방걸(안동 지례), 대사헌에 갈암 이현일(영해 나라골) 등 영남 인사가 다수 요직에 임용되었다. 서울에서 세상을 떠나니 향년 55세였다. 부음이 전해지자 국왕은 슬퍼하며〈삼도(三道)의 감사에게 명해 상구(喪柩)를 호송하라〉는 교지와 아울러〈장산물금(葬山勿禁)〉의 명을 내렸다. 장산물금이란 어떤 곳이라도 장사를 지낼 수 있다는 국왕의 특명이다. 평생 읽지 않은 글이 없었다고 할 만큼 수많은 전적을 섭렵했고 후진 양성에 일생을 바쳤다. 문집 4책이 있다.

양진당(養眞堂) 류영(柳泳, 1687-1761)

자는 덕유(德遊), 호는 양진당(養眞堂). 겸암 운룡의 6대손이며, 현감을 지낸 세철(世哲)의 증손이다. 영조 4년 이인좌의 난이 일어나자 의병을 규합해 출진하기도 했다. 거듭되는 병란으로 유실된 겸암 선생의 유고를 가까스로 모아 문집을 간행했으며『풍산류씨족보』를 처음으로 편찬했다. 종택과 능동 선산 재사를 수리하였고 이어서 겸암정을 복원하였으며, 증조인 세철이 이룩했던 상봉정을 다시 세워 만년에 소요했다. 현재 풍산 류씨 종택 사랑 대청에는〈양진당〉이란 현판이 게판되어 있고 문화재로 지정된 명칭(보물 제306호, 안동양진당)도 그러하다.

류시만(柳時萬, 1863-1933)

자는 원일(元一). 겸암 운룡의 13대 주손이다. 영릉참봉을 거쳐 통정

사진 4-1 겸암 류운룡의 13대 주손 비서승(秘書丞) 류시만

대부에 올라 비서승(秘書丞)을 지냈다. 조정에 있을 때 고종에게 덕수궁 정문인 대안문(大安門)을 대한문(大漢門)으로 고치게 하여 시행케 하는 등 확고한 신임을 얻었다. 광복단에 가담하여 비밀리에 많은 독립군자금을 내기도 하는 등 광복에 노력을 아끼지 않았다. 관복을 입은 사진이 종가에 남아 있다.

후암(后庵) 류시태(柳時泰, 1890-1965)

자는 치등(致登), 호는 후암(后庵). 독립투사로서 3·1운동 당시 당진과 예산 등지에서 선전부원으로 활약하다 의열단에 들어가 군자금 모금에 앞장 섰다. 1923년 중국에서 무기를 들여와 일본 기관을 폭파하려던 중 왜경에 체포되어 7년을 복역했다. 8·15 광복 후에는 이승만 독재 정권에 맞서 싸우다 이승만 대통령 저격 사건으로 사형선고를 받았으나 무기로 감형되고 전후 17여 년을 복역한 뒤 4·19 혁명 뒤 특사 제1호로 석방되었다. 묘소는 군위 솔티 간성군수공 묘소 아래에 있다.

3 서애파(西厓派)

서애(西厓) 류성룡(柳成龍, 1542-1607)

자는 이현(而見), 호는 서애(西厓)로 입암 중영의 둘째 아들이요, 겸암 운룡의 아우다. 퇴계 선생의 문인으로 태어날 때부터 뛰어난 자질이 있어 퇴계 선생은 〈이 사람은 하늘이 낸 사람이다〉라고 칭찬을 아끼지 않았다 한다. 강명천리(講明踐履)로 선생의 연원정맥(淵源正脈)이 되었다. 명종 19년(1564)에 생원과 진사 양시(兩試)에 합격하고 명종 21년(1566) 별시문과에 병과 11인으로 급제하여 호당(湖堂)과 대제학을 거쳐 광국과 호성의 양훈(兩勳)에 봉해졌고 풍원부원군(豊原府院君)이 되었다. 임진왜란 때 출장입상(出將入相)하여 경세대업(經世大業)이 당대 제일로 사림에서 태산북두로 추앙하였다. 관은 영의정에 이르렀다. 도학과 문장, 그리고 덕행과 글씨 등 모든 분야에 있어서 명성을 떨쳤다. 시호는 문충(文忠)이며 병산서원에 제향되었다. 향년 66세. 서애 류성룡 선생은 하회를 대표하는 인물이다. 그러나 선생은 당쟁이 극심했음은 물론 그 유래를 찾기 어려운 국난기였던 임진왜란을 몸소 겪으면서 그 최고 책임 하에 있었기 때문에 자연히 훼예(毁譽)가 일정할 수만은 없었다. 『조선왕조실록』에 서애 선생의 졸기는 이렇게 기록되어 있다.

    선조 40년(1607) 5월 13일(을해). 전 의정부 영의정 풍원 부원군(豊原府院君) 류성룡(柳成龍)이 졸하였다.
    사신은 논한다. 류성룡은 경상도 안동(安東) 풍산현(豊山縣) 사람이다. 타고난 자질이 총명하고 기상이 단아하였다. 어린 나이에 퇴계(退溪) 선생의 문하에 종유(從遊)하여 예로써 자신을 단속하니 보는 사람들이 그릇으로 여겼다. 어린 나이에 과거에 급제하여 명예가 날로 드러났으나 아침 저녁 여가에 또 학문에 힘써 종일토록 단정히 앉아서 조금도 기대거나 다리를 뻗는 일이 없었다. 사람을 응접(應接)하는 즈음에는 고요하고 단아하여 말이 적었고 붓을 잡고 글을 쓸 때에는 일필휘지(一筆揮之)하여 뜻을 두지 않는 듯하였으나 문장이 정숙(精熟)하여 맛이 있었다. 여러 책을 박람(博覽)하여 외지 않은 것이 없었는데 한번 눈을 스치면 환히 알아 한 글자도 잊어버리는 일이 없었으며 의리(義理)를 논설하는 데는 뭇 서적에 밝아 수미(首尾)가 정밀하니 듣는 이들이 탄복하였다. 사명(使命)을 받들고 경사(京師)에 갔을 때 중국의 선비들이 모여들었으나 힐난(詰難)하지 못하고서 서애 선생(西厓先生)이라고 칭하였다. 이로 말미암아 명예와 지위가 함께 드러나고 총애가 융숭하였다. 재상의 자리에 올라서는 국가의 안위(安危)가 그에 의지하였는데, 정인홍(鄭仁弘)과 의논이 맞지 않아서, 인홍이 매양 공손홍(公孫弘)이라 배척하였고, 성룡 역시 인홍의 속이 좁고 편벽됨을 미워하니, 사론(士論)이 두 갈래로 나뉘어져 서로 공격하는 것이 물과 불 같았다. 성룡은 조목(趙穆) 김성일(金誠一)과 함께 퇴계(退溪)의 문하에서 배웠다. 성일은 강의(剛毅), 독실하여 풍도가 엄숙하고 단정하였으며 너무 곧아서 조정에 용납되지 못하였으나 대절(大節)이 드높아 사람들의 이의(異義)가 없었는데 계사년(선조 26년, 1593) 나라 일에 진력하다가 군중(軍中)에서 죽었다. 조목은 종신토록 은거하면서 학문에 독실하고 자수(自修)하였으나, 나라에 어려운 일이 많게 되자 강개(慷慨)해 마지 않았는데 지난해 죽었다. 조목은 일찍이 성일을 낫게 생각하고 성룡을 못하게 여겼는데, 만년에는 성룡이 하는 일에 매우 분개하여 절교(絶交)하는 편지를 쓰기까지 하였다. 퇴계의 문하에서는 이 세 사람을 영수(領袖)로 삼는다.

류성룡은 조정에 선 지 30여 년 동안 재상으로 있은 것이 10여 년이었는데, 상의 권우(眷遇)가 조금도 쇠하지 않아 귀를 기울여 그의 말을 들었다. 경악에서 선한 말을 올리고 임금의 잘못을 막을 적엔 겸손하고 뜻이 극진하니 이 때문에 상이 더욱 중히 여겨 일찍이 말하기를 〈내가 류모(柳某)의 학식과 기상을 보면 모르는 사이에 심복(心服)할 때가 많다〉고 하였다. 그러나 규모(規模)가 조금 좁고 마음이 굳세지 못하여 이해가 눈앞에 닥치면 흔들림을 면치 못하였다. 그러므로 임금의 신임을 얻은 것이 오래였었지만 직간했다는 말을 들을 수 없었고 정사를 비록 전단(專斷)하였으나 나빠진 풍습을 구하지 못하였다.

기축년(선조 22년, 1589)의 변에 권간(權奸)이 화(禍)를 요행으로 여겨 역옥(逆獄)으로 함정을 만들어 무고한 사람을 얽어서 자기와 다른 사람을 일망타진하여 산림(山林)의 착한 사람들이 잇따라 죽었는데도 일찍이 한마디 말을 하거나 한 사람도 구제하지 않고 상소하여 자신을 변명하면서 구차하게 몸과 지위를 보전하기까지 하였다.

임진년과 정유년 사이에는 군신(君臣)이 들판에서 자고 백성들이 고생을 하였으며 두 능(陵)이 욕을 당하고 종사(宗社)가 불에 탔으니 하늘까지 닿는 원수는 영원토록 반드시 갚아야 하는데도 계획이 굳세지 못하고 국시(國是)가 정해지지 않아서 화의(和議)를 극력 주장하며 통신(通信)하여 적에게 잘 보이기를 구하여서 원수를 잊고 부끄러움을 참게 한 죄가 천고(千古)에 한을 끼치게 하였다. 이로 말미암아 의사(義士)들이 분개해 하고 언자(言者)들이 말을 하였다. 부제학 김우옹(金宇顒)이 신구(伸救)하는 상소 가운데 〈성룡은 역시 얻기 어려운 인물입니다마는 재보(宰輔)의 기국(器局)이 부족하고 대신(大臣)의 풍력(風力)이 없다〉라고 하였으니, 이것이 정확한 논의이다. 무술년(선조31, 1598) 겨울에 변무(辨誣)하는 일을 어렵게 여겨 사피함으로써 파직되어 전리(田里)로 돌아갔다. 그후에 직첩(職牒)을 돌려주었고, 상이 그의 병이 위독하다는 말을 듣고는 의관을 보내 치료하게 하였었는데 이때에 이르러 졸한 것이다.

— 『조선왕조실록』 선조 40년 5월 13일조

교과서에서 배운 지식과 크게 상충됨에 놀랍다. 그러나 이러한 실록 기사는 그 취하고 버림에 있어서 대단히 신중할 필요가 있다고 본다. 부분적으로는 대단히 편파적인 면이 있다. 그것은 전적으로 당파적 이해관계 때문에 생긴 불행이다. 서애 선생은 북인 정권에서 보면 타도의 대상이었고 임진왜란을 평화적으로 종식시키려는 노력은 왜곡되어 일본과 내통한 것으로 규탄을 받게 되었다. 심지어는 동문수학한 선배인 월천 조목과 같은 이로부터까지 공격을 받았을 정도였다. 학문을 떠나서 국제 정세나 국가를 운영하고 난국을 수습하며 명나라와 일본과의 고도로 전문화된 외교 수완을 펼침에 있어서, 월천의 경우에는 서애의

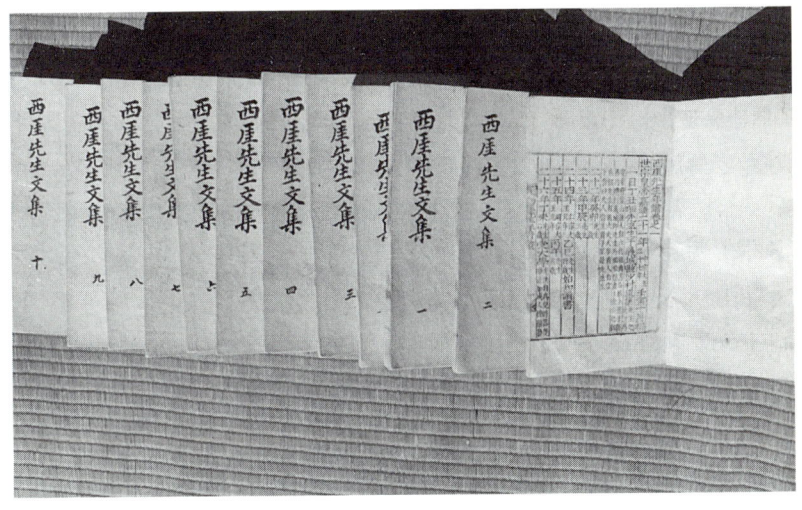

사진 4-2 서애선생문집(목판본)

일 처리가 못마땅했을지도 모를 일이다. 그러나 역사는 흘러 지금에 와서 당시를 평가할 때 서애의 판단은 옳았던 것이다. 명분에만 얽매여 지리한 전쟁을 지속했다면 어쩌면 조선왕조 체제 자체가 무너졌을지도 모르기 때문이다.

선생의 묘소는 안동시 풍산읍 수동에 있다. 묘소에는 〈영의정문충공서애류선생지묘(領議政文忠公西厓柳先生之墓)〉라는 묘전비만 있고 신도비는 세우지 않았다. 정경부인(貞敬夫人) 전주 이씨가 부장되었다. 재사(齋舍)는 규모가 상당한데 묘소가 있는 마을에서 고개 하나를 넘어 외진 곳에 있다. 10년간 정승의 자리에 있었으면서도 생전의 청백리(淸白吏) 녹선이 말해주듯 사후에도 조출하게 장례를 치렀으니, 이는 유명(遺命) 때문이었다. 비는 손자 졸재 원지의 묘갈명(墓碣銘)과 영조 40년 (1764) 외 6대손 대산 이상정의 글씨로 6대손 도사 임여재 류구가 세웠다.

졸재(拙齋) 류원지(柳元之, 1598-1674)

자는 장경(長卿), 호는 졸재(拙齋). 피난중 황주(黃州) 서촌(西村) 우제(寓第)에서 태어났다. 서애 성룡의 장손자로 할아버지와 작은 아버지인 수암 진에게 배웠다. 우복 정경세의 문인인데 성리학의 대가로서 〈도산후제일(陶山後第一)〉이라는 칭을 받을 정도로 학문에 뛰어났다. 인조 8년(1630) 33세 때에 창락도 찰방이 되었고, 인조 12년(1634) 통례원 인의 겸 한성부 참군이 되었다가 사헌부 감찰로 바뀌었다. 1637년 군자감 주부, 1638년에 황간현감이 되었다가 임기가 차자 고향으로 돌아와 10여 년을 지냈다. 1655년 재기용되어 진안현감이 되었다. 인조 14년(1636) 병자호란 때는 안동 지방의 의병장인 수은 이홍조와 함께 활약하였다. 향년 77세. 화천서원에 종향(從享)되었다. 문집 14권 7책이 있다. 묘소는 봉화군 명호면 삼동리(三洞里) 314번지에 있다. 묘소 가는 길에 재사가 있는데, 경상북도 문화재자료 제219호로 지정되어 있다. 재사는 졸재공의 아들인 세자익위사 익찬 의하(宜河, 1616-1689)가 건립한 입구자형 와가다.

주일재(主一齋) 류후장(柳後章, 1650-1706)

자는 군회(君晦), 호는 주일재(主一齋). 서애의 현손이며 졸재의 손자다. 공은 선산 신곡리(新谷里) 외가에서 태어났다. 아명은 〈명석(命錫)〉으로 조부인 졸재공이 지었다. 총명한 자질로 진작 조부인 졸재 원지와 족숙인 우헌 세명에게 배워 학문이 이루어졌다. 18세 때는 목재 홍여하에게 『주역』을 배웠는데, 그 조예에 탄복했을 정도였다 한다. 이후 더욱 학문에 정진하여 30대에 이미 사림들의 추중을 받았으나 한결같이 독서와 사색으로 평생을 지냈다. 건원릉 참봉, 세자익위사 부솔, 시강원 자의 등으로 부름을 받았으나 분에 넘치는 자리라고 사양하였다. 특히 예학에 밝아 종족이나 향린(鄕隣)에서 크고 작은 의례(疑禮)를 모두 공에게 자문하여 시행했다 한다. 향년 57세. 묘소는 풍산읍 수동 선영에 있다. 〈시강원 자의 주일재 류선생지묘〉라고 쓰여진 묘비가 서 있다. 문집 6권 3책을 남겼다.

외재(畏齋) 류종춘(柳宗春, 1720-1795)

자는 맹희(孟希), 호는 외재(畏齋)로 현감을 지낸 풍창군(豊昌君) 류운의 아들이다. 7세에 선고로부터 맹자를 배웠고 성인이 되어서는 경사제서를 읽어 조금도 게으르지 않았다. 평생 문충공의 〈함양본원지지(涵養本源之旨)〉와 졸재공의 〈졸성역행지훈(拙誠力行之訓)〉을 이어받고자 옥연서당에서 침식을 하며 노력하였다. 가학연원으로 보면 학서 류이좌와 병조판서를 지낸 일우 류상조를 어려서부터 길러내어 대성시킨 분이기도 하다.

공은 평생 진취(進取)에 뜻을 두지 않았다. 한번은 정시(庭試)에 응시차 길을 떠났다가 3일만에 돌아온 일이 있다. 집안 사람들이 깜짝 놀라 사유를 물으니 〈출발할 때 가묘(家廟)에 고하는 것을 잊어버렸다. 중도에 비로소 알고 지름길로 얼른 돌아왔다)고 말했다 한다. 정조 15년(1791)에 의금부 도사에 제수되었으나 연로함을 빌미로 나아가지 않았다. 순조 9년(1809) 이조참판에 증직됨과 아울러 풍은군(豊恩君)에 습봉되었다. 순조 27년(1827)에는 다시 이조판서에 추증되었다.

임여재(臨汝齋) 류규(柳湀, 1730-1808)

자는 수부(秀夫), 호는 임여재(臨汝齋)로 서애 성룡의 6대손이다. 10여 세에 성리서와 경전을 익혔을 정도로 총명했으며 문장에도 능통했을 뿐 아니라 천문 율려에까지 조예가 있었다. 16세에 「옥연서당기」를 지어 명성이 자자했다. 정조 15년(1791) 번암 채제공의 천거로 의금부 도사가 되었고 왕의 총애를 입어 자주 입대하였다. 이듬해 영남 유림과 연명으로 사도세자를 신구(伸求)하는 만인소(萬人疏)를 올렸고 곧이어

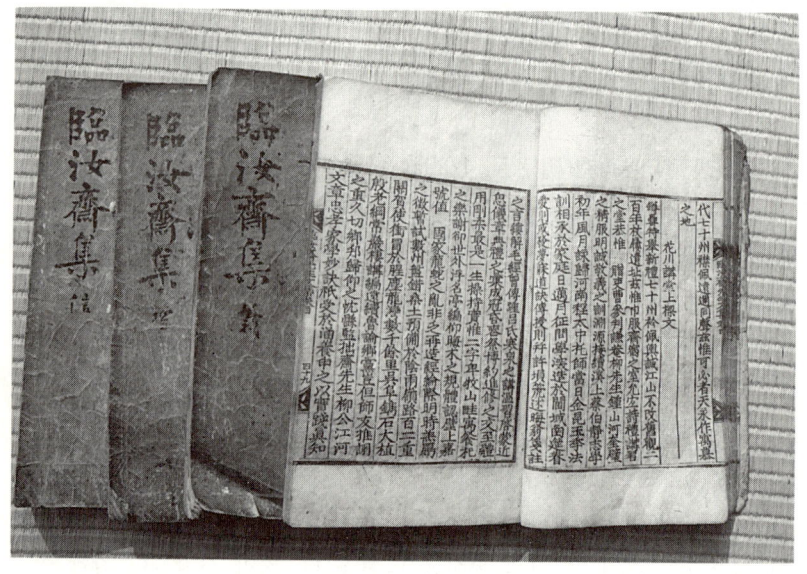

사진 4-3 임여재집

종부시 직장에 승진했다. 경산 현령이 되어서는 풍속교화와 빈민구제에 치적을 올렸다. 병산서원에 사액해 줄 것을 청하는 상소와 화수당, 충효당, 화천강당의 상량문을 남겼다. 1800년에 70세로 통정대부에 올라 돈녕도정이 되었다. 문집 9권 5책이 있다.

일우(逸愚) 류상조(柳相祚, 1763-1838)

자는 이능(爾能), 호는 일우(逸愚)다. 졸재 원지의 6대손이고 풍창군 운의 손자며 해춘(海春)의 아들로 종춘(宗春)에게 출계했다. 32세 때인 정조 18년(1794)에 알성시에 을과 1인으로 급제하여 내외 요직을 두루 거쳐 병조판서와 오위도총부 도총관을 역임했고 풍안군(豊安君)에 봉해졌다. 조야의 명망을 한 몸에 받았다. 향년 76세. 시호는 정간(貞簡)이다. 「연행록」 등 유고가 있다.

학서(鶴棲) 류이좌(柳台佐, 1763-1837)

자는 사현(士鉉), 호는 학서(鶴棲), 초명은 태조(台祚)로 초계문신(抄啓文臣)이다. 정조의 명으로 너는 나를 도우라는 의미로 〈너 이(台)〉자 〈도울 좌(佐)〉자를 써서 〈이좌(台佐)〉로 개명했다 한다. 졸재 원지의 6대손이고 첨지중추부사 사춘(師春)의 아들이며 일우 상조의 종제(從弟)다. 어려서부터 신동으로 이름났고 7세 때 백부인 외재(畏齋) 종춘(宗春)에게 배웠다. 자라서는 3종조인 임여재 규에게 수학했다. 32세 때는 동갑 종형인 일우 상조와 같은 해에 정시문과에 병과 5인으로 급제하였다. 이들 종형제가 나란히 문과에 급제하자 국왕인 정조는 친히 제문을 지어 조상인 서애 선생에게 제사하게 했다. 이때의 제문은 현재 보물 제460호로 지정되어 충효당에 보관되어 있다. 수찬, 교리, 예조참의, 김해부사, 동부승지, 한성부 우윤 등 직을 거쳐 예조참판에 이르렀다. 중요민속자료 제84호로 지정되어 있는 북촌댁(北村宅)을 지은 석호(石湖) 류도성(柳道性)은 공의 손자다.

〈충효(忠孝)는 우리 종가에 걸려 있는 현판인데, 화경(和敬)은 충효의 일반적인 길이다. 화(和)로써 어버이를 섬기면 그것이 효(孝)요, 경(敬)으로써 임금을 섬기면 그것이 바로 충(忠)이기 때문이다〉라고 했다. 공은 1824년에 남인의 정신적 지주였던 번암 채제공의 문집을 간행하기도 했다. 묘소는 의성 고현(古縣)에 있다. 저술로는 문집 20권 10책과 『국조고식(國朝故寔)』, 『천휘록(闡揮錄)』 등이 있다.

석호(石湖) 류도성(柳道性, 1823-1906)

자는 선여(善汝), 호는 석호(石湖). 참판 이좌(台佐)의 손자요 예안 현감을 지낸 기목(祈睦)의 아들로 백부 희목(希睦)에게 출계했다. 어려서부터 조부인 학서(鶴棲) 이좌(台佐)공에게 배워 경전은 물론 수리학에 이르기까지 두루 통했다. 고종 19년(1882) 학행(學行)으로 천거되어 선공감역이 되고, 이어서 영의정 홍순목(洪淳穆)의 추천에 의해 남행외대(南行外臺)로 경상도 도사가 되었다. 고종 32년(1895) 왕명을 받들고 온 사신 이규진에게 〈삭발은 임금의 참뜻이 아니리니, 머리는 바칠지언정 삭발은 할 수 없다〉 하면서 눕자 어쩔 수 없이 돌아갔다는 일화가 유명하다. 1902년에 수직(壽職)으로 통정대부에 올라 비서원승(秘書院丞)에 임명되었다. 향년 84세. 중요민속자료 제84호 〈북촌댁(北村宅)〉을 지은 분이다. 화경당(和敬堂, 한석봉 글씨 摹刻) 현판이 본채 사랑마루 위에 게판되어 있다. 이 댁 사랑 대청에는 북촌유거(北村幽居)와 석호의 별호인 수신와(須愼窩) 현판이 게판되어 있다. 1998년 문집 7권 4책이 발간되었다.

회은(晦隱) 류도발(柳道發, 1832-1910)

자는 승수(承叟), 호는 회은(晦隱). 서애의 10대손으로 경술국치를 당하자 안동 하회로 돌아와 있다가 〈내 나이 80에 나라가 망하여 왜적들의 종이 되게 되었으니 그 욕됨이 이를 데 없도다. 하물며 세신(世臣)의 후예임에랴!〉라고 하고서 혹한을 무릅쓰고 고향을 찾아 사당과 선영에 참배한 뒤 집으로 돌아와 17일 동안 단식하여 순국하였다. 향년 79세. 중년에 여러 번 이사를 하였는데, 만년에 군위군 비안면(比安面) 덕암리(德巖里)에 정착한 뒤 농사일도 하며 스스로를 〈회은(晦隱)〉이라 호했으니 〈피세회장(避世晦藏)〉의 뜻을 취함이었다. 1951년 안동의 사림들이 사회장으로 치르고 하회 화산으로 이장하였다. 진안의 이산사에 배향되었다. 1962년 건국훈장 국민장이 추서되었다. 1991년『회은유고(晦隱遺稿)』4책이 발간되었다.

4 상주 낙동(洛東) 우천파(愚川派)

수암(修巖) 류진(柳袗, 1582-1635)
 자는 계화(季華), 호는 수암(修巖)으로 서애 선생의 셋째 아들이요 한

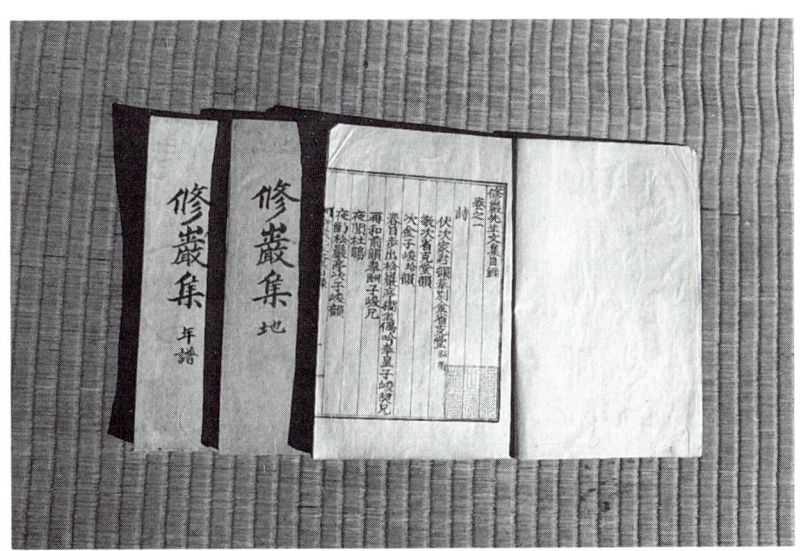

사진 4-4 수암집

강 정구의 문인이다. 광해군 2년(1610)에 사마시에 1등으로 합격하고 유일(遺逸)로 사헌부 지평에 이르렀다. 사마시에 합격한 2년 뒤 해서 지방에서 김직재 무옥이 일어났을 때 무고를 당해 고초를 겪기도 했다. 봉화·영주·청도·예천·합천 고을의 수령으로 나가 선정을 베풀었는데, 가는 곳마다 백성들은 선정비를 세워 은덕을 기렸다. 뒤에 한성부 서윤, 사헌부 지평 등의 직을 지냈다. 학문의 연원이 있어 성경공부(誠敬工夫)에 독실했다. 효종 7년(1656) 이조참판에 추증되고 현종 3년(1662) 병산서원에 종향되었다.

〈수암〉이란 호는 31세 때에 하회의 남쪽 수봉(秀峯) 아래에 수암(秀巖)이란 바위가 있어서 글자를 바꾸어 지은 것이라 한다. 『사례집략』, 국문본 『임진록』, 『임자록』과 문집 4권 3책이 있다. 특히 국문본 임진록과 임자록은 수기문학(手記文學)의 백미(白眉)로 평가받을 만한 작품이다. 『임진록』은 임진왜란 당시의 피난 일기인데, 일어판으로도 번역된 바 있다. 수암이 상주와 인연을 맺은 것은 광해군 9년(1617, 당시 36세) 9월의 일로 중동면 가사리(佳士里)에 터를 잡은 것이 그 시초다. 종택은 상주시 중동면 우물리(于勿里)에 있다. 종택 뒷산에 유허비(1989년 건립)가 서 있다. 묘소는 군위군 소보면 내의리 어의골(於義谷, 언실)에 사향(巳向)으로 모셔져 있다.

강고(江皋) 류심춘(柳尋春, 1762-1834)

자는 상원(象遠), 호는 강고(江皋), 수암의 6대손이다. 10세에 내형(內兄 : 외사촌 형)인 구당 조목수, 가은 조학수 형제에게 학문을 익혔다. 18세에 향시에서 장원, 25세(정조 10년, 1736)에 생원시에 합격하였고 27세 때는 입재(立齋) 정종로(鄭宗魯)의 문하에 나아가 학문에 더욱 정진했다. 정조의 총애를 받아 왕명으로 벼슬에 나아가 세자익위사 우익위, 충훈부 도사, 익위사 좌익찬, 의성 현령, 돈녕부 도정 등 직을 역임했다. 순조는 〈류심춘은 삼대(三代)의 세자궁 벼슬(桂坊, 世子翊衛司)을 하였는데 이는 희귀한 일이다(순조 30년 9월 23일)〉라고 하고 통정대부에 올려 돈녕부 도정을 삼기도 했다. 학문이 뛰어나 경연에 들어서는 〈류심춘은 참 강관(講官)이다〉라는 평을 들었다. 강 언덕에 자리잡은 정자인 이근와(二勤窩)에서 73세를 일기로 세상을 떠났다. 아들 낙파 류후조의 귀함으로 의정부 영의정에 증직되었다. 헌종 7년(1841)에는 청백리에 뽑혔고 헌종 13년(1847)에는 장수(長水)의 도암서원(道巖書院)에 제향되었다. 문집 19권 10책을 남겼다. 묘소는 의성군 다인면 도암리 후록에 진향(辰向)으로 모셔져 있다.

낙파(洛坡) 류후조(柳厚祚, 1798-1875)

자는 재가(載可), 호는 낙파(洛坡)로 강고 심춘의 아들이다. 학문과 관후한 풍모로 세상에 널리 알려졌고 서애 이후 정승자리에 올라 좌의정에 봉조하인 〈복덕재상(福德宰相)〉이며, 〈낙동대감〉으로 일세의 추앙을 받았다.

사마시에 합격한 뒤에 장흥부사, 강릉부사 등의 직을 지냈다. 철종 9년(1858) 정시문과에 병과 1인으로 급제한 뒤 영상 김좌근의 추천으로 통정대부에 올라 공조참의 승정원 좌부승지 대사간 등의 직을 지냈다. 철종 14년 대사간이 되어 영의정 정원용의 추천으로 형조참판을 거쳐 고종 원년에 이조참판, 대사헌, 공조판서, 홍문관 제학을 거쳐 우의정이 되었다. 고종 4년 좌의정을 지낸 뒤 은퇴하여 향년 78세를 일기로 세상을 떠났다. 시호는 문헌(文憲)이다.

낙파는 30여 년간 헌종・철종・고종의 삼조(三朝)를 거치면서 드넓은 학문과 덕망으로 당색을 초월하여 존경을 받았다. 묘소는 김천시 개령면 동부리 교동(校洞)에 사향(巳向)으로 모셔져 있다.

계당(溪堂) 류주목(柳疇睦, 1813-1872)

자는 숙빈(叔斌), 호는 계당(溪堂), 간곡거사(澗谷居士), 노시산인(老

柴散人). 서애 선생의 9대손이며 강고 류심춘의 장손이요, 명신인 낙파 류후조의 맏아들이다. 학행으로 천거되어 동몽교관과 장악원 주부, 충청도 도사에 제수되었으나 모두 나가지 않았다. 1835년 한성시와 1842년 향시에 합격했으나 회시(會試)에 낙방한 뒤 과거를 단념하고 돌아와 〈계당(溪堂)〉이란 초가집을 짓고 평생 학문과 후진양성에 전념하였다. 생애를 일관한 흠절(欠節)이 없는 학자적 삶을 살았고 많은 저술과 후진을 양성한 전근대 사회의 훌륭한 전범을 남긴 분이다. 문집 16권 8책(속집 2권 1책) 외에도 우리나라의 예설(禮說)을 수집 보완한 『전례유집(全禮類輯)』 70책과 성리설에 관련된 『사칠논변(四七論辨)』, 조선 정치사에 있어서 중요한 자료라 할 수 있는 붕당(朋黨)에 관련된 문적을 정리한 『조야약전(朝野約全)』 5책, 우리나라 씨족의 계보를 밝힌 『해동성보(海東姓譜)』 40책 등 많은 저술을 남겼다. 묘소는 김천시 개령면 서부리에 정향으로 모셔져 있다.

독립지사 류우국(柳佑國, 1895-1928)

수암 류진의 11대손, 강고 류심춘의 5대손이며 류만식의 아들로 광복지사이다. 경술국치 후 정미소를 운영하며 독립군 군자금 마련과 동지 규합을 도모하였으며, 1919년 3·1 운동이 실패로 돌아가자 중국으로 건너가 활약하였다. 만주에서 석주 이상룡, 일송 김동삼 등과 활동한 바 있고 북경에서 비밀리에 다물단을 조직하여 그 책임자가 되었다. 〈다물단〉의 의미는 〈입을 다물고 실천한다〉는 것이다.

1927년경 입국하여 활동하던 중 1928년 서울 사동 여관에서 세상을 떠나니 나이가 33세였다. 낙동 선영 아래에 장사 지냈으나 일경의 탄압으로 2년 뒤 다인면 도암 후록, 강고공 묘소 아래에 진향으로 이장했다. 1977년 건국훈장이, 1990년 건국훈장 애국장이 추서되었다. 비문은 대한광복회장 이강훈이 지었다.

5 하회마을의 서원과 누대정사

1 서원(書院)

화천서원(花川書院)

하회마을 북안(北岸) 위쪽에 있는데, 행정명으로는 안동시 풍천면 광덕리 16-2번지다. 문경공 겸암 류운룡 선생의 학덕을 기려서 유림들이 현 위치에 세운 서원이다. 정조 10년(1786)에 건립하여 9월에 겸암 선생의 위패를 봉안하고 제자인 동리(東籬) 김윤안(金允安, 1560-1620)공과 종손자(從孫子)인 졸재(拙齋) 류원지(柳元之, 1598-1674)공을 배향시켜 100여 년 이상 춘추로 향사를 지내오다가 대원군 서원철폐령에 의해 훼철되었다. 서원의 훼철을 아쉬워하던 후손들은 1966년부터 기금을 모아 사림들의 공론으로 1996년 5월 2일 복설 고유를 거행했다.

이 서원은 부용대 기슭에 자리잡은 옥연정사 오른쪽에 있는데 만송정 강둑에서는 보이지 않는다.

복설 기문은 다음과 같다.

사진 5-1 화천서원 현판

　유교가 가장 흥성했던 조선 명종 선조 때 퇴계(退溪) 이 선생(李先生)이 도산에서 창도하여 민락(閩洛)을 사숙(私淑)하고 사수(泗洙)에 소원(溯源)하여 천고 도통을 이어받으니 사방에서 제자들이 운집하여 많은 인재를 배출하니 울연(蔚然)히 백세 종사가 되었다.

　그때 문경공(文敬公) 겸암(謙菴) 류운룡(柳雲龍) 선생이 가장 먼저 등문하여 심학적통(心學嫡統)을 이어받아 진유 대현(眞儒大賢)이 되니 사림들이 추앙하여 정조 병오년에 화천서원을 창설하여 숭봉하였고, 18년 뒤에 문인 부사(府使) 동리 김윤안, 종손(從孫) 현감 졸재 류원지, 두 분을 추배(追配) 종향(從享)하여 사림들이 춘추 향사를 지냈고 장차 사액을 청하여 영구 보존을 계획하던 중 불행하게도 고종 5년 무진에 국령으로 훼철되어 백 년 숙청지지(肅淸之地)가 하루 아침에 쑥대밭이 되니 선비들의 개탄은 물론이요 자손들의 통한이 있은 지 다시 백 년이 되었다.

시운이 돌아와서 광복 후 복설 논의가 준발하여 지난 임인년 봄 당회에서 완의(完議)를 보고 이어 갑술년 구월 병산서원에서 발의 통문을 발송하니 도산서원, 안동향교 등 도내 유림에서 흡연하게 호응하여 이제 복설을 이루게 되니 비록 늦은 감은 있으나 대덕불멸(大德不滅)과 현회운수(顯晦運數)의 이치일 것이다.

슬프다. 서원을 창설할 때는 천고절승 부용대 북쪽 화천 남편에 점지하였는데 갑술 을사 양대 수해로 이곳으로 옮겼으나 역시 화천 경내로 부용대 동편이다. 선생의 옛집에서 북쪽 강 건너로 바라보이는 거리요, 겸암정에서 동쪽 등을 넘어 멀지 않은 곳으로 산수가 아름답고 경관이 창활하여 지리와 인물이 잘 만난 것이 공자의 기수농산(沂水農山)과 주자의 무이구곡(武夷九曲)과 다를 바가 없다.

솔숲과 돌길, 맑은 물가를 비롯하여 돌아가는 구름과 휘어감는 물길이며 청풍명월과 드높고 높은 화산 절경, 넓고 넓은 낙동강물 모두가 선생의 발자취와 여운이요, 계씨 문충공의 옥연정사가 수백 보 남쪽 이웃에 있고 병산서원이 동쪽 십리허 상류에 있어 생시에 못다한 형제분의 우애를 저 세상에서 다시 맺게 되었다.

아! 거룩하신 선생의 도학과 덕행의 효험이 가정과 나라에 미친 교화는 비단 역사가 증명할 뿐 아니라 아동주졸(兒童走卒)과 촌부농맹(村婦農氓)도 길이길이 선생을 칭송하여 서애 선생과 더불어 도의상마(道義相磨)로 충효겸전(忠孝兼全)의 사업을 이룩하여 하회마을로 하여금 도덕인의의 고장으로 만든 것은 마치 하남 정명도·정이천과 명초의 여동래 형제와 같았으니 서원을 이곳에 다시 세운 것은 그 뜻이 깊다고 하겠다.

뒷날 이곳을 지나는 선비들이 선생의 학문을 숭모하고 덕행을 상기함을 창설할 때와 같이 한다면 오도(吾道) 유림(儒林)의 다행일 것이다.

서원 규모는 사당 6칸, 삼문 3칸, 강당 15칸, 동서재 각 4칸 반, 문루 10칸, 전사청 3칸, 외에 주소 8칸, 원문 1동으로서 총칭 왈 화천서원이라 했다.

사당은 경덕사(景德祠), 강당은 숭교당(崇敎堂)이라 하고 좌우로 방이 있는데, 좌는 입교재(立敎齋), 우는 사성재(思誠齋)이고, 동재는 존현(尊賢), 서재는 흥학(興學), 문루는 지산(地山), 원문은 유도(由道)라 했다.

강당과 주소는 옛날부터 있었고 문루는 지난 갑자년에 다시 지었으며 사당과 동서재 삼문 전사청은 금번 복설 때 증설(增設)한 것이나 규모는 예전대로 하였다.

이로써 새롭고 빛나는 건물이 창공에 우뚝하니 산천 경관이 달라졌고 초목이 새로워 천상에 계시는 영혼이 내려오셔서 편안히 의지할 곳이 마련되었다.

계유년에 착공하여 갑술년에 준공하였으나 준비 기간까지 실로 20여 년이 소요되어 수림 숙원 사업이 비로소 완성되었다. 그 동안 사림들의 성원과 협조는 물론이요 자손들의 혈성 또한 말할 수 없었다. 특히 주벽 자손(主壁子孫)인 류쾌하보가 증축 복설에 필요한 막대한 비용을 부담하여 오늘의 성사가 있게 한 도미(掉尾)의 공로는 참으로 자랑스러운 조선숭봉(祖先崇奉)의 효심 소치라 하겠다.

일을 마치고 단하(端夏)가 시종 참여하였다 하여 복설기를 쓰라는 중론이라. 돌이켜 생각하니 구름을 헤치고 달을 보는 감상이라 사양치 못하고 서원 설립과 훼철 복설의 경위를 대략 위와 같이 적는 바이다.

부기 : 서원 설립 목적은 존현(尊賢)과 양사(養士)에 있는데, 존현은 복설로 준비가 되었으나 양사의 계획은 없어 뜻 있는 자손들이 기금을 모아 장차 장학 기구를 마련할 예정이다.

광복 후 갑술년 겨울에 후학 류단하(柳端夏) 삼가 쓰다.

병산서원(屛山書院) 사적 제260호

안동시 풍천면 병산리 31번지에 있다. 화산 남사면(南斜面)으로 속칭 〈무도리〉라는 곳이다. 병산서원은 하회 입구인 큰고개를 넘기 전, 좌회전하여 3.2km 지점에 있다. 하회마을 뒤편으로 넘어가는 길이 있으나 소로이기 때문에 차편은 이용할 수 없다.

사진 5-2 병산서원 현판

　병산서원의 전신은 현 풍산읍 상리에 있던 풍악서당(豊岳書堂)이다. 이 서당은 고려말부터 지역 사림들의 학문 도장으로 사랑을 받았다. 광해군 5년(1613)에 우복(愚伏) 정경세(鄭經世, 1563-1633) 선생 등 사림들의 공의로 서애 선생의 학덕을 기리기 위해 현 위치에 존덕사(尊德祠)를 창건하여 위패를 봉안하였고, 1662년 선생의 셋째 아들 수암(修巖) 류진(柳袗, 1582-1635)공을 배향했다. 이 서원은 철종 14년(1863) 〈병산〉이란 사액(賜額)을 받았기 때문에 대원군의 서원철폐령이 내려졌을 때 안동 지방에 남은 2개소 가운데 한 곳이 되었다. 매년 음력 3월과 9월 초정일(初丁日)에 향사를 지내고 있다.

병산서원은 진입로가 좁고 비포장인 관계로 찾기가 용이치 않지만 서원에 당도해 보면 누구나 드넓게 펼쳐진 백사장과 산자락에 웅장하게 펼쳐진 서원 건물에 감탄을 금치 못하게 된다. 또한 통나무를 잘라 투박하게 걸쳐 둔 계단을 밟고 만대루(晚對樓)에 올라 주변 경치를 보노라면 잠시나마 신선 세계에 당도한 착각에 빠질 정도이다.

　병산서원에 있던 많은 서책과 고문서들은 일괄 하회 충효당 내 영모각에 보관되어 있고 다수의 목판도 종택에 별도 보관되고 있다. 이들 중 고문서는 『고문서집성』 20 「병산서원편」으로 1994년 한국정신문화연구원에서 영인 간행되었다.

　대원군 서원철폐령 속에서 전국에서 제외된 47개 서원에 병산서원이 포함된 사실 자체에는 늘 궁금한 내용이 있었다.

　이를테면, 안동의 구제된 또 다른 서원인 도산서원의 경우는 선조 8년

사진 5-3 병산서원 만대루

(1575)에 사액을 받아 대원군이 집정한 고종 1년(1864) 당시에는 이미 300여 년에 가까운 사액 역사를 가지고 있었다. 그러나 이에 비해 병산서원의 경우는 철종이 세상을 떠나기 직전인 철종 14년(1863)에 국왕은 사액을 내리라는 윤허만 있었을 뿐 시행은 되지 못한 채, 이해 12월 세상을 떠난 것이다. 사액이 완료된 상태가 아니었기 때문에 어떠한 처분이 내려도 그뿐일 상황이었다. 이때 서애 선생의 8대손이며 수암의 7대 주손인 낙파 류후조의 활약이 두드러졌다. 다시 말하면 낙파의 역할로 인해 훼철에서 구제되었다고 할 수도 있을 정도였다.

물론 홍선대원군이 서애 선생을 개인적으로 무척 좋아했다는 점도 고려할 수 있겠으나 그 보다는 좌의정직에 있다가 결연하게 사퇴를 하고 고향으로 돌아가 논리정연하게 병산서원 훼철불가론을 들고 나온 노대신의 청을 거절할 수 없었기 때문에 제외한 것으로 보아야 할 것이다.

사진 5-4 병산서원 전경

지난 1995년에 뒤늦게 간행된 『낙파집』에 실린 한 편의 편지는 당시의 역할을 잘 드러내주고 있다.

    대원군에게 올린 별지(무진년 : 고종 5년, 1868) : 근자에 사원(祠院 : 사당과 서원)을 훼철하라는 명을 잇달아 내리시니, 참으로 합하의 이 거사가 국가를 위하여 서원의 폐단을 깊이 통찰하신 일이라 초야에 있는 몸으로 황송한 마음 이길 수 없사옵니다.
    그런데 병산서원의 사액 역시 훼철하는 그 속에 들어있사온데, 이 서원은 지난날 철종 계해년(철종 14년, 1863)에 사림들이 사액을 청하는 소를 올려 특별히 윤허의 명을 받은 것임은 온 조정이 다같이 듣고 본 사실이옵니다. 비록 선하(宣下)하심은 얻지 못하였으나 또한 시행하지 말라는 하교도 없었으니 선대왕이 내리신 명령이 있었기 때문이옵니다. 오늘날 이러한 왕명을 받지 못한 향현(鄕賢)들의 서원과 함께 일률적으로 훼철한다면 자손들의 원통함은 비록 말할 것이 못되오나 국법을 밝히는 데서 지나쳤다는 한탄이 있을까 두렵습니다. 소생이 비록 보잘것없는 위인이오나 어찌 이러한 의리를 모르고 소란을 피우겠습니까.
    문충공(文忠公)을 봉향한 서원으로서 사액을 받지 못한 남계서원(南溪書院) 같은 곳은 일시에 다같이 훼철되었으나 동일한 선조의 서원이었는데도 감히 아무 말씀도 아뢰지 않았습니다. 다만 병산서원에 있어서는 지난날 사액의 명령이 내려졌으며 지금 사액된 서원은 제외하라는 명령을 받들었던 까닭이옵니다.
    만약 다른 서원으로 이러한 일이 있어 소생이 그 지방에 살고 있으면서 그 원통한 훼철을 목도하였다면 반드시 그 실상을 진달하여 분간 처분하여 주시도록 청하였을 것입니다. 하물며 저의 선조 서원에 이러한 억울한 일이 있는데도 침묵을 지키면서 강 건너 불을 보듯하며 밝게 살피시는 은총 내리옵기를 호소하지 않겠습니까.
    엎드려 비옵건대 깊이 통촉하시와 특별하신 처분을 내려주시기 천만 번

충심으로 비옵니다.

어떤 건축가는 병산서원 건물을 보고 감격의 눈물을 흘렸노라 신문 지상에다 대서특필했고, 또한 장안의 지가를 높인 모 교수가 쓴 책에서는 〈조선시대 5대 서원의 하나이다. 우리나라에서 가장 아름다운 서원 건축으로 한국건축사의 백미이다. 그것은 건축 그 자체로도 최고이고, 자연환경과 어울림에서도 최고이며, 생생하게 보존되고 있는 유물의 건강상태에서도 최고이고,……〉라는 등의 찬사가 이어진다. 그러나 선현들은 그 경치보다는 인격 수양(修養) 공간으로 아끼고 보듬었던 것 같다.

2 그외에 서애 선생을 모신 서원들

겸암·서애 형제분은 하회를 대표하는 인물이다. 물론 두 분 모두가 불천위(不遷位)로 지금까지 종택에서 사당을 마련하고 제사를 모시고 있다. 지금부터 400여 년 전에 세상을 버린 분들이기에 사사집에서 고조부까지 제사를 모시는 것과 비교하면 우선 놀랍다.

〈불천위〉란 일반에게 무척이나 생소한 용어다. 그분이 끼친 공과 덕이 4대만에 제사를 그만 지내기에는 미안해서 국가나 사회에서 영원 무궁토록 제사를 받들게 한 일종의 예외 규정으로 마련한 장치가 불천위다.

4대 봉사의 관례를 벗어나는 또 다른 형태는 문묘(文廟)나 서원(書院), 그리고 이사(里社) 등에 위패를 봉안해 두고 지속적으로 제사를 받드는 경우다. 퇴계 선생이나 율곡, 우암 선생 같은 분들이 그 대표적인 분들이다. 홍선 대원군 당시 서원이나 그와 유사한 형태인 사우(祠宇) 등이 전국적으로 1000여 곳 이상이나 되었다고 하는데, 경우에 따라서는 한 인물이 수십 군데의 묘우에 배향되어 제사되고 있기도 했다.

겸암 선생의 경우는 불천위이면서 하회의 화천서원과 풍기의 우곡서원에 배향된 바 있다. 그러나 불행하게도 대원군 서원철폐령으로 인해 두 곳 모두 훼철되는 비운을 맞았다. 큰집파인 겸암파 후손들은 자신들의 직계 조상이 배향된 서원이 훼철된 것에 대해 일종의 한이 있었던 것 같다. 그래서 1996년 5월에 거금을 들여 화천서원을 복설하여 위패를 봉안하기에 이르렀는지 모른다. 이는 안동의 대표적인 서원이었던 여강서원이나 사액서원으로서도 훼철을 맞았던 주계서원 등 수많은 서원들이 지금까지 복설되지 않고 있는 것과 비교할 때 그런 추론을 가능하게 한다.

서원에 봉안되었던 위패가 서원의 훼철로 철거된 아픔은 서애 선생의 경우도 예외는 아니다. 다만 주원(主院 : 중심 역할을 했던 서원)이라 할 수 있는 병산서원이 아슬아슬하게 철거의 대상에서 제외된 전국의 47개 서원 가운데 한 곳으로 속한 점이 다소간 위안이 되었을 뿐이었다.

그외에 서애 선생의 위패를 배향했던 여강서원, 도남서원, 빙계서원, 남계서원, 삼강서원 등은 모두 훼철되고 말았다.

여기서는 두 형제분을 배향했던 각 서원들에 대해 간략히 소개하기로 한다.

우곡서원(愚谷書院)

예천군 하리면 우곡리 430번지에 있었던 서원으로, 당시는 은풍현에 속했다. 숙종 34년(1708) 11월에 창설하여 류운룡, 황섬, 이준, 김광엽 등 네 분의 위패를 봉안했다. 대원군 서원철폐령 이후 우곡서당으로 재건하여 김승주와 김광엽 등 두 분의 위패를 봉안하여 오늘에 이르고 있다. 1950년 6·25 당시 이 건물은 다시 소실되었고 지금은 사당만 남아 있다.

여강서원(廬江書院)

안동시 임하면 임하리 77-1로 이건되어 있다. 당초에는 선조 8년

사진 5-5 우곡서원 묘우

(1575) 사림들이 안동부 동쪽 여산촌 오로봉 아래인 백련사(白蓮寺) 옛 터에 서원을 건립하여 퇴계 선생의 위패를 봉안하였고, 광해군 12년 (1620)에 서애 류성룡 선생과 학봉 김성일을 추향(追享)하여 명실상부한 안동의 중심 서원으로서의 당당한 역할을 담당했다.

묘우의 이름은 존도사(尊道祠)요 강당은 숭교당(崇敎堂)이었는데, 대원군 서원철폐령으로 훼철되어 복설되지 않았기 때문에 사당은 남아 있지 않다. 다만 훼철된 지 7년이 지나 중창이 이루어졌기에 강당과 주소 건물은 지금까지 잘 보존되어 있다. 서원 명칭은 지명을 따라 〈호계(虎溪)〉로 바뀌었다.

현재 호계서원은 새로 건설된 임하댐 경관지 내에 자리잡고 있다. 다만 서원으로서의 두 가지 기능인 존현과 양사는 그 어느 것도 수행하지 못하는 상태로 유지되고 있다.

사진 5-6 호계서원

　여강서원은 안동을 대표하는 서원이었다. 그래서 〈수서원(首書院)〉이라는 명칭이 붙어 다녔다. 선비들의 의견을 총괄하여 모으는 중심적인 역할을 담당한 서원이라는 의미다. 그런데 여기에 중대한 문제가 발생했다. 역사적으로는 병호시비(屛虎是非)라고 하는 것인데, 두 학파의 대립에서 발생해 급기야는 영남 남인들의 자중지란으로까지 비화된 비극적인 역사였다. 따라서 시시비비를 가린다는 그 자체가 영남의 역사를 이해하는 데 걸림돌로 작용할 수 있기 때문에 휘(諱)하는 것이 지금까지의 통례다.

사진 5-7 도남서원

도남서원(道南書院)

상주시 도남동에 있는 서원으로, 선조 39년(1606) 사림들에 의해 정몽주, 김굉필, 정여창, 이언적, 이황 선생의 학문과 덕행을 추모하여 창건했다. 상주 지방을 대표했던 이 서원은 정조 21년(1799) 도남서원이라는 사액을 받았다. 광해군 9년(1617)에 노수신, 인조 9년(1631) 9월에 류성룡, 인조 14년(1635) 정경세를 추향(追享)했다.

묘우는 도정사(道正祠), 강당은 일관당(一貫堂)이다. 대원군 서원철폐령으로 훼철된 뒤 근래에 서원 건물을 복설하여 1996년 봄 복설고유를 올렸다. 도남서원의 역사를 기록한 서원지(書院誌)도 아울러 발간했다.

남계서원(南溪書院)

군위군 군위읍 대북 2리에 있는 서원으로 서애 선생과 연안인 이호민을 배향했다. 이곳은 서애 선생의 조부인 간성 군수공 류공작의 묘소가 있는 곳과도 멀지 않다. 또한 이곳은 간성 군수공의 처향(妻鄕)이라는 인연도 있다.

명종 14년(1559) 겸암이 21세, 서애가 18세 당시 조부상을 당했다. 이 무렵 서애는 진외가(陳外家 : 아버지의 외가)인 남계(南溪)의 천석(泉石)을 좋아해 장수지처로 마음에 두게 된다.

부친인 입암이 현 남계서원 인근 송현(松峴)에서 3년간 여묘살이를 했고, 재실(齋室)을 지으려다 뜻을 이루지 못한 것을 선조 19년(1586) 3월에 이르러 남계서당으로 완성해 선친의 뜻을 이루었다.

강당은 상로당(霜露堂), 재는 영모재(永慕齋)요 동쪽에는 완심재(玩心齋)와 연어헌(鳶魚軒)을 만들어 학생들을 기숙할 수 있도록 했다. 또한 북쪽으로는 삼정재(三靜齋)를 지어 중(僧)을 데려다 거처하며 수호토록 했다. 서쪽 산기슭에는 초은대(招隱臺), 동쪽 바위에는 영귀대(咏歸臺)가 있다. 그 아래로 흐르는 시냇물은 탄서(歎逝)라 이름지었고, 연어헌 동쪽으로 흐르는 작은 시냇물은 의절(倚節)이라 했으며, 전체를 남계정사(南溪精舍)라 하여 현판을 걸었다.

이 무렵 형인 겸암은 노모를 모시고 이웃한 인동현감으로 재직중이었기 때문에 서애는 10여 일마다 가서 뵙기도 했다.

서애는 정사가 완성되자 이곳에 머물며 『주역』을 읽었다는 기록이 있다. 광해군 13년(1621) 중수된 남계서원은 인조 2년(1624) 서원으로 승격되었고 인조 5년(1627) 서애 선생의 위패를 봉안하였으며 정조 7년(1787) 이호민을 추향했다가 고종 8년(1871) 훼철되었다. 일부 남아 있던 건물은 6·25 사변으로 전소된 뒤 서애 선생의 제자 8문중(門中)에서 서원 복설을 위해 1990년 건물을 중창하여 복설 고유를 앞두고 있다.

약간 비스듬한 위치에 강당과 묘우, 그리고 삼문이 복설되고 원장이 깔끔하게 둘러쳐진 남계서원의 모습은 한 폭의 그림같다.

빙계서원(氷溪書院)

의성군 춘산면 빙계 3리에 있었던 서원으로 김안국, 이언적, 김성일, 류성룡, 장현광의 학문과 덕행을 추모하기 위해 창건하였다. 선조 9년(1576) 빙계(氷溪)라는 사액까지 받았으나 고종 5년(1868) 훼철된 뒤 복설되지 못했다. 사당은 충효당(忠孝堂)이요 강당은 명교당(明敎堂)이었다.

빙계서원은 본래 조선 중종 때 효행과 학행으로 이름 높았던 회당(悔堂) 신원록(申元祿)이 선조 원년(1568)에 선산에다 장천서원(長川書院)을 세워 사액을 받았으나, 인조 33년(1600)에 이광준(李光俊)이 빙계로 이전하여 서원 이름을 빙계로 고쳤다.

빙계서원 옛터인 빙계리 속칭 〈서원마〉에는 크고 작은 암석들이 개울 바닥과 둘레는 물론 산기슭에 즐비하다. 이런 풍광은 예로부터 시인 묵객들의 찬탄을 불러일으켰으며 마침내 경북팔경의 한 곳으로 손꼽히게 되었다. 바위틈새로 여름에는 얼음이 얼고 겨울에는 따뜻한 바람이 나오는 등 기이한 자연 현상 때문에 연중 관광객이 줄을 잇고 있다.

삼강서원(三江書院)

예천군 풍양면 삼강리 서당마을에 있었던 서원으로, 인조 21년(1643) 사림들의 공의로 정몽주, 이황, 류성룡 선생의 학문과 덕행을 추모하여 창건했다. 고종 6년(1869) 훼철된 뒤 터만 남아 있고 위패를 묻은 자리에 일제 때 군수 소진하(蘇鎭夏)가 단소(壇所)를 세웠다.

3 누대정사(樓臺精舍)

천당정(泉堂亭)

이 정자는 화산 서록(西麓)에 있었고 사간(司諫)을 지낸 안팽명(安彭命, 1447-1492)이 독서하던 곳이다. 서쪽으로는 옥연정사를 바라보고 북쪽으로는 학가산을 바라보는 위치에 있었는데 큰 느티나무가 있었다.
『영가지』에도 이 정자가 기록되어 있다.

서림정(西林亭)

입암(立巖) 류중영(柳仲郢) 선생께서 독서와 휴식을 하던 유서 깊은 장소다. 하회 서쪽 강둑에는 무성한 숲이 우거져 있었다고 하는데, 현재는 느티나무 세 그루가 서 있다. 특별히 정자를 지은 것이 아니라 지금 남은 느티나무가 정자나무 역할을 했다고 추정된다. 서림정 맞은편으로는 돌고지와 상봉대, 그리고 원지산이 보인다.

겸암정사(謙菴精舍) 중요민속자료 제89호

이 정자는 하회마을 맞은편 부용대의 상류 쪽 언덕 위 숲속에 있다. 행정구역상으로는 안동시 풍천면 광덕리 37번지이다. 마을 쪽에서는 맞은편에 있지만 낙엽진 겨울 한 철을 제외하고는 여간해서 그 모습을 보여주지 않는다. 강을 사이에 두고 겸암 선생의 정자인 겸암정과 빈연정사가 마주하고 있다. 명종 22년(1567) 봄 겸암 선생이 건립해 학문을 닦고 제자를 기르던 유서 깊은 장소이다. 당시 겸암 선생은 29세였다.

중층 누각식의 팔작지붕으로 〈겸암정(謙菴亭)〉이란 현판은 스승인 퇴계 선생의 친필이며 뒤편 〈겸암정사(謙嵒精舍)〉라는 현판은 원진해(元振海)가 9세에 쓴 것이라 전한다(6대손인 양진당 류영이 찾아 걸었다고 한다). 퇴계는 현판을 써주며 〈그대가 새 집을 잘 지었다는데, 가서 같이 앉고 싶지만 그러질 못해 아쉽네(聞君構得新齋好, 欲去同牀恨未如)〉라고 했다. 창건 유래는 정사 안에 게판되어 있는 대산(大山) 이상정(李象靖, 1711-1781)의 기문에 자세하게 적혀 있다.

아우인 서애 선생이 천륜지락사(天倫之樂事)를 미처 다하기도 전에 먼저 세상을 떠난 형님을 그리며 지은 시가 있다.

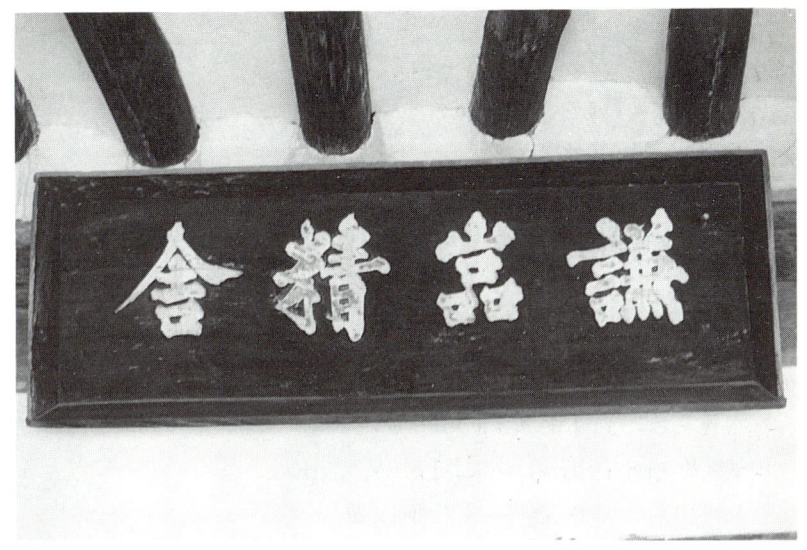

사진 5-8 겸암정사 현판

사진 5-9 겸암정사 전경

겸암사(謙巖舍)

我兄遺亭館 / 謙嚴有舊名
竹影淨臨偕 / 梅花開滿庭
遊蹤芳草合 / 仙路白雲生
悵憶空垂淚 / 江流夜有聲

형님께서 남겨주신 이 정자
옛 경전에도 그 이름 보이네
섬돌 가에는 대나무 그림자 어려 있고
뜰에는 매화가 벙글어 터졌도다
노니시던 그 자취 꽃다운 정경 어울렸고
선로(仙路)엔 흰 구름만 이는구나
지난날 그려보니 눈물 절로 흐르는데
저 강물도 밤마다 흐느끼며 예는구나.

——『서애집』권2

겸암정사 현판 글씨를 쓴 주인공에 대해서는 그간 오류가 있었다. 필자 역시 『안동의 문화재』라는 책자에서 고증 없이 기존의 기록에 의존하여 명나라의 시인 원진해의 작품으로 기록하기까지 했다.

근래에 『조선왕조실록』 CD-ROM을 통해 검색해 본 결과 이는 조선 중기의 명필이었던 원진해(元振海)의 글씨임을 알 수 있었다.

장륙당(藏六堂) 원진해(元振海, 1594-1651)는 운곡 원천석의 후손으로서, 1616년 진사시에 합격하였고 횡성현감을 지냈다. 이미 5, 6세 때부터 글씨로 이름난 조선 중기의 명필이다. 겸암 선생이 원주목사를 지낸 사실과 그가 9살 때 썼다는 구전을 바탕으로 판단할 때 이 글씨는 겸암 사후에 이루어진 것이라 생각된다. 겸암 선생이 세상을 떠난 1601년 당시 그는 8살의 어린아이였다.

광해군 15년 2월 14(갑술)일의 기사에 보면, 달필인 오정이 죽자 대임자(代任子)를 조속히 발굴해 편액하여 들이게 한 내용이 보인다.

> 전교하였다. 〈오정(吳靖)이 죽었다고 한다. 그의 글씨가 가장 훌륭했는데 죽었으니 매우 애석하다. 원진해(元振海) 및 글씨를 잘 쓰는 사람을 상세히 알아보아 속히 소집하여 편액(扁額)을 써서 들이게 하라.〉

오정은 병조참의 등 관직을 지낸 사람으로 광해군 15년에 세상을 떠났다. 그가 죽기 2년 전인 광해군 13년 『조선왕조실록』 기사에 보면 그가 해서(楷書)를 잘 썼고 중국어도 능통하였다고 한다. 그는 이때 선조대왕과 공성왕후의 신주를 고쳐 쓰는 일을 맡게 된다. 그는 동지사로서 중국에 가게 되어 있었으나 동지사를 교체하여 서사관을 맡긴 뒤 제주(題主)를 쓰게 했을 정도로 당대를 대표하는 명필 중의 명필이었다. 그 뒤를 이은 사람이 바로 겸암정사 현판을 쓴 원진해였다.

빈연정사(賓淵精舍) 중요민속자료 제86호

마을 북쪽 부용대 맞은편 물가에 자리잡고 있다. 이 정사는 겸암 류운룡 선생이 45세 때인 선조 16년(1583)에 진보현감으로 있다가 모친의 병환을 이유로 사퇴하고 돌아왔다. 이해 4월 빈연정사가 완성되었다. 선생은 이곳에다 조그마한 연못을 파고 연꽃도 기르며 서재로 사용했다.

이 정자 역시 화천의 물길과 부용대를 바라볼 수 있도록 북동향으로 지어졌다. 정면 3칸 측면 2칸의 한 일(一)자형 집이다. 빈연이란 정사 정면의 부용대 밑을 흐르는 깊고 맑은 소(沼)를 말한다. 빈연정사란 현판은 조윤형(趙允衡) 필로 알려져 있다. 완송문(玩松門)이란 현판은 외정(畏庭) 류장하(柳長夏) 필이다.

만송정(晩松亭)

겸암 선생의 정자로 지금은 손수 심은 소나무 숲만 남아 관광객들의 사랑을 받고 있다. 1983년 4월 청명일에 14대손 우천(友川) 류단하(柳端夏)옹의 기문이 적힌 〈만송정비(萬松亭碑)〉가 16대 종손 류상붕(柳相鵬) 씨 명의로 세워져 있다.

송정을 노래함(詠松亭)

萬松曾手植 / 歲久鬱成林 / 夜靜寒聲遠 / 江空翠影沈
自多閒意味 / 贏得好光陰 / 散步乘凉處 / 炎氛不許侵

일찍이 만송을 직접 심었더니

사진 5-10 만송정비

오랜 세월 울창한 숲을 이루었네
고요한 밤 솔바람 소리 아련하고
텅 빈 강에 푸른 그림자 드리웠네
한가로운 기운은 저절로 넉넉하고
충분히 좋은 시간 가질 수도 있다네
산보하면 더위도 식히는 곳으로
더운 기운 범접치 못한다네.

——『겸암집』권1

  지금 만송정은 한 기(基)의 비석으로만 남아 있기 때문에 정자가 있었는지 아니면 소나무를 심고 그곳을 정자로 삼았는지 알 길이 없다. 필자 역시 한 편의 시 외에는 정자와 관련된 자료를 찾지 못했기 때문에 실재 여부에 대해서는 판단이 서지 않았다.
  그런데 최근 겸암 선생의 둘째 사위인 경암(敬菴) 노경임(盧景任, 1569-1620)의 문집에서 「하상송정기(河上松亭記)」를 발견하여 정자가 실재했다는 사실을 비로소 확인할 수 있었다. 아울러 겸암 선생의 노종부 선산 김씨를 통해서도 〈정자터〉가 있었다는 사실을 들을 수 있었다.
  경암은 안강(安康) 노씨(盧氏)의 대표적인 인물로 선조 24년(1591) 문과에 급제하여 성주 목사 등 직을 지낸 사람이다. 22살 때 경암에게 시집간 숙부인(淑夫人) 풍산 류씨는 2남 4녀를 잘 키운 뒤 52세로 세상을 떠난 남편보다 30년이나 뒤에 77세를 일기로 세상을 떠났다.
  경암은 어려서는 여헌 장현광에게 배웠고 성장해서는 서애 류성룡 선생의 문하에 나아가 성리학에 침잠했다. 서애 선생은 임종시에 셋째 아들 수암 류진을 보고 〈내가 많은 사람을 보아왔지만 중후(重厚)하고 침정(沈靜)함이 이 같은 사람을 보지 못했다. 너희들은 이 사람을 스승으로 모셔야 할 것이다〉라고 했다 한다. 훗날 수암은 부친의 유명(遺命)에 따라 경암의 문하에 나아가 학문을 닦았다.

겸암의 사위가 지은 「하상송정기」를 번역하면 다음과 같다.

「하상송정기」
　송정(松亭)이란 내[경암 노경임]의 장인[겸암 류운룡]께서 지어서 머물러 계셨던 정자다. 그러나 공께서 세상을 떠나신 뒤 창틀은 부서지고 다니시던 길은 잡초로 뒤덮이고 말았다.
　내가 고향(善山)으로부터 하회로 와 비로소 이 정자를 수리해 거문고와 책을 옮기고 그 안에서 글을 읽으며 취미를 붙였다.
　정자 앞으로는 파란 물결이 둘러 있고 뒤로는 푸른 봉우리들이 솟아 있으며, 길게 드리운 모래밭이 아스라히 보이며 묵은 소나무가 울창하게 펼쳐졌다. 또한 푸른 부용대 절벽과 밥짓는 연기가 창문에 어리며, 춘하추동 아침 저녁으로 변화하는 모습에 그 흥취가 다함이 없다.
　꽃이 피면 봄이요 잎이 지면 가을, 여름의 짙푸른 잎새며 겨울의 하얗게 내려 덮인 눈, 해가 뜨면 숲에 어린 아침 이슬이 걷히고 구름이 몰려와 정자가 어둑어둑해지기도 한다. 때로 바람이 시원하게 부는 한낮이면 보던 책을 덮고는 가만히 그 소리를 듣는데 솔바람 소리는 참으로 소슬하여 유연히 자연의 참 맛을 느끼게도 된다. 또한 달이 둥실 떠오른 밤, 발을 걷고서 바라보면 달무리가 영롱하여 훌쩍 세상을 떠난 듯하기도 하니, 정자의 경치는 더할 나위 없다 할 것이다.
　아! 만고를 지나도 변하지 않는 것은 자연인데, 그 사이에 오가는 사람은 꿈과도 같기에 그 즐거움과 슬픔을 또한 이곳에서 삭힐지라. 우리가 이 세상을 사는 것 또한 괴로움일 것이다.
　공께서 이 정자를 지은 것도 반드시 그 사이에 뜻한 바가 있었을 것이다. 그러나 십 년도 못 되어서 알 수 없는 사람 일은 이렇게까지 되고 말았다. 이 어찌 슬프지 않겠는가.

옥연정사(玉淵精舍) 중요민속자료 제88호

이 정자는 하회동 북안(北岸) 부용대 동쪽에 있다. 선조 19년(1586)에 서애 선생이 세운 것으로 임진왜란 직후 향리로 은퇴한 선생께서, 임진왜란 회고록이라 할 수 있는 『징비록』이 구상되고 지어졌던 유서 깊은 장소이기도 하다. 선생은 당초 이 정자를 짓고자 하였으나 재력이 없어 뜻을 이루지 못하던 중 탄홍이란 중이 자청하여 10여 년 동안 곡식과 포목을 시주하여 완공할 수 있었다 한다. 처음에는 옥연서당(玉淵書堂)이라고 했다. 서당은 대청과 좌우에 방을 두었는데 방은 완적재(玩寂齋) 마루는 완락재(玩樂齋)며 정문은 간죽문(看竹門)이라 했다. 완락재 현판은 지금도 누구나 볼 수 있다. 흥미로운 점은 퇴계 선생이 거처하신 도산서당 한가운데 온돌방이 바로 완락재라는 사실이다.

옥연정사는 울창한 숲을 끼고 있어 그 경치는 하회마을 안에서도 손

사진 5-11 옥연정사 전경

꼽히는 곳인데, 이 정자 옆에는 선생이 직접 이름지은 능허대(凌虛臺)와 보허대(步虛臺)가 있다. 배에서 내려 옥연(玉淵) 바위 계단으로 올라 간죽문을 통해 정사로 들어가는데, 간죽문 주변의 대나무(烏竹) 숲은 풍광이 더욱 아름답다. 옥연정사의 풍광은 서애 자신이 지은 기문에서 자세하며, 이러한 정취는 지금도 그 대부분을 공감할 수 있다.

간죽문을 나서면 천혜의 절벽인 부용대 벼랑 3부 능선으로 겸암정까지 당도할 수 있는 길이 열려 있다. 지금은 다소 위험하지만 마을 사람들 말로는 나무지게를 지고도 내왕했을 정도였다고 하니 당시 두 형제분께서 즐겨 이 길로 오갔음이 분명하다. 절벽에서 마을을 바라보는 경치가 일품이며 이곳을 오가며 바위에 새겨진 암각서를 통해 선생의 발자취도 더듬을 수 있다.

「옥연서당기(玉淵書堂記)」

내가 이미 원지정사(遠志精舍)를 지어놓았으나 촌락이 멀지 않아 그윽한 맛을 누리기에는 만족스럽지 못해 아쉬움이 있었다. 이에 북쪽으로 소(玉淵)를 건너 돌 벼랑 동쪽으로 특이한 터를 잡았는데, 앞으로는 호수의 풍광을 가졌고 뒤로는 높다란 언덕에 기대었으며 오른쪽에는 붉은 벼랑이 치솟고 왼쪽으로는 흰모래가 띠를 두른 듯했다.

남쪽으로 바라보면 뭇 봉우리들이 들쭉날쭉 섞여 서서 마치 두 손을 맞잡고 읍(挹)하는 형상이 한 폭의 그림이요, 고기잡이하는 두어 집들이 나무숲 사이 강물에 어리어 아른거린다. 화산(花山)은 북쪽에서 달려오다가 남쪽의 강을 대하고 멈추어 섰고, 달이 동쪽 산봉우리에서 떠오를 때 차가운 산 그림자는 반쯤 거꾸려져 호수에 드리워지는데, 잔잔해 물결 한 점 일지 않는 강물에 금빛과 구슬 그림자가 서로 엉킨 듯한 풍경이야말로 특별히 구경할 만한 것이었다.

정자가 있는 자리가 인가와 그리 멀리 떨어지지 않았으나, 앞에는 깊은 못으로 막혀 있어 사람이 오고자 해도 배가 아니면 올 수 없다. 그래서 배를 북쪽 기슭에 매어두면 객이 와서 모래밭에 앉아 이쪽에다 대고 소리쳐 부르다가 오래도록 응답이 없으면 스스로 돌아가게 되니 이 또한 세상을 피해 그윽하게 들어앉아 사는 일에 한두 가지 도움이 될 것이다.

나는 마음속으로 이것을 즐겨하여 조그마한 집을 지어서 늙도록 조용히 거처하는 곳으로 삼고자 하였으나 돌아보건대 집이 가난하여 도무지 계획을 세울 수 없었다. 마침 산승(山僧) 탄홍(誕弘)이란 자가 그 건축을 주관하고 속백(粟帛)으로 물자를 대겠다고 자천(自薦)하였다. 일을 시작한 병자년(선조 9년, 1576)으로부터 10년이 지난 병술년(선조 19년, 1586)에 이르러서야 겨우 깃들이고 쉴 만한 집을 마련할 수 있었다.

집 구조는 마루가 2칸인데 감록(瞰綠)이라 부르니, 왕희지의, 仰眺碧天際(우러러 푸른 하늘가를 보고), 俯瞰綠水隈(구부려 푸른 언덕을 본다)라는 구절에서 취한 것이다. 이 마루의 동쪽에 연거(燕居)하는 집 2칸이 있는데 세심(洗心)이라고 이름지었으니 『주역』 계사(繫辭) 속의 의미를 취한 것으로, 혹 여기에 종사하여 그 만에 하나라도 이루고자 함이다.

또 북쪽에 집이 3칸인데 지키는 중을 두고 선가(禪家)의 학설을 취하여 완적(玩寂)이라 하고 또 2칸을 지어 친구의 내방에 대비한다는 뜻으로 원락(遠樂)이라고 하였으니, 〈먼 곳으로부터 찾아오니 즐겁지 아니한가(有朋自遠方來 不亦樂乎)〉라는 뜻에서 취한 것이다.

이 서재로부터 서쪽으로 나가 조그마한 다락 2칸을 만들어 세심재(洗心齋)와 더불어 나란하게 하였는데 애오(愛吾)라고 이름지으니, 도연명의 시에 〈나 또한 내 집을 사랑함이라(吾亦愛吾廬)〉라는 말에서 취한 것이며, 모두 합해서 옥연서당(玉淵書堂)이라는 편액을 달았다. 강물이 흐르다가 이곳에 이르러서는 깊은 소가 되었는데, 그 물빛이 깨끗하고 맑아 옥과 같은 까닭에 그렇게 이름한 것이다.

사람이 진실로 그 뜻을 본받고자 한다면 구슬의 깨끗함과 연못의 맑음은 모두가 군자가 귀하게 여길 도(道)인 것이다. 내가 일찍이 옛사람들의 말을 살펴보건대, 〈인생은 스스로 뜻에 맞는 것이 귀한 것이지 부귀가 무슨 귀함이 되리요〉하였거니와 내가 비루하고 옹졸하여 평소부터 행세하기를 원하지 않은 것이 〈미록(麋鹿)의 성품은 산야(山野)에 알맞지 성시(城市)에 맞는 동물은 아니다〉라는 말과 같은 것이다.

중년에 망령되게도 벼슬에 나아가 명예와 이욕을 다투는 마당에서 골몰하기를 20년이었다. 발을 들고 손을 놀릴 때마다 걸핏하면 놀라서 부딪칠 뿐이었으니, 당시에 크게 답답하고 슬퍼하면서 이곳의 무성한 숲, 우거진 덤불의 즐거움을 생각하지 않을 때가 없었다.

지금은 은혜를 입고 관직에서 물러나 남쪽으로 돌아와 있으니 벼슬살이의 영화는 귓가에 지나가는 새소리가 되었고, 아름다운 언덕 한 골짜기의 즐거움이 깊어가는 이때에 마침 나의 집이 이루어졌다.

문을 걸고 모두 물리쳐 쓸어버린 듯 깊이 방안에 틀어박혀 지내며, 산 계곡 사이를 이리저리 거닐기도 하고, 도서는 즐겨 찾아 읽는 정도로 만족하며, 성긴 밥이나 맛있는 음식의 기름짐을 잊기에 족하니, 좋은 때 아름다운 경치에 정겨운 벗들이 우연히 모여들면 그들과 굽이진 계곡을 거슬러 찾기도 하고 바위 위에 앉아 푸른 하늘을 바라보고 흰 구름을 읊조리기도 하며 호탕하게 놀아 물고기와 새들까지도 모두가 흠뻑 즐겁게 놀면서 시름을 잊어보리라.

아! 이것 또한 인생이 스스로의 뜻에 맞는 큰 것이니 밖으로 달리 그 무엇을 그리워할 것인가. 나의 이 말이 굳지 못할까 두려운 나머지 벽에다 써서 붙이니 이는 스스로를 경계하고자 하는 뜻에서다.

병술년(선조 19년, 1586) 늦여름, 주인 서애거사(西厓居士) 적다.

옥연서당은 이후에 선생의 유촉지지(遺躅之地)로 기림을 받았다. 서애 선생의 장손자인 졸재 류원지공의 외손자인 병곡 권구에게도 역시 옥연서당은 소중한 공간이었을 것이다. 때마침 허술한 서당을 중수하여 낙성의 날을 맞았다. 그래서 「옥연서당중수기」에 자신의 뜻을 이렇게 담았다.

「옥연서당중수기(玉淵書堂重修記)」

옥연서당은 명승지로 이름났으나 원근에서 일컬어지는 것은 산수 자연의 경치를 이르는 것이 아니다.

선생께서 이 당을 떠난 것이 지금부터 백여 년이 지났는지라 지난날 외조부 졸재공 때에 한 번 수리를 하고 난 뒤 여러 해가 흘렀으니 퇴락한 것도 당연한 일이라 하겠다.

연좌루는 부러져서 비가 새는 곳이 있고 동편의 승료(僧寮)는 중수할 때 세웠는데 연기와 그을음이 번졌고 그 남쪽으로 작은 루[鸞子樓]도 기울어져 넘어질 지경이었다.

이러한 모습은 보는 이들로 하여금 애석함을 자아냈는데, 선생의 주손 성화(聖和)군이 그 종제(從弟) 성관(聖觀)과 함께 모의하여 약간의 전곡(錢穀)을 내어 그 원금과 이자와 서원을 도움을 바탕으로 기유년(영조 5년, 1729) 3월에 역사를 시작해 승료 및 소루를 무너뜨리고 다시 지었으니 연좌루의 방, 마루, 문짝, 벽을 옛과 같이 수리하니 화려하되 사치하지는 않고 검소하되 비루하지 않는 모습이 처음과 꼭 같았다.

이 일을 주도한 두 사람은 조상의 업적을 잘 계승한 어진 자손들이로다. 이미 공사를 마치고 조촐한 낙성 잔치를 베풀었는데 술이 반쯤 취해서 내가 잔을 잡고서 〈이 집을 수리하지 않아서 허물어졌는데, 이제 제군들이 허물어진 것을 바로잡고 썩은 것을 보충하여서 옛 제도대로 복구하여 어느 사이에 동우(棟宇)가 새롭게 되었다. 무릇 사물이 오래되면 폐해지고 폐해지면 다시 일어나는 것은 다 그러하나 폐해도 일으키지 않는다면 어찌 있을 수 있겠는가? 이것이 큰일이니 제군들이 알아야 할 것은 선생은 도덕과 문장으로서 몸소 장상(將相)을 겸하여 국가 중흥의 업을 도우신 분이다. 또한 가문의 법도를 세워서 불발(不拔)의 기틀을 끼쳐주셨으니 다만 그 담만을 잘 마련한 분이 아니시다.

수암(修巖 : 서애의 셋째 아들)공께서 서업(緖業)을 이으셨고 졸재(拙齋 : 서애의 장손자며 필자의 외조부) 할아버지께서 다시 빛내셨으며, 그외에 장덕(長德) 문인(聞人)들이 잘 지켜서 오늘에 이르렀다. 그러나 5세의 은택도 이미 끊어졌으며 시대의 변천도 무궁하니 유풍(遺風)과 여운(餘韻)이 점차 다함에 이르러 이 집도 없어져 버릴지 누가 알겠는가.

제군들이 이 집을 중수한 정성을 가지고 다시 선세의 덕이 없어질까를 생각하여서 심법(心法)이 비록 서로 전해지더라도 더욱 공경하고 두려워하는 공부를 하며, 학술에 비록 차가 없더라도 더욱 자신을 닦는 노력을 더해서 일상생활을 할 때에도 선생의 가르침을 따라서 선조들의 업적을 회복하게 되면 그 가문을 계승한 아름다움이 비단 이 집을 다시 고치는 것에 비할 바가 아닐 것이다.

제군들은 어찌 이 점에 힘쓰지 않을 수 있겠는가? 하니, 모두들 그렇습니다라고 대답하였다.

그들은 드디어 내게 이 일을 기록하라고 부탁하였다.

—『병곡집』, 영조 5년(1729) 병곡 권구 찬

원지정사(遠志精舍)와 연좌루(燕坐樓) 중요민속자료 제85호

이 정사는 선조 9년(1576) 34세 당시 서애 선생이 부친상을 당해 조정에서 잠시 물러나 고향에서 지내면서 북림의 동쪽에 원지정사를 서쪽에는 연좌루를 지어 학문을 닦으면서 은둔 정양한 장소다. 원지정사는 관광객들이 가장 찾아보기 어려운 장소다. 설령 이곳을 찾더라도 간단한 안내 표지판 한 개만 준비되어 있을 뿐 그 역사를 물어볼 마땅한 사람을 만나기 어렵다. 지금은 폐교가 되어 황량한 풍남초등학교와 담을 맞대고 있다.

재미난 사실은 형님의 정자인 빈연정사와 겸암정사가 강을 마주보고 이룩된 것처럼 원지정사와 옥연정사가 그와 같이 자리잡고 있는 것이다.

◀ 사진 5-12
　원지정사와 연좌루

▼ 사진 5-13 원지정사 현판

「원지정사기(遠志精舍記)」

북쪽 숲속에 정사를 지으니 모두 다섯 칸이다. 동쪽은 마루요 서쪽은 서재이다. 서재에서 북쪽으로 나가다 다시 돌아 서쪽에 높게 누를 만들었는데 강물을 굽어보기 위함이다. 집을 다 짓고서 편액을 원지라 걸고는 산수의 아름다운 경치는 말하지 않았다.

어떤 나그네가 그 뜻을 이상하게 여기므로 내가 그에게 일러주기를,〈원지는 본래 약 이름으로서 일명 소초(小草)라고 한다. 옛날 중국의 진나라 사람 환온(桓溫)이 사안(謝安, 자는 安石)에게 묻기를,〈원지와 소초는 한 물건인데 어찌 두 가지 이름을 쓰는가?〉라고 했다. 어떤 사람은 말하기를,〈들어앉아 있을 때는 원지요, 밖으로 나가서는 소초가 된다〉하니 사안은 부끄러운 빛이 있었다.

내가 산에 살 때 본래 원지가 없었으니 세상에 나가 소초가 된 것은 당연한 일이었다. 이것이 서로 비슷한 점이었다.

또한 의가(醫家)에서는 원지로써 심기를 전문으로 다스려, 정신의 혼탁함과 번민을 풀어줄 수 있다 한다. 내가 여러 해 전부터 심기가 맑지 못함을 걱정하여 늘 약을 쓸 때마다 원지를 썼으니 그 공을 내가 감히 잊고 돌아보지 않을 수 없기 때문이기도 하거니와, 그 뜻을 미루어보면 마음을 다스린다는 설은 우리 선비들이 늘 하는 말이다. 이 두 가지 뜻만 하더라도 서재 이름으로 쓸 만하다 하였다. 또한 정사 뒤 서산에 마침 원지가 저절로 자라나 늘 산 비에 흠씬 푸른빛을 머금고 빼어나는 품이 정사의 그윽한 정취를 더욱 돋우어주고 있음에랴! 드디어〈원지정사〉라고 이름하니 모두 이러한 사실에서 취해온 것이다.

아! 먼 것은 가까운 것이 쌓여서 나아간 것이요, 뜻은 마음이 가는 방향이다. 상하 사방의 끝없는 공간으로 보나 아득한 옛날로부터 흘러온 지금까지의 시간으로 보나, 저 우주는 참으로 멀고도 먼 곳이다.

내 마음이 방향을 얻었고 방향을 얻은 까닭에 완상(玩賞)하는 것이며, 완상함으로써 즐거워하는 것이며, 즐거워함으로써 자연 잊는 것이니, 잊는 것이란 무엇인가? 그것은 내 집의 협소함을 잊어버린다는 의미이다. 도연명의 시에 〈마음이 세속과 머니 사는 곳이 절로 한가롭도다〉 하였으니, 이 사람이 아니었다면 내 누구와 더불어 취향을 같이할 것이었던가! 이로써 기(記)를 삼노라.

— 무인년(선조 11년, 1578) 4월 보름 하루 전날에 쓰다.

봉생정(鳳笙亭)

점촌에서 문경 쪽으로 난 3번 국도를 따라 9Km 정도 달리다 보면 산세가 갑자기 험준해지며 강을 따라 기암괴석이 병풍처럼 둘러쳐진 지점과 마주하게 된다.

서로 다른 공법으로 건설된 몇 개의 어지러운 다리는 경북 제1경으로 지정된 진남교반의 명성을 얼마간 손상시키고 있다는 느낌마저 들게 한다.

문경시 마성면 신현리에 있는 이 정자는 서애 선생께서 서울로 내왕할 때 그 풍광(風光)이 특히 아름다운 이곳에 올라 자연을 감상했던 유서 깊은 장소이다. 유감스럽게도 이 정자는 임진왜란 당시 소실되었으나 1804년 유림들에 의해 복원되었고 최근 다시 중수하여 그 면모를 새롭게 했다. 이 정자는 점촌에서 문경으로 이어지는 국도 위에 있는데, 최근에 대규모로 개설된 〈진남 휴게소〉와 인접하고 있는 산 위에 자리잡고 있다. 서울로 내왕하며 유심히 보면 독산(獨山) 위에 건립되어 있는 정자를 다리 건너편으로 살필 수도 있다. 이곳에 가면 정자 뜰에 심어져 있는 오죽(烏竹)과 자연생 노송, 그리고 절벽 아래로 펼쳐지는 경북 팔경 중의 하나인 진남교반의 아름다운 풍광을 감상할 수 있다.

수운정(水雲亭)

단양의 산수는 전국에서도 손꼽힌다. 그래서 역사적으로도 시인, 묵객은 물론 대선생들의 발길이 끊이질 않았다. 얼른 손꼽을 만한 분으로

사진 5-14 봉생정

도 역동 우탁, 퇴계 이황 선생을 위시해 우암 송시열과 같은 분이 있다. 실재로 이곳에 가서 주민들에게 물어보아도 대략 손꼽을 수 있는 분들이다.

특별히 기억해야 할 인물로 다산(茶山) 정약용(丁若鏞, 1762-1836)이 있다. 그의 문집에서 단양의 아름다운 산수를 노래한 작품이 다수 발견된다. 특히 다산은 서애 선생의 은거를 떠올리면서 한없는 존경을 표하고 있다는 사실이다. 다산이 손수 적은 수운정첩(水雲亭帖) 발문이『여

유당전서』에 실려 전하고 있다.

　수운정 세 글자는 서애(西厓) 류문충(柳文忠)공의 친필이다. 문충공께서 탄핵을 받고 벼슬을 버린 뒤 단양땅 운암장(雲巖莊)으로 물러나 계시면서 그곳 정자를 수운정(水雲亭)이라는 현판을 달았는데, 이것이 그 진본이다.
　참판(參判) 오대익(吳大益)이 운암(雲嵒)을 구매했는데 문충공의 진적(眞蹟)이 그때까지 정자 머리에 걸려 있음을 보고 보물로 여겨 먼지와 때를 씻어내고 그것을 표구하여 첩을 만들었으니 이 또한 좋은 일이었다.
　문충공의 경술(經術)과 훈벌(勳閥)의 성대함에 대해서는 사람들이 모두 알고 있는 바이나 글씨에 있어서는 알려진 바가 없었다. 그러나 붓을 놀리고 그림을 그린 것이 마치 쇠처럼 힘이 있어 돌이라도 일으킬 듯 곧고 힘차며 빼어나고 정채가 돌아 돌연히 사람에게 튀어나올 듯하였다.
　아! 이 세 글자를 보면 공께서 대사에 임하시고 대의를 결정지은 바에 대해 또한 그 비슷한 것이라도 떠올릴 수 있을 것이리라. 아 공께서는 참으로 위대한 분이시도다!

――『여유당전서』 권14

　단양 사람들은 단양의 아름다운 경치로 도담삼봉, 석문, 옥순봉, 사인암, 구담봉, 상선암, 중선암, 하선암을 자랑한다. 이를 특별히 〈단양팔경(丹陽八景)〉이라 한다. 특히 사인암(舍人巖)은 〈사인암리(舍人巖里)〉가 있을 정도로 주민들과 친숙하다. 벽돌로 쌓은 듯, 동해안에 펼쳐진 해금강의 한 풍경인 듯 그러면서도 아슬아슬한 바위 꼭대기에는 소나무가 무성하여 동양화가들의 사랑도 듬뿍 받고 있다. 〈사인암〉은 단양에서 태어난 역동 우탁 선생이 사인(정4품 관직명) 벼슬에 있을 때 이곳에 은거한 역사를 조선 성종 때 단양군수를 지낸 박제광(朴濟光)이 명명했다 한다.
　사인암은 운선구곡(雲仙九谷, 酉谷)의 중심 지역으로서 운계천(雲溪

사진 5-15 사인암(舍人巖)

川) 맑은 물이 굽이굽이 흘러가는 곳에 위치하고 있다. 그러나 워낙 깎아지른 듯 높아 감히 그 위에 오를 엄두를 내지 못한다. 운암 구곡 가운데 사인암은 제육곡(第六曲)에 들어 있다.

그보다 상류인 제3곡(第三曲)에 수운정(水雲亭)이 들어 있는데, 수운정은 깎아지른 듯한 절벽이긴 하지만 서쪽은 비교적 평탄하여 쉽사리 오를 수 있다. 그래서 그곳에 정자도 지을 수 있었던 모양이다. 역사적으로 서애 류성룡 선생이 이곳 산수 자연을 아껴서 그렇게 정자를 지었다.

서애 선생은 국왕으로부터 상으로 하사받은 초피가죽 한 장을 팔아서 운선구곡 주위를 샀고, 중국 송나라 주자(朱子)의 무이구곡(武夷九曲)을 본떠 운선구곡(雲仙九曲)을 설정했으며, 구곡 전체를 한 눈에 바라볼 수 있는 곳에 정자를 지었다고 한다. 그 정자가 바로 수운정이다.

맑은 물과 흰 구름에서 따왔음직한 정자 이름처럼 주변의 풍경은 일품이다. 빠진 게 있다면 기암괴석과 소나무가 어우러져 빚어낸 경치일 것이다. 그리고 마치 고향 하회처럼 물이 삼면을 휘돌아내려 한 척의 배를 연상케 하고 있다.

노인들께 부탁까지 하여 이곳을 찾았으나 수운정 옛터 주변에서 암각서(巖刻書)를 발견하지는 못했다. 그러나 단양군청의 향토사를 연구하는 공보실 직원의 자료를 통해 암각서가 있음을 확인하고 오던 길에 다시 찾아 비로소 초서(草書)로 휘몰아 자연을 노래한 내용의 글씨를 발견할 수 있었다. 다만 아쉽게도 필주(筆主)는 찾지 못했다. 내용은 이러하다.

水波心不競
雲在意俱遲

물은 먼저 흐르려 다투질 않고
구름 또한 유유히 떠 있구나.

정말 멋있는 내용이요 글씨다. 티끌 세상에 골몰하는 모습이 아니라 아름다운 자연과 벗하며 유유자적했던 한 고결한 인격을 찬양한 글귀가 아닌가 생각된다. 자연을 사랑했던 서애 선생의 고결한 풍모가 연상되는 구절이다.

그러나 이 정자는 서애 선생 사후에 참판을 지낸 오대익에게 넘어갔으며, 서애의 제자인 학사(鶴沙) 김응조(金應祖, 1587-1667) 대에 이미 묵은 터[荒基]만 남아 있다고 기록하고 있을 정도로 유지되지 못했다. 다만 지금도 사람들은 선생의 정자터를 기억하고 있으며 새로 가설된 다리 이름 역시 〈수운정교〉로 명명되어 이곳이 서애 선생의 장수지처(藏修之處)였음을 상기시켜 주고 있다.

사진 5-16
수운정 암각자

수락대(水落臺)

수락대는 예천군 감천면 포리(浦里) 덕율교(德栗橋) 아래쪽에 있는 서애 선생이 평소 서울에서 고향을 왕래하며 쉬시던 대(臺)다. 옛터 큰 바위 표면에는 〈서애선생(西厓先生) 장구지소(杖屨之所)〉라는 암각서(巖刻書)가 남아 있다.

수락대는 예천 영주 국도상에서 얼마 떨어지지 않은 곳에 자리잡고 있으면서도 비교적 넉넉하게 흐르는 시냇물에다 별천지가 펼쳐진 듯한 수많은 바위와 주변의 산들이 연출한 탈속한 멋으로 지금까지 사람들의 사랑을 받고 있다. 특히 평평한 흰 바위들이 드넓게 펼쳐져 맑은 시냇물과 어우러진 모습은 인상적이었다. 최근에는 수락대 입구에 〈수락매운탕집〉까지 서서 성업중에 있을 정도다. 그러나 수락대는 세인들의 입에 오르내리는 친숙한 곳이나 서애 선생이 노니셨던 역사는 점차 잊혀져가고 있다. 1914년 이 지역 유림(儒林)들이 정면 3칸, 측면 2칸 팔작지붕으로 세운 수락정(水落亭)은 1976년 홍수로 유실되고 말았다. 현재는 황량한 옛터만 잡초 속에 남아 있다.

상봉정(翔鳳亭)

이 집은 겸암 선생의 증손으로 현감을 지낸 회당(悔堂) 류세철(柳世哲)공이 도학(道學)을 강론하기 위해 세운 정자로 하회 서쪽 언덕 위에 자리잡고 있다.

회당은 마을 건너편인 이 정자에 내왕하기 위해 정자 밑 강가에다 작은 배 한 척을 마련해 두었다고 한다. 자연과 벗삼으며 유유자적한 회당공의 모습은 「안분(安分)」이란 시에 잘 드러나 있다.

汨汨人皆口腹營 / 滔滔榮辱送平生
杜門安分眞無事 / 心裏昭昭此理明

세상살이 골몰하는 사람들
제 배 채우려고 야단이로세
세상 가득한 영욕 때문에
일평생을 다 보내는구나
문 닫고 내 분수 지켜
참으로 아무 일 없어지니
깨끗한 이내 마음엔

사진 5-17 상봉정

이 이(理)자만 빛나는 것을.

——『회당집』 권1

　상봉정이란 정자 명칭은 서애 선생께서 이곳 절벽을 〈상봉대(翔鳳臺)〉라 부른 데서 따온 것이다. 상봉정은 다시 회당의 증손자인 양진당 류영에 의해 중수되었다. 『서애집』에 보면 〈서애는 지금 상봉대로 이름이 바뀌었다(西厓 今改名 翔鳳臺)〉라는 기록이 보인다.

서애에 유람하며 옛일이 생각나서(遊西厓感舊)

翔鳳今名好 / 緣崖舊路橫 / 藏修曾有約 / 山水尙含情
石古孤松老 / 江空片月明 / 少年陪杖屨 / 追憶淚沾纓

상봉이란 새 이름도 좋을 시고
벼랑 따라 옛길이 비스듬하구나
이곳에 살리라 일찍이 약속했거니
산과 물은 아직도 나를 반기는 듯
오랜 바위라 외로운 소나무 늙었고
텅 빈 강이라 조각달만 밝았어라
내 어릴 적 아버님 모시고 이곳에 왔었지
그 생각으로 눈물이 옷깃을 적시는데.

——『서애집』 권2

 이 작품은 상봉대로 이름이 바뀐 서애를 다시 찾아 옛날을 추억하는 내용이다. 실재로 서애는 줄곧 벼슬에는 뜻이 없었다. 그래서 늘 아름다운 고향에 정자를 짓고 머물며 부모에게 효도하고 형님과 학문을 토로하며 유유자적하려는 포부가 있었다.
 이 시가 지어진 것은 선조 4년(1571) 서애가 30세 때다. 개인사로 보면 한 해 전에 스승인 퇴계 선생이 세상을 떠났다. 이해 3월 예안에서 장례식에 참석한 뒤 서울로 올라가 병조좌랑에 임명된다. 그러나 불행은 이어진다. 평소 존경해 마지 않던 종숙부 귀촌 류경심이 6월에 객지인 장단 땅에서 세상을 뜬 것이다. 인생의 무상함을 느꼈는지도 모른다. 그래서인지 이해 겨울 휴가를 얻어 안동으로 돌아왔고 서애에다 정자를 짓고자 했으나 땅이 좁아 뜻을 이루지 못했다. 얻은 게 있다면 〈서애(西厓)〉라는 아호(雅號)일 것이다. 외로운 솔이 있고 오래된 바위가 있는 서애는 선생으로 인해 오늘날까지 유명해진 것이다. 그러나 그리던 아버지는 이 시를 지은 지 2년 뒤 세상을 떠나고 만다. 서애의 그리움은 그로 인해 더해졌음은 물론이다. 당시 아버지는 청주목사로 부임해 고향에서 모실 수 없었다. 1998년 중수되어 면모를 새롭게 했다.

파산정(巴山亭)

겸암과 서애의 종숙부며 〈계문(溪門)의 안자(顔子)〉로 칭송받았던 파산(巴山) 류중엄(柳仲淹, 1538-1571)의 정자다. 모두 4칸으로 좌우가 방이고 중간이 마루다. 화천서원과 옥연정사가 그리 멀지 않은 곳에 있다. 파산은 명종 19년(1564) 낙동강 언덕에 정자를 지어 강학하는 장소로 삼고자 해서 스승인 퇴계 선생에게 물었는데 〈형편에 맞게 차차 이룩하라〉는 답장을 받았다. 그러나 미처 그 뜻을 이루기도 전에 34세를 일기로 세상을 떠나고 말았다.

이후로 길 가는 사람마다 그곳을 가리키며 애석해 하였던 것을 1960년 사림과 후손들의 노력으로 드디어 정자를 짓고 〈파산정(巴山亭)〉이라 현판을 걸었다. 강물의 흐름이 마치 파(巴)자를 닮았다고 해서 지형을 따서 호로 삼았다. 정자가 있었던 당초의 장소는 큰고개를 지나 하

사진 5-18 파산정 현판

회마을 초입 화천서원이 건너다 보이는 둔덕 위에 있었다. 지금은 옛터만 남아 있다. 중건된 현재의 파산정은 외지인들이 찾기에는 다소 외진 곳에 자리잡고 있다. 최근 기와와 담장이 새로 단장되어 면모를 일신했다.

옥류정(玉溜亭)

파강(巴江) 류도현(柳道弦), 시산(時山) 류동준(柳東濬)옹 등 여섯 분의 하회 선비들이 옛 절터인 곳에 정자를 지어 소요하던 장소였으나 지금은 원래의 정자는 없어졌고 새로 지은 양옥 건물이 자리잡고 있다. 하회마을 입구인 큰고개를 넘어 왼쪽에 보이는 양옥 슬래브 건물이 지어져 있는 곳이 옥류정으로 들어가는 길이며 옥류정 옛터는 구렁 안 묘소가 쓰여 있는 곳이다. 옥류정이 있었던 옥류동은 구렁의 바위틈에서 사철 맑고 시원한 〈옥류천(玉溜泉)〉이라는 샘물이 있어 최근까지 동민들은 물론 외지인들에게도 사랑을 받았다 한다. 다만 최근 필자가 그곳을 답사했을 때는 언제부터인지는 몰라도 옥류천은 흔적도 없이 말라 있었다. 옥류정은 허물어졌고 재목의 일부는 상봉정을 지을 때 사용되기도 했다.

현재 옛터 아래에는 헛제사밥을 팔고 있는 숙박과 음식점을 겸하고 있는 영업집인 〈옥류정〉이 자리잡고 있고, 그 맞은편에 별도의 건물인 예술관이 서 있는데, 서애 선생의 후손으로 안동문화원장을 역임한 하남(河南) 류한상(柳漢尙) 씨가 사군자 지도와 작품 활동을 하는 공간으로 사용하고 있다.

옥류천 오른쪽 둑 위에는 〈국토 가꾸기 사업〉의 일환으로 조성된 국궁장(國弓場)이 있으나 외진 곳이라는 입지적 조건과 과녁이 너무 가깝다는 문제 때문인지는 몰라도 이용객이 거의 없는 실정이다. 당시로서는 상당한 계획이 있었겠으나 현재는 활용되지 못한 채 남아 있다.

삼인석(三印石)

소재(穌齋) 노수신(盧守愼, 1515-1590), 약포(藥圃) 정탁(鄭琢, 1526-1605), 서애(西厓) 류성룡(柳成龍, 1542-1607) 선생이 정승의 인끈을 풀어놓고 바둑을 두었다는 전설을 지닌 바위를 말한다. 능파대(凌波臺) 위에 넓은 바위가 바로 〈삼인석〉이다. 이들 세 사람은 모두 정승에 오른 이력을 지니고 있다. 그러나 그보다는 더욱 구체적인 관련이 있다.

첫째, 이들은 모두 퇴계 이황 선생의 문인(門人)이라는 점이다. 다만 소재 노수신의 경우는 본가에서는, 〈제자의 예를 행하지는 않았다〉는 입장도 있으나 제자 명단인 『도산급문제현록(陶山及門諸賢錄)』에 수록되어 있기에 넓은 의미로 퇴계 선생의 문인으로 보며, 영남 일대에서는 그렇게 인식하고 있다.

둘째, 이들 세 사람은 모두 영남인이라는 점이다. 소재는 상주 화령, 약포는 예천 고평이 고향이다. 지금도 두 곳 모두에는 종택과 사당, 그리고 전시관이 있어 유물과 유품을 수호하고 있다.

이 세 분 정승들의 이력을 조사해 보면, 연장자인 소재는 1573년에 우의정을 거쳐 1585년에 영의정이 되었고, 약포는 1595년 우의정이 되고 1600년 좌의정이 되었으며, 서애는 1590년 우의정이 되고 1592년 영의정에 올랐다. 소재는 서애에 있어서는 부집(父執 : 아버지 뻘)이었다. 특히 서애의 부친인 입암(立巖)이 돌아가셨을 때, 소재는 동갑인 벗을 그리며 간절한 제문을 지어 보내기까지 했고, 그런 평소의 친분으로 인해 삭탈관직 상태로 상주 화령 고향에서 세상을 떠난 소재에게 달려간 몇 안 되는 조정의 관리 중 한 사람이 바로 서애였다.

서애와 약포와의 끈도 그리 단순치 않다. 임진왜란이 일어났을 때 함께 정승 지위에 있었으며 앞뒤로 이순신을 발굴하고 죽음에서 구해준 분이 바로 서애와 약포였다. 두 분은 우리 역사에서 임진왜란을 극복한 영웅으로 기억되고 있다.

이러한 인연과 관계가 이들 세 분을 〈삼인석 전설〉이라는 고리로 연결한 것이다. 다만 위에서 살핀 바와 같이 동일한 시점에 정승 인끈을 풀어버린 세 분이 한 자리에 모여 풍류를 즐겼다는 것은 시간적으로 보아 다소 어려웠다고 본다. 그러나 그것은 아무런 문제가 될 것이 없다.

흥미로는 사실 한 가지가 있다. 200여 년 전까지 서낭당 너머 동네에 노씨(盧氏)들이 살고 있었다고 한다. 하회마을 사랑방이나 안방 모두에서 확인되는 이야기다. 노씨가 산 것이 사실이라면 소재 노수신의 후손인 광산(光山) 노씨(盧氏)였을 것이다. 〈노가리(盧哥里)〉라는 마을 이름은 노씨들이 사는 마을이란 비칭(卑稱)일까?

서애(西厓)

서애 류성룡 선생의 아호(雅號)이기도 한 서쪽 언덕은 상봉대 아래쪽 벼랑이다. 그러나 새로 길을 내면서 훼손되어 옛모습을 상기하기 어렵다. 하회 양진당과 충효당을 지나 남산을 바라보며 둑으로 걸어가 오른쪽으로 돌아들면 까치집도 얹힌 거대한 느티나무가 둑길 왼쪽으로 시야에 들어온다. 그곳을 지나며 강 건너편에 양수 시설이 보인다. 그 오른쪽에 있는 정자가 상봉정이며 그 아래가 서애다. 양수장 오른쪽에 바위와 소나무 몇 그루가 어우러져 있는데 그곳은 서애가 아니다.

수암(修巖)

서애의 셋째 아들 수암(修巖) 류진(柳袗)이 아호로 삼은 바위다. 수암은 안동 하회마을 남산 수봉(秀峯) 아래의 바위다. 다만 속명이 수암(秀巖)이었던 것을 아호로 삼으면서 〈수(修)〉자로 바꾼 것이라 한다. 26살 때인 선조 40년(1607)에 부친상을 당한 이후 31살(광해군 4년, 1612) 겨울에 선친의 체취가 남은 옥연정사로 거처를 옮겼다. 이 무렵 수암은 자신의 아호를 마련한 것이다. 수암은 이후 줄곧 고향에서 살다가 36살 되던 해 9월에 상주 가사리(佳士里)에 새로운 터전을 잡았다. 이때 서애 선생의 양대 제자인 우복 정경세와 창석 이준이 격려차 방문했던 기록이 있다.

6 하회마을의 고택들

　마을을 구경하는 사람들과 자주 만나다보면 일정한 모습을 발견할 수 있다. 대부분 건축, 그중에서도 고건축 전문가나 된 듯 자신의 식견을 자랑하거나 일행들에게 열심히 전달해 주고 있다.
　이를테면, 식견이 좀 있는 사람은 〈덤벙주초, 두공, 이익공, 주심포계열, 다포식, 민도리, 팔작지붕〉 등 어려운 건축 용어를 구사하고, 그렇지 못한 사람은 〈양반은 세도가 대단했다, 마루에 누워 부채나 부쳤으면, 시원하겠다, 저것이 소죽통인데 우리 어릴 때, 저게 도둑창인데……〉 등이 그것이다.
　물론 이러한 지식은 우리의 고건축을 이해하는데 매우 중요한 한 부분이 된다. 각 부분의 명칭과 기능을 알아둔다면 이후부터는 새로운 즐거움이 생길 것이다.
　그런데 아마추어인 경우는 반은 맞고 반은 틀리기가 십상이다. 예를 들면 양진당이나 충효당 문간채에 있는 나무 구조물은 말죽통이다. 일반적으로 소죽통이라고 하기 쉽다. 그러나 양간가 본채에서 소죽통이

소용될 리 만무하다.

　그러나 이보다 중요한 것을 마을의 고택을 보면서 찾아야 한다. 그런데 그렇게 하자면 동료의 비전문적인 설명만으로는 실체에 접근하기 어렵다. 그 건축물 공간이 어떻게 쓰여왔는지, 팔십 평생 살아보니까 좋고 나쁜 점이 무엇인지, 한밤중에 자식들 떠난 큰 기와집에 누워 일진광풍이 몰아칠 때 무슨 생각이 들었는지, 이런 따위의 시시콜콜할지라도 마음에서 우러나오는 대화를 통해 삶을 영위하는 진주를 발견할 수도 있을 것이다.

　그 웅장한 북촌댁도 최근에 천여 책 이상의 고서를 완전히 도둑맞았고, 전직 경찰서장을 지낸 구십 노부부가 살고 계신 하동고택에서는 고서뿐 아니라 바람벽에 표구해 둔 동양화까지 정교한 솜씨로 오려갔다. 이 두 집은 각각 중요민속자료로 지정된 집이었다. 이런 아픔은 이 두 집에만 국한된 것이 아니다.

　하회마을에 살았던 선현들, 그 뒤를 이어 살아가고 있는 사람들 곁으로 한걸음 다가가 우리의 삶을 관조하는 계기로 삼는 마을 둘러보기가 되어야 하지 않을까.

1 양진당(養眞堂) —— 보물 제306호

　하회 풍산 류씨의 대종택으로, 문경공(文敬公) 겸암(謙菴) 류운룡(柳雲龍) 선생의 종택이기도 하다. 정면 4칸, 측면 3칸의 단층 팔작지붕 목조와가인데, 높은 축대 위에 세워져 누각과 같은 자태를 드러낸다.

　사랑채 정면에는 입암고택(立巖古宅)이라는 현판이 당당하게 걸려 있는데, 입암은 겸암의 부친인 류중영 선생을 말한다.

　현재 남아 있는 이 건물은 조선 초에 축조된 것으로 당호로 쓰이는 양진당은 겸암 선생의 6대손인 영(泳)공의 호에서 취한 것이다. 양진당

사진 6-1 입암고택(양진당)

현판은 근세 사람 최동진(崔東鎭)의 자필이다. 자좌오향(子坐午向 : 정남향)의 남향집이며 99칸으로 전해오지만 지금은 53칸이 남아 있다.

    양진당의 사당은 크고 작은 두 동의 건물로 구성되어 있다. 하나는 정면 3칸, 측면 2칸의 입암 류중영 선생의 불천위(不遷位) 사당이며 하나는 정면 2칸, 측면 1칸의 겸암 류운룡 선생의 별묘(別廟)다. 이처럼 풍산 류씨 대종택인 양진당에는 두 위(位)의 불천위를 모시고 있다.

    겸암 선생 불천위 사당 담 너머로는 마을의 역사를 말해주듯 수령이 800여 년 이상 된 거대한 느티나무가 보이는데, 동신으로 모시는 〈삼신당〉이 자리잡고 있다. 학록정사 옆으로 난 좁은 골목으로 진입할 수 있다.

사진 6-2 충효당

2 충효당(忠孝堂) —— 보물 제414호

이 건물은 임진왜란 때 영의정으로 국난 극복에 앞장 섰던 문충공(文忠公) 서애(西厓) 류성룡(柳成龍) 선생의 종택이다. 선생이 삼간초옥(三間草屋)인 농환재(弄丸齋 : 풍산읍 서미리)에서 별세한 뒤 일을 청백하게 지낸 선생의 유덕을 기리는 수많은 유림들의 도움을 받아 장손인 졸재 류원지(柳元之)공이 처음 창건하였고, 그의 아들 의하(宜河)공이 확장 중수한 조선 중엽의 전형적인 사대부 가옥이다. 충효당 전서체(篆書體) 현판은 조선 중기의 명필인 우의정 미수(眉叟) 허목(許穆, 1595-1682)의 친필이다. 충효당 기문은 숙종 32년(1706) 연안인 이만부(李萬敷)가 지은 것을 282년 뒤인 1988년에 서하인 임창순(任昌淳)이 글씨를 써서 게판해 두고 있다. 충효당이란 당호는 서애 선생의 증손자로서 익찬 벼슬을 한 우눌재(愚訥齋) 류의하(柳宜河) 대에 개판되었으며, 기문은 우눌재의 손자인 서호(西湖) 류성화(柳聖和) 대에 이르러 식산 이만부에게 청해 완성했다. 모두 52칸이 남아 있다.

 종택에는 가장 신성한 공간인 불천위 사당과 유물 전시관인 영모각이 있다. 불천위 사당 앞에는 일명 〈만지송(萬枝松)〉이 장관이며, 종택 행랑채 앞마당에는 다소 원형이 손상된 불탑이 복원되어 있는데, 이는 마을의 역사가 불교와 밀접한 관계가 있었음을 의미한다.

3 하동고택(河東古宅) ── 중요민속자료 제177호

 이 집은 서애파로 용궁현감을 지낸 류교목공이 현종 2년에 창건하였다. 24칸의 활궁자(弓)자형 집으로 안채와 사랑채가 한 채로 이어져 있

사진 6-3 하동고택

는 민도리 집이다. 하회 동쪽에 있다는 의미에서 하동고택이라 부른다.

이 집은 최근 행정당국에 의해 〈하회마을 선비의 집〉으로 지정되었다. 하회마을을 찾아 조선 선비의 전형적인 모습을 만나고 싶어하는 사람들을 위해 겸암 선생의 후손으로 신구 학문에 일가를 이룬 이 집 주인 우천(友川) 류단하(柳端夏)옹을 모신 것이다. 조선 시대까지만 해도 일가를 이룬 선비들이 수없이 배출되었지만 행정 당국에 의해 이처럼 현판을 붙여야 그나마 일반인들이 잠깐이라도 만날 수 있는 지경이 되었다.

하회마을을 찾아서 무엇을 보고 얻을 것인가. 이제는 그것을 생각할 때가 아닐까.

4 하회북촌댁(河回北村宅) ── 중요민속자료 제84호

이 집은 경상도 도사를 지낸 류도성공이 철종 13년(1862)에 창건한 것으로 안채와 사랑채 사당채 대문간채를 두루 갖춘 전형적인 양반집이다. 대문간이 7칸으로 그 중앙에는 솟을대문을 두었으며 몸채와 대문간과는 축을 달리하고 있다. 몸채는 사랑채와 안채가 앞뒤로 배치되어 있으나 하나로 연결되어 전체적으로는 입구자형을 이루고 있다. 사랑채는 납도리에 홑처마로 비교적 수식이 없는 편이다. 전체적으로 높게 건축되어 영남에서도 이렇게 웅장한 건물은 찾아보기 어렵다. 현재 54칸이 남아 있다.

북촌댁은 웅장한 안채가 인상적이다. 화산으로 옮겨 모신 입향조의 무덤에서 마을을 바라볼 때 건물로 가장 주목을 끄는 것이 바로 북촌댁 안채다. 안채에는 마을 사람들이 신행올 때도 이용되었음직한 가마도 높은 시렁에 올려져 있다.

북촌댁은 건물도 건물이려니와 문과에 급제하여 여러 관직을 역임했

사진 6-4 북촌고택

사진 6-5 남촌댁

음은 물론 열 책의 방대한 문집까지 남긴 학서(鶴棲) 류이좌(柳台佐)와 그의 손자로서 추천을 받아 경상도 도사직에까지 이른 석호(石湖) 류도성(柳道性)으로 이어지면서 많은 도서가 소장되어 있었다.

한석봉 글씨를 모각한 화경당은 솟을대문을 들어서면서 바로 보이나 사랑 별채 문틈으로 주위 깊게 보아야 겨우 석호라는 현판을 만날 수 있다.

그런데 최근 대대로 조상들의 손때가 묻은 서책 천여 책 이상을 도둑 맞아 화경당(和敬堂) 북촌유거(北村幽居) 수신와(須愼窩) 등 현판까지 떠서 별도로 보관중에 있다.

5 하회남촌댁(河回南村宅) —— 중요민속자료 제90호

정조 21년(1797) 형조좌랑 류기영공이 건립한 건물이다. 1954년 화재로 인해 안채와 사랑채가 소실되고 현재는 문간채와 별당 그리고 사당만 남아 있다. 문간채는 솟을대문이며 안채와 사랑채의 굴뚝을 통로로 연결해 한 곳으로 뽑아낸 특징을 지니고 있다. 사당채 부근에 자생하는 대나무 숲은 한낮에도 으슥한 분위기를 자아낼 정도로 우거져 있다. 사당 뜰에도 대나무가 무성하다.

남촌을 대표한다는 이 건물은 그 원형을 보았을 노인들을 통해 들으면 참으로 아름다웠음이 분명하다. 그야말로 남촌을 대표할 만한 건물이었다는 것이다.

이름까지 너무나 정겨운 남촌댁은 주인이 외처에 살아 가장 일반인들에게는 격리되어 있다. 더욱 아쉬운 점은 노인들의 증언 때문이다. 건물도 건물이지만 도서와 골동이 수없이 많아 누구나 감탄을 금치 못하는 수준이었다 한다. 그러나 그 많던 도서와 진귀한 골동들 상당 부분이 화재와 함께 사라지고 말았다는 것이다.

또 하나, 하회에서도 유일한 왕대나무 숲을 만날 수 있는 집이다. 다만 문이 늘 잠겨져 있기 때문에 정확히 표현한다면 왕대나무 숲이 울창한 모습을 바라보며 돌담길을 따라 걸을 수 있는 곳이 남촌댁이다.

6 하회주일재(河回主一齋) —— 중요민속자료 제91호

이 집은 서애 선생의 증손 류만하공이 충효당에서 분가할 때 지은 것으로, 그의 아들 주일재 류후장(1650-1706)공이 증축한 것이다. 주일재공은 퇴계 선생의 도학을 사숙(私淑)하여 일찍이 사림들의 추앙을 받았고 벼슬에 나아가 참의에 이르렀다. 한 일자(一)형 사랑채와 안채 문간채와 사당을 갖춘 전형적인 양반 가옥이다.

사진 6-6 주일재고택

주일재는 늘 문이 잠겨 있다. 필자가 주일재의 생동하는 모습을 본 것은 임재해 교수가 지은 『안동하회마을』 87쪽에 소개된 주일재에서 잔치하는 모습이 유일하다. 그런데 실상 그 사진은 실재 잔치하는 장면이 아니라 사진 작가에 의해 연출된 것이다. 그렇지만 600여 년 이상 대를 이어 살아오면서 연출이 아닌 실재 상황으로 이러한 잔치는 수없이 이어졌을 것이다. 이러한 모습을 통해 다시금 일가 친척들이 모여 흥겹게 살아가던 하회의 옛모습이 더욱 궁금해지고 보고 싶어진다.

7 하회류시주가옥(河回柳時柱家屋) —— 중요민속자료 제87호

조선 중기의 건축물로 류도관공의 호를 따서 작천고택(鵲泉古宅)이라 불렀으나 현재의 명칭으로 바뀌었다. 당초에는 두 동으로 구성되었으나 1934년 대홍수로 유실되고 지금은 한 일자(一)형 안채만 남아 있다. 정면 5칸, 측면 1칸 반의 맞배집으로 우측 끝의 사랑방으로 쓰는 것과 안쪽의 방으로 이어지는 앞마당에 작은 토담을 두어 사랑 손님과 안채의 부녀들이 서로 볼 수 없게 배려한 특징을 갖고 있다.
주인이 살고 있는 집이다. 또한 솜씨 있는 안주인이 만들어내는 맛깔스런 손국수 한 그릇을 맛볼 수 있는 집이기도 하다.

8 수암종택(修巖宗宅) —— 경상북도 민속자료 제70호

상주군(尙州郡) 중동면(中東面) 우물리(于勿里) 1102번지에 있다.
서애의 셋째 아들인 수암 류진(1582-1635)공이 이곳 가사리(佳士里)에 정착한 이후 이어온 풍산 류씨 우산파(愚山派) 종택이다. 현재의 목조와가로 이루어진 건물이 지어지기 전 종택 후원에 초옥(草屋)이 있었

사진 6-7 수암종택 사당

다. 그곳에서 강고 류심춘(1762-1834)이 출생하여 살았다. 현 종택은 좌의정에 올랐던 강고의 아들 낙파 류후조(1798-1875)가 강릉부사로 봉직하고 있을 때인 1858년경 건축된 것으로 추정된다. 이 집은 낙동강의 지류인 위천(渭川)이 합류하고 속리산, 팔공산, 일월산의 맥이 이곳에서 끊어져 이수(二水)와 삼산(三山)이 합하는 매화낙지(梅花落地)의 명당(名堂)에 위치하고 있다 한다. 나지막한 야산이 삼면을 둘러싸고 남향(南向)이 활짝 열려 멀리 낙동강이 바라보이는 전망 좋은 독립 가옥이다.

종택에는 수암 선생의 위패를 봉안한 불천위 사당이 있고, 뒷산에는 유허비가 세워져 있다.

7 하회에 남아 있는 전적과 고문서

1 전적(典籍)

『징비록(懲毖錄)』 국보 제132호

서애 선생이 영의정에서 물러난 직후부터 임진왜란을 회고하며 전후(前後)의 사정을 적은 책이다. 임진왜란을 기록한 기록물은 적지 않다. 그러나 방대하지도 않은 『징비록』을 학계에서 주목하는 이유는 저자가 임진왜란 이전부터 요직에 있었고 임진왜란이 발발했을 때는 영의정으로서 도체찰사라는 직을 겸하고 있었다는 데 있다.

유창한 문장과 간결한 70여 항목의 기사는 모두가 임진왜란을 관통한 것으로서 읽어볼 만한 책이다. 『징비록』의 서문(국력)은 다음과 같다.

『징비록』이란 무엇인가?
임진왜란이 일어난 이후의 사실을 기록한 것인데, 그 가운데는 임진왜란 이전의 것도 더러 담겨 있는 것은 그 발단을 밝히기 위함에서다.

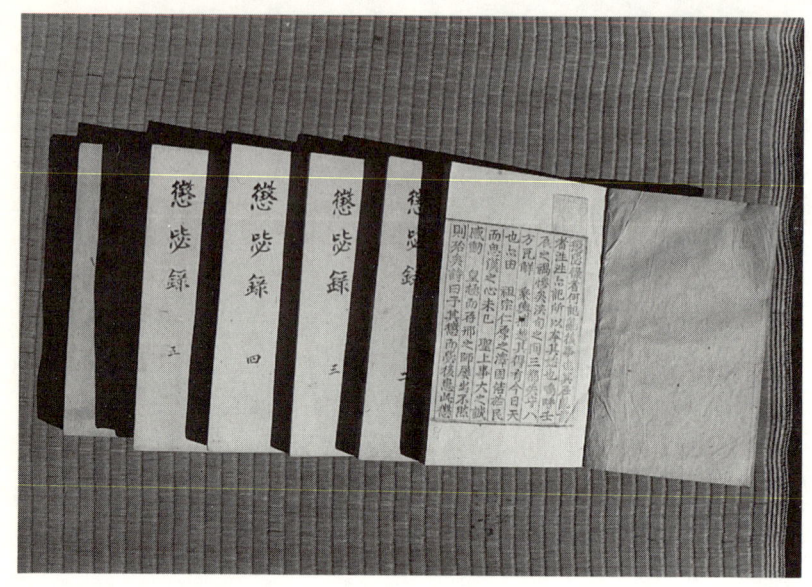
사진 7-1 징비록 목판본

아! 임진왜란의 화는 참혹하였도다. 십여 일 사이에 삼도가 떨어지고 팔방이 와르르 무너져 임금이 피난길을 떠났을 정도였다. 그런 일이 있고도 오늘에 이 나라가 있는 것은 실로 하늘이 도운 때문이며, 또한 선대의 여러 임금님들의 어질고 두터운 은덕이 백성들 속에 굳게 침투되어서 그들이 조국을 생각하는 충정이 그치지 않았기 때문이다.

또한 명(明)나라를 섬기는 임금님의 극진한 정성이 황제를 감동시켜 구원병을 여러 차례 출동시켰기 때문이기도 하다. 이러한 일들이 없었다면 참으로 나라의 운명이 위태하였을 것이다.

『시경(詩經)』에 〈내가 지난 일의 잘못을 경계하여, 뒷날 환란이 없도록 조심한다〉고 한 말이 있는데, 이것이 바로 내가 『징비록』을 저술한 까닭이다.

이 같이 보잘것없는 사람이 어지러운 시기에 나라의 중책을 맡아 위태로운 판국을 바로잡지 못하고 기울어지는 형세를 붙들지 못한 책임은 죽어서도 용서받지 못할 것이리라.

  그러하건만, 아직도 시골 구석에 살아남아서 구차하게 목숨을 이어가고 있으니 어찌 임금님의 너그러우신 은전(恩典)이 아니랴. 근심과 뛰는 가슴이 조금 진정됨에 지난 날의 일을 생각할 때마다 황송하고 부끄러워 몸둘 바를 알지 못한다. 이에 한가로운 틈을 타서 임진년에서 무술년까지 그 듣고 본 일의 대강을 기록한 것이 얼마 가량 되고, 장계(狀啓)와 소차(疏箚), 공문서 및 잡록을 그 뒤에 붙였는데, 보잘것없는 것들이기는 하나 모두가 당시의 사적이기 때문에 버리지 못했다.

  이 책을 통해, 시골에 살면서 삼가 나라에 충성하고자 하는 나의 간절한 뜻을 표시하는 한편 어리석은 신하로서 나라에 보답하지 못한 죄를 나타내는 바이다.

영군편성도(營軍編成圖) 보물 제160호

서애 선생이 임진왜란 때 군제를 개혁하여 지방군을 재편성하였다. 1개 도에는 5개 영(營)을 설치하고 1영(오늘날의 연대급 부대)은 5사(司: 오늘날의 대대급)로 1사는 5초(哨: 오늘날의 중대급)로 1초는 3기(旗: 오늘날의 소대급)로 1기는 3대(隊: 오늘날의 분대급)로 1대는 12명으로 편성했다.

난후잡록(難後雜錄) 보물 제160호

서애 선생이 관직에서 물러난 뒤 전란중의 모든 사적을 회고하여 기록한 서책이다. 수필(手筆) 원본이 충효당에 온전히 보존되어 있다.

관화록(觀化錄)

서애 선생이 병환중인 선조 40년(1607)에 지은 시편(詩篇)으로 엮은 책이다. 선생은 이해 5월에 별세하였는데, 전 해 겨울부터 병환이 위중하자 이듬해 2월 서미동 초당으로 거처를 옮겼으며 3월에는 국왕에게

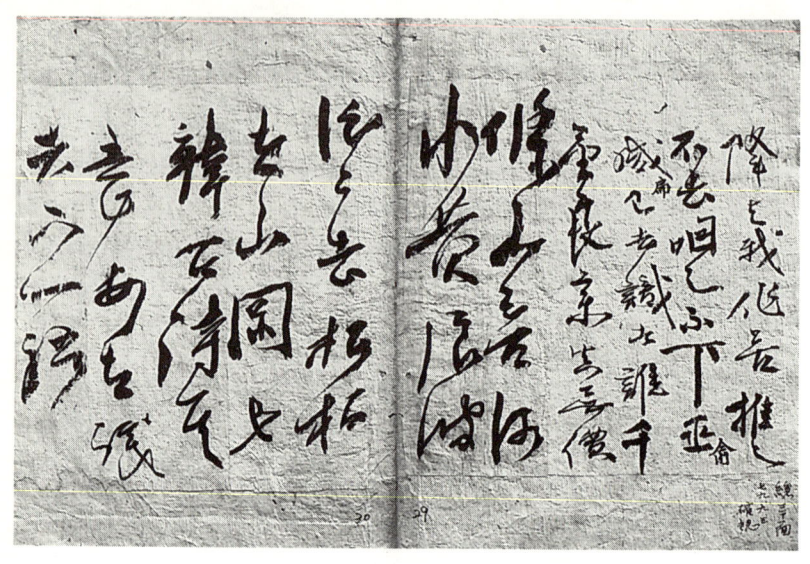

사진 7-2 징비록

올릴 유소(遺疏)를 초하였다. 또한 조카에게 명해 유계(遺戒)를 쓰게 하고 병환중에 지은 시를 모아 『관화록』이라 했다. 그 의미는 심신을 안정시켜 자연으로 돌아간다는 것이다.

근폭집(芹曝集) 보물 제160호

서애 선생이 임진왜란중에 국왕에게 올린 차자(箚子)와 계사(啓辭)를 베껴 써서 편찬한 책이다.

〈근폭〉이란 『열자(列子)』 「양주편」에서 나온 고사다. 〈옛날 송(宋)나라에 농부가 늘 삼베옷을 입고 겨울을 지내다 봄이 와 따스한 햇볕을 등에 쬐게 되자 무척 마음이 기뻐 이 따스함을 우리 임금님께 드리고 싶다고 했으며, 맛있는 미나리를 맛보고는 우리 임금님께 가져다 드려야겠다〉고 한 내용이다. 선생은 이처럼 하찮은 것일망정 정성껏 임금님께 바쳤던 송나라 농부의 소박한 심정으로 전원에 있으면서도 충군애국(忠君愛國)하는 마음을 담은 글이라는 뜻에서 책명을 이렇게 지었다.

진사록(辰巳錄) 보물 제160호

임진년(1592)과 계사년(1593년)의 기록이란 뜻으로 이름지은 책이다. 여기에 담긴 내용은 임진왜란 당시 최고 책임자로서 그 직무수행 과정에서 발생한 제반 사태에 대한 대응 방식을 조정에 보고하고 건의한 서장(書狀)을 베껴서 편찬한 것이다. 초본(草本) 진사록 3책이 충효당에 보관되어 있다. 간본(刊本) 진사록에는 서장 178건이 수록되어 있는데 그중 23건은 『서애선생문집』에 전재(轉載)되었다. 서애선생기념사업회 간 『서애전서』에 실린 『진사록』에는 도합 288건이 실려 있어 간본(刊本) 『진사록』보다 무려 100건이 더 기재되어 있다.

군문등록(軍門謄錄) 보물 제160호

서애 선생이 사도도체찰사(四道都體察使)로 있을 때 국왕에게 올린 계사와 각 군문에 시달했던 공문을 베껴 편찬한 책이다. 원본이 충효당에 보존되어 있다.

운암잡록(雲巖雜錄)

선생을 별호를 운암거사(雲巖居士)라고도 했는데, 이 책 이름도 여기에 연유했다고 본다. 『운암잡록』은 『서애전서』가 영인될 때까지는 간행되지 못했으며 원본도 언제 산일(散逸)되었는지 알 수 없다. 다만 필사본 몇 종이 세상에 전해오는데, 임란중에 겪은 사건의 개요나 친교가 있던 벗들의 이야기 등을 수필 형식으로 쓴 책이다.

당장서첩(唐將書帖) 및 당장시화첩(唐將詩畵帖)

서애 선생이 임진왜란중에 당나라 장수들과 작전 계획을 세워 병기나 군량미의 수송 등에 관한 의견을 교환한 바 있다. 그중에 명나라 장

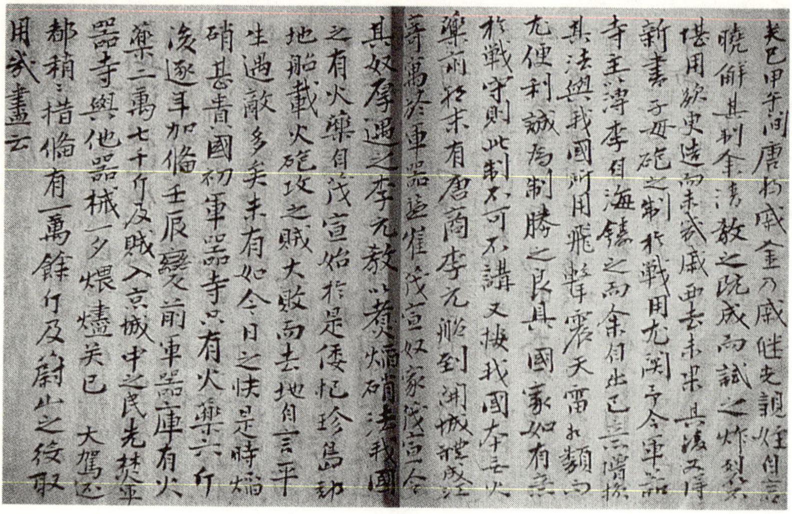

사진 7-3 서애 선생 친필

수 30여 인이 선생에게 보내온 편지를 장첩한 것이다. 모두 42통의 편지를 수록하고 있다. 『당장시화첩』은 임진년 12월에 원병으로 조선에 들어오는데, 제독인 이여송이 선생에게 보내는 부채를 첩으로 만든 것이다. 시의 내용은 왜적을 격퇴하는 일은 손바닥을 뒤집기보다 간단하니 염려말라는 것이다. 이들 서화첩은 정조 18년(1794)에 왕명으로 도성으로 가져다 어람한 뒤 〈제문충공류성룡가장황조제장서화첩(題文忠公柳成龍家藏皇朝諸將書畵帖)〉이란 글을 친히 짓고 당시 영중추부사인 번암(樊巖) 채제공(蔡濟恭)에게 명해 발문을 짓도록 하고 별첩(別帖)으로 꾸며 종가로 돌려보내기도 했다.

종천영모록(終天永慕錄)

『종천영모록』은 조선(祖先)을 영원히 사모한다는 의미를 담고 있다. 서애 선생은 늘 어버이에게는 효도하고 임금에게는 충성하는 도리를 가르쳤는데, 조상에 대한 숭모하는 마음도 그에 못지않음을 이 책을 통해 알 수 있다. 선생은 선조 34년(1601) 8월에 모친인 정경부인 김씨의 상을 당하여 시묘하면서 이듬해 2월『신종록(愼終錄)』을 편찬했고, 이 해 4월에『종천영모록』편찬에 착수하여 4년 뒤인 1606년에 이 책자를 완성하였다. 선생은 이 책 발문에서 〈이 기록의 전승 여부는 자손들의 어질고 어질지 못함에 달려 있다〉고 했다.

침구요결(鍼灸要訣)

서애 선생이 59세 때인 선조 33년(1600)에 의학 입문서 가운데『침구편』만을 요약하여 편찬한 책이다. 선생은 서문에서, 의원이 없는 마을 사람들이라 할지라도 의술의 혜택을 볼 수 있도록 만들기 위해 이 책을 편찬했다고 적고 있다. 선생은 나아가 〈장차는 언문(諺文)으로 번역하여 우매한 부인들까지도 알게 하려 한다〉고 했다.

2 고문서(古文書)

선조대왕 친필 밀부유서(密符諭書) 보물 제160호

선조가 1596년 2월에 영의정 겸 도체찰사인 서애 선생에게 전략상 기밀을 두 사람만 알고 처결하자는 뜻을 쓰고 두 분 사이에서만 사용하던 어보를 찍어 보낸 유서(諭書)이다.

광국공신교서(光國功臣敎書)

선조 23년(1590)에 종계변무의 공을 높이 치하하여 선생에게 내린 광국공신 3등 풍원부원군의 상훈교서로 명필 한석봉의 글씨다.

서애 선생 필첩 보물 제460호

선생의 친필 서간은 천·지·인 3책으로 꾸며져 있는데 주로 가족에

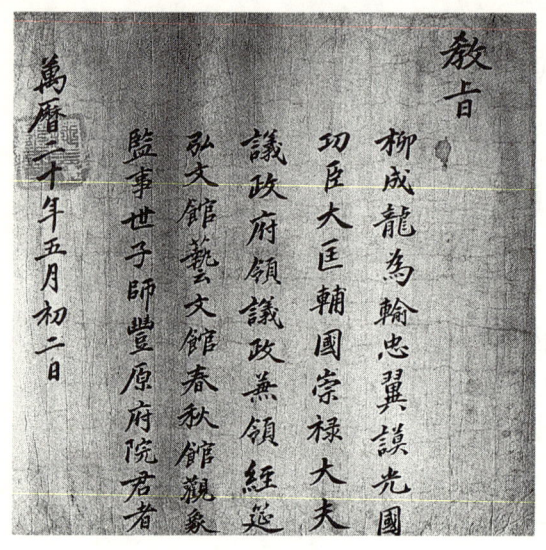

사진 7-4
풍원부원군 교지

게 보낸 편지를 수록한 것이다.

영의정 임명 교지 보물 제160호
1592년 5월 2일 파천 길에 오른 선조는 개성에서 선생께 영의정에 임명하는 교서를 내렸다.

문충공시호교지 보물 제160호
인조 5년(1627) 문충공 시호 교지다. 〈道德博聞曰 文, 危身奉上曰 忠〉이란 시주(諡註)가 있다.

곤문기(昆文記) 보물 제160호
서애 선생 32세 때에 선친인 입암공(立巖公)이 별세하자 유산은 미망인 정경부인 김씨에게 상속되었다. 그 20년 뒤 정경부인 김씨는 시댁과 친정의 제사 위토와 접빈용 토지를 우선 분재(分財)하고 그 나머지를 자손들에게 균등 분배하였다. 그 당시의 내용을 명기한 문서이다.

부의기(賻儀記) 보물 제460호
　선조 40년(1607) 5월 6일, 66세를 일기로 세상을 떠난 서애 선생의 부음이 조정에 전해지자 연릉부원군(延陵府院君) 이호민(李好閔)이 평생 청백(淸白)하게 지낸 선생의 형편을 걱정해 서울에 있는 조정에 있는 관리들에게 회문(回文)을 돌려 부의(賻儀)를 거둔 것을 기록한 문서다. 서애 선생의 수제자인 우복 정경세는 서애 선생의 아들에게 이렇게 시를 지어 보냈다.

　　河上傳家只墨莊 / 兒孫蔬糲不充腸
　　如何將相三千日 / 倂欠成都八百桑

　　하회의 유업은 시서(詩書)뿐이라서
　　자손들은 나물밥도 배불리 못 먹네
　　십 년을 정승자리에 계셨으면서도
　　어쩌다 살아갈 방도조차 마련치 못했는지.

　선조 35년(1602) 4월 61세로 청백리(淸白吏)에 뽑힌 선생의 면모를 여실히 보여주는 작품이다. 이때의 『조선왕조실록』 기사는 이러하다.

　도성(都城)의 각 전(廛)의 백성들은 묵사동(墨寺洞)에 모여 곡하지 않는 사람이 없었는데 그 숫자는 천여 인에 이르렀다. 묵사동은 류성룡의 옛 집터가 남아 있었다. 각 아문(衙門)의 노리(老吏) 삼십여 인도 역시 와서 모여 곡했다. 시민과 서리(書吏) 등도 본가가 청빈하여 장례를 치를 수 없음을 알고 베를 모아 부조했다. 도성의 백성들이 모여 곡한 예는 오직 이이(李珥, 1536-1584)와 류몽학(柳夢鶴) 때에 그런 적이 있었다. 이이는 서울에 있으면서 초상이 났었고 류몽학의 경우는 장령(掌令)으로 재직중일 때 조정에 계(啓)하여 시방(市坊)의 적폐를 없애서 백성들에 은혜를 베풀었기 때문이었다. 그러나 이번의 경우는 그 사람의 발길이 조정에서 끊어졌고 천리 머나먼 곳에서 초상이 났는데도 성안의 많은 백성들이 빈집에 와서 곡을 했다. 이것은 어찌 시사가 그릇되고 민생이 날로 피폐하여지며 이어서 정승이 되는 사람들이 모두 이전 분들보다 못하였기 때문에 추모의 정이 여기에 이른 것이 아니겠는가. 지금 백성들이 또한 애처롭다.

——『조선왕조실록』권211, 선조 40년(1607) 정미 5월조

선조제문(宣祖祭文) 보물 제160호

선생의 부음을 받은 선조는 승지를 보내 조문한 뒤 예조좌랑으로 하여금 치제케 했다. 왕명을 예조좌랑 구혜가 받들었다.

왕세자광해군제문(王世子光海君祭文) 보물 제460호

선생의 부음을 듣자 왕세자 광해군은 즉시 시강원 사서를 보내 제문을 갖추어 치제하게 했다. 왕세자의 명을 시강원 사서 류항(柳恒)이 받들었다.

정조제문(正祖祭文) 보물 제460호

정조는 수원성을 축조할 당시 좌부승지 이익운(李益運)을 파견하여 선생의 불천위 사당에 제문을 갖추어 치제하고 선생이 지은 『축성방략(築城方略)』을 가져다 보았다.

순조제문(純祖祭文) 보물 제460호

임진왜란을 평정한 크나큰 공적을 기리기 위해 매 임진년(60년) 마다 선생의 불천위 사당에 치제케 하였는데, 순조 32년(1832) 때의 제문이다. 왕명을 경주부윤 정예용(鄭禮容)이 받들었다.

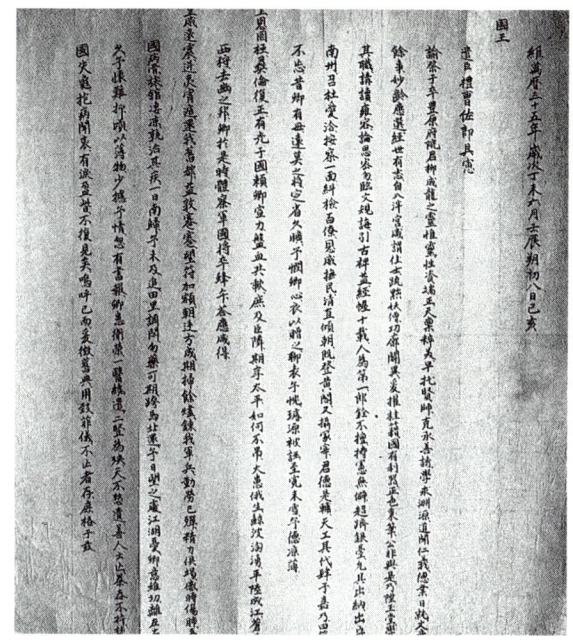

사진 7-5
국왕 사제문

고종제문(高宗祭文) 및 제물단자(祭物單子) 보물 제460호

매 임진년마다 서애 선생의 임진왜란 당시의 공을 기리기 위해 왕명으로 선생의 불천위 사당에 제문과 제물을 갖추어 제사를 올렸는데, 이 제문과 단자는 고종 29년(1892) 때의 것이다. 조선 왕조에서 맞은 마지막 임진년이었다. 왕명을 안동부사 김가진(金嘉鎭)이 대행했다.

8 하회마을의 자랑

1 문화인물로 선정된 서애 선생

　서애 선생은 1992년 문화부에서 〈1992년 6월의 문화인물〉로 선정되었다. 이는 안동 인물 가운데 퇴계 선생 다음으로 선정된 것이기도 해 큰 의의를 부여하고 있다.
　서애 선생은 임진왜란을 승리로 이끈 명재상이며 퇴계 선생의 으뜸가는 제자로서 이 지역 사람들은 물론 전국민에게 널리 알려진 인물이다. 더구나 임진왜란 당시의 활약상은 적국이었던 일본에까지 알려져 일본인 관광객이나 학자들조차도 관심 있게 하회마을을 찾거나 남긴 저술을 통해 서애 선생을 알려고 하고 있다. 실재로 일본제국주의 시절에 조선총독부 정무총감 이하 13도 지사들이 양진당과 충효당을 방문해 유물을 관람하는 동시에 마을을 두루 살펴보고 갔을 정도였다.
　지난 1992년에는 문화부에서 이 달의 문화인물로 선정되어 여러 기념 행사를 성공적으로 치른 바 있다.

2 사제사(賜祭祀)

문충공 서애 류성룡 선생의 사당에는 역대 왕실에서 문충공의 임진왜란 당시의 공을 기리기 위해 매 임진년마다(60년) 제문(祭文)과 제수(祭需)를 갖추어 경상도 관찰사를 제관으로 파견하여 치제(致祭)하였다. 정조 18년(1794), 순조 32년(1832), 고종 29년(1892)에 각각 국왕의 명으로 예관(禮官)을 보내 제사를 지냈다. 해방 뒤에는 1952년 임진년 당시 문교부장관 백낙준 박사를 보내 치제한 예가 있다.

정조 18년 서애 선생의 8대 봉사손(奉祀孫) 류상조와 류이좌가 문과에 급제하자 또 한 번 승지를 파견하여 제사를 올리라는 명을 내렸다.

정조 18년 2월 28일(병술). 전교하였다.

류문충공(柳文忠公)의 경륜(經綸)과 사업은 부녀자와 어린이들도 아는 바이다. 요사이 성을 쌓는데 대한 방략(方略)을 열람하기 위하여 그의 유집(遺集)을 책상에 두고서 그의 글을 자세히 읽는 가운데 그 사람에 대해 더욱 알게 되었다. 이런 때에 이 집의 봉사손이 급제하였으니 마치 도와준 사람이 있는 듯하다. 장원한 시권(試券)에 대해 명한 바가 있었기 때문에 등급을 내려 2등의 자리로 하라고 비답하기는 하였다만 어찌 기념하는 조치가 없을 수 있겠는가. 새로 급제한 류상조(柳相祚)를 전적(典籍)에 단일 후보로 추천하고 고 영의정 문충공 류성룡(柳成龍)의 집에 승지를 보내어 제사지내도록 하라.

『조선왕조실록』에는 순조대의 사제사에 대한 기록도 올라 있다.

순조 32년 2월 6일(계미).

하교하기를,〈올해를 당하여 명나라의 재조(再造)해 준 은혜를 생각하매 하늘과 같이 높고 땅같이 두터운데, 보답할 길이 없으니 비풍(匪風)·하천

(下泉)의 감회를 어디에 의뢰하겠는가? 선무사(宣武祠)와 정동 관군사(征東官軍祠)에 승지를 보내 치제[致侑]하게 하고 평양의 무열사(武烈祠)에도 일체로 치제[致侑]하되 헌관(獻官)은 도백(道伯)으로 하도록 하라. 본국(本國)의 국난에 목숨을 바쳐 공훈을 세운 여러 신하들의 충성과 노고에 대해서는 또 어찌 잊을 수 있겠는가? 달천(撻川)의 전쟁터에는 예조 당상의 말로 인하여 이미 치제[致侑]할 것을 명하였지만, 그중에 더욱 우뚝하게 드러난 자에 대해서는 또한 마음속으로 느낀 겨조를 보이지 않을 수 없다. 충렬공(忠烈公) 송상현(宋象賢)·문열공(文烈公) 조헌(趙憲)·충렬공 고경명(高敬命)·충무공(忠武公) 이순신(李舜臣)이 순절(殉節)한 곳에는 함께 국난에 목숨을 바친 장사들과 더불어 단(壇)을 설치해 치제(致祭)하도록 하되, 제관은 본도(本道)의 수령 가운데에서 작질이 높은 자를 가려서 차출하도록 하라.

두 충렬공의 집과 문열공의 집에는 지금 벼슬하는 사람이 없으니, 봉사손(奉祀孫)을 해조(該曹)에서 이름을 물어 수용하도록 하라. 문충공(文忠公) 이항복(李恒福)·문정공(文靖公) 윤두수(尹斗壽)·충익공(忠翼公) 정곤수(鄭崑壽)·문충공 류성룡(柳成龍)·충장공(忠壯公) 권율(權慄)의 가묘(家廟)에는 승지를 보내 사제[賜侑]하게 하되, 사판(祠版)이 시골에 있는 자는 도내의 수령으로서 일찍이 승지를 겪은 사람을 가려 제관에 차출하도록 하라. 아! 전후 8년 동안의 난리에 충절(忠節)을 다해 몸을 바친 사람의 그 수효를 어찌 한정하겠는가마는, 예(禮)란 번잡하게 되면 도리어 잗달게 되는 것이니, 지금에 하나하나 다 열거할 수는 없고, 그중에서 가장 드러난 자를 들어서 행하였는데, 옛일을 추억하는 감회를 잊지 않는다는 뜻이 실은 그 가운데에 포함되어 있다. 어찌 누구는 치제하고 누구는 치제하지 않았다 하여 간격이 있겠는가? 해방(該房)에서는 자세히 알라〉.

임진왜란 당시 공을 세운 여러 신하들에 대한 국가적인 추모 의식을 대대적으로 편 기록이다. 그 가운데 이항복, 윤두수, 정곤수, 류성룡, 권율의 경우는 가묘(家廟)로 승지를 파견하여 특별히 제사하도록 하는 조치를 취했던 것이다.

3 회전(會奠) 합사(盒祀)

 안동에는 회전이 아직 엄격히 지켜지고 있다. 그래서 회전 때면 경향 각처에 흩어져 생업에 종사하던 자손들이 모든 일정을 미루고 회전 장소에 모인다. 풍산 류씨의 회전일은 각 파조별(派祖別)로 날짜가 정해져 있다. 소임을 맡은 유사(有司)는 위토(位土)의 관리와 제례(祭禮)의 준비 및 그 밖의 모든 행사를 주관한다.

  회전 일자
  10세 진사공(휘 子溫) 9월 28일 능동
  11세 간성공(휘 公綽) 10월 9일 군위 솔티, 오지탄금(五指彈琴) 형국
  12세 입암공(휘 仲郢) 9월 28일 능동
  12세 귀촌공(휘 景深) 9월 28일 능동
  12세 파산공(휘 仲淹) 9월 28일 능동
  13세 문경공(휘 雲龍) 9월 29일 하회 화산, 거북 형국
  13세 문충공(휘 成龍) 10월 1일 수동(壽洞)

 회전(會奠)의 경우는 아직도 대부분의 문중에서 준행(遵行)되고 있다. 그런데 풍산 류씨 문중에서는 겸암 류운룡 선생 당시부터 합사(盒祀) 의식을 창안해 지금까지 변함없이 시행하고 있다.
 겸암 당시, 조상의 묘소 위치를 문중의 연소한 자들에게 묘문(墓門)을 알리기 위해 관례(冠禮, 성년식)를 치른 문중 자제들을 3년마다 한 번씩(子, 卯, 午, 酉年) 가을 시사 때 조상의 묘소가 모셔진 각 위 별로 나누어 제사를 지내게 했다. 대략 200-300여 명의 문중 자제들이 참여

하는 이날 합사는 50여 명씩 6소(所)로 나뉘어 보내진다.

이러한 독특한 풍산 류씨의 의식은 산업 사회를 살아가는 현대인들에게 더욱 절실히 필요한 행사가 아닌가 한다. 자신의 조부 이상만 되면 묘소의 위치에 캄캄한 것은 물론 심지어는 〈알아서 뭘 하느냐〉, 〈그럴 수도 있지, 바쁜 세상에〉라고 항변할 현대이기 때문이다. 또한 뿌리를 찾는 일 외에도 일가간의 유대가 증대될 것은 물론이다.

「족중입의(族中立議)」에서 겸암 선생은 이렇게 말했다.

선조의 묘소들이 각처에 흩어져 있어서 연대가 오랜 경우에는 더러는 제사를 받들지 못하는 경우도 있다. 자손이라고 하면서 묘소 위치도 모르는 사람까지 있게 될 것이니 이는 정리상(情理上) 매우 애통한 일이다…….

그러나 이러한 조상의 묘소를 수호하기 위한 고결한 정신은 당장 실천되지 못했던 것 같다. 겸암보다 6년 뒤에 세상을 떠났던 아우인 서애 선생의 「금계묘산수호입약(金溪墓山守護立約)」을 보면 두 분 형제가 우애가 깊었던 사실과 조상의 묘소를 수호해 나가는 일에 얼마나 노심초사했던가를 여실히 알 수 있다.

형님인 목사공께서 생존해 계실 때 수호(守護) 제전(祭奠)에 관한 규약을 종문(宗文)으로 만들어 자손들로 하여금 지키게 하고 이 규약의 정신이 변경되지 않도록 정성을 다했으나 불행하게도 뜻을 이루지 못하고 갑자기 돌아가시고 말았다. 이제 불초(不肖)가 60이 다 된 나이(66세에 돌아감)에 어머님의 상을 당하여 홀로 산 속 풀숲에 엎드려 상을 나노라니 효성을 다하지 못했다는 송구한 마음 가슴 가득해 억누르지 못한다. 스스로 생각함에, 여생이 얼마 남지 않았는데, 돌아가신 형님의 남긴 뜻을 생각하니 비통한 마음에 눈물만 주르륵 흐른다. 이에 여가를 보아 조카 주, 의, 심 및 여러 족인(族人)들과 함께 지난날 형님의 뜻을 추술(追述)하여 그중에서 수호에 더욱 긴요한 몇 조목을 입의(立議)하여 장차 판각하여 처마에 걸어서 이곳에 오는 자손들로 하여금 항상 마음에 새겨서 이를 영구히 준수하게 하고 폐하지 않도록 하여 형님을 사모하는 끝없는 아픔과 추원(追遠)의 정성에 보답하고자 한다. 만일 내 자손 중에 방자하게도 이 규약을 지키지 않는 자는 조상의 신령이 보우하지 않을 것임은 물론 국법에도 이를 용서치 않을 것이다……

산업 사회에서는 자신의 조상 묘소 위치를 알기도 어려운 형편이다. 아무리 그렇다 하더라도 자신의 부모 묘소의 위치를 모를 사람은 없다. 그러나 이미 조부나 조모 대에 이르면 모르는 사람이 속출하며 심지어는 꼭 알 필요가 있느냐고 강변하는 자존심 강한 사람도 있다. 그런 사람들에게는 하회마을의 6소를 아직까지 찾고 지키는 전통에 대해 말해주고 싶다. 또한 외외손 봉사의 전통도 알려주고 싶다.

필자는 하회 풍산 류씨들의 6소를 우천 류단하 선생님의 안내를 받아 모두 찾아본 적이 있다. 팔십이 넘은 선생은 건강하기는 해도 대부분 산 위에까지는 오르시질 못했다. 그래서 손으로 지점한 곳만을 따라 묘소에 올랐는데, 가장 윗대인 은사급제공의 묘소를 찾는데는 상당한 어려움이 있었다. 당일에 찾지 못하고 하산하였다가 나중에 혼자 재차 시도했는데 산골 한가운데서 뜻하지 않게 멧돼지 무리와 조우하는 죽음의 공포를 당하기도 했다. 사냥하는 사람들 말로는 평생 만나기 어려

회전 합사를 지내는 6소(所)의 위치

풍산 죽전동	전서공의 증조부	백(伯)
예천 호명면 안질 등산암	전서공 조부 판도판서공	보(葆)
하회 화산	하회 입향조 전서공	종혜(從惠)
풍산 막곡 상가산	전서공 종혜의 부인(夫人)	예천 임씨(林氏)
풍산 갈전동 여자지	전서공 아들 사정공	홍(洪)
풍산 잘패	홍(洪)의 후부인(後夫人)	창녕 조씨(曺氏)

운 행운이었다고 했지만 행운은 커녕 죽음의 공포 그 자체였다. 은사급제공의 묘소는 그래서 세번째의 도전 끝에 겨우 찾을 수 있었다. 산 속에는 이정표도 없을 뿐 아니라 물어볼 사람도 없기 때문에 특히 묘소를 찾는 일은 어려웠다.

어릴 때부터 직접 어른들의 손을 잡고 올라 체험적으로 위치를 알 수 밖엔 도리가 없다. 이런 제도적 장치로 마련된 것이 〈회전합사〉가 아닌가 생각된다.

9세조 은사급제(恩賜及第) 류백(柳伯)

고려말 호장을 지낸 풍산 류씨의 시조의 증손자가 류백이다. 공은 고려조에 벼슬하였으나 구체적으로 생몰년이 알려져 있지 않다. 공의 증손자가 하회 입향조인 전서공 류종혜이다.

공은 은사급제로 알려져 있다. 은사급제란 일시적인 은명(恩命)으로 인재를 선발한 고려 시대의 제도로서 세종 대에 이르러 혁파되었다. 따라서 공은 고려말 조선 세종 20년 이전에 문과에 급제했음을 알 수 있다. 은사급제와 관련된 『조선왕조실록』을 인용하면 다음과 같다.

세종 20년 4월 24일(정축).

의정부에서 예조 정문에 의하여 아뢰기를, 〈삼가 역대의 과거 제도를 상고하여 보오니 모두 은사(恩賜)의 제도는 없습니다. 다만 송(宋)나라 개보(開寶) 3년에 태종(太宗)이 거인(擧人) 중에서 오랫동안 급제하지 못한 자를 살펴보고, 이를 마음에 불쌍히 여겨 본과(本科) 출신(出身)에게 특진 과목(科目)을 주었던 것이니, 이로부터 비롯된 것입니다. 그러나 이는 특별히 일시적인 은명(恩命)에서 나온 것이요, 언제나 늘 오랫동안 행할 만한 일은 아닙니다. 전조[高麗]때에 식년(式年)만 당하면 거인(擧人)들의 자원에 따라 그 수효의 구애 없이 으레 과목을 내리고는, 이를 은사 급제(恩賜及第)라 일렀습니다. 이는 비단 선비를 취하는 데 무익할 뿐 아니라 도리어 성상으로부터 은사하는 본의에도 위배되는 것을, 우리 국조에서 그대로 이를 답습하여 지금까지 혁파하지 않고 있는 것은 실로 온당하지 못하오니, 이제부터 과거에 은사는 정지해 혁파하게 하옵소서〉하니, 그대로 따랐다.

입향조의 증조부인 은사급제공을 찾기 위한 노력은 매우 지속적으로 진행되었다. 서애 선생의 「종천영모록」에 보면, 〈형님의 사위인 교리 노경임이 참판 류희림의 집에서 고려조의 등과록(登科錄)을 보았더니, 중렬왕 16년(1290) 5월 문과방에 은사(恩賜) 두 사람 가운데 한 분이 진사 류백으로 본을 풍산이라 한 내용이 있었다고 했다〉는 기록이 보인다. 그러나 이미 서애 선생 당시에 공의 휘자가 백(伯)인지 백(栢)인지 의문이 갔을 정도였으니 자세한 생애를 찾기란 불가능에 가깝다고 할 것이다. 현재 풍산읍 죽전동 속칭 대밭골에 단소의 형태로 모셔져 있다. 단소에서 멀지 않는 곳에 서애 선생의 넷째 아들인 류천공(柳川公) 초(初)의 묘소가 있다.

7세조 검교예빈경 추봉 판도판서 류보(柳葆)

공은 고려조에 예빈경을 지낸 뒤 판도판서에 추봉되었다. 묘소는 예천군 호명면 안질 등산암 초록(初麓) 유좌묘향(酉坐卯向)에 있다. 그곳에는 위아래로 두 기의 봉분이 자리잡고 있는데 전하는 말로는 위의 것이 부인 반씨(潘氏)의 묘소라고 한다.

선조 4년(1571) 가을에 어떤 사람이 이곳에다 몰래 묘를 쓴 사건이 발생했다. 당시 입암 류중영은 청주목사를 마치고 집으로 돌아와 있었다. 즉시 자제들과 문중 사람들을 대동하고 현장으로 달려가 살핀 뒤 추후에는 그런 일이 발생하지 않도록 엄중히 조치하고 돌아왔다. 그 뒤 선조 17년(1584) 봄에 경상감사에 배명된 서애는 묘소에 제사 드리고서 묘역을 수리함과 아울러 묘전비까지 세우려고 계획하였으나 갑작스러운 이동으로 뜻을 이루지 못했다. 그런데 겸암의 세계록에서〈갑신년

(선조 17년) 가토(加土)할 때 집안 사람들을 대동하고 그곳에 가 십여 일 동안 일을 감독하고 있었는데 사위인 김홍미가 하루는 새벽같이 내게 와서는 '꿈에 한 고관(高官) 대인(大人)이 차례로 묘소에 앉아서 앞에 있는 대인은 아무 말씀이 없는데 옆에 있는 부인은 말씀이 많았습니다. ……또한, 지난번엔 황해 감사가 문안을 오더니 이제 또 경상 감사가 문안을 왔는가라고 해서 놀라 깨어보니 무슨 징조인지 모르겠습니다. 전후로 두 부인의 묘소입니까?'라 했다. 내가 생각해 보니 판서부군은 전후로 두 부인이 있는데 한 분은 묘소를 만들지 않아 꿈에 나타난 것이 아닌가?……〉라고 한 기록이 보인다. 그러나 형님인 겸암이 세상을 떠난 이듬해인 선조 35년(1602)에 비를 세우면서 이러한 기록은 고증할 수 없다고만 밝히고 있다.

『동문선(東文選)』에 7언절구시 한 수가 올라 있는 점으로 보아 문명(文名)이 있었음을 알 수 있다.

6세조 가선대부 공조전서 류종혜(柳從惠)

하회 입향조가 되는 공조전서의 묘소는 중앙고속도로 건설 공사장에 편입되어 지난 1995년 10월 1일, 풍산 잘패에서 하회 화산으로 이장되었다. 600여 년이나 된 묘소의 이장은 실로 엄청난 일이 아닐 수 없었을 것이다. 그러나 이전에 관련되는 자료로는 소임을 분정한 문건과 지출 결산서 외에는 남아 있지 못하다. 당연히 기록을 남겨가며 묘소의 이장이 진행되었어야 하며 출토된 유물과 유품들에 대한 전문가의 의견을 집약하여 한 권의 책자로 남겼어야 했다. 지방에서 이루어지는 고분의 이장에 이와 같은 우를 다시 범해서는 안 된다고 생각한다.

배위는 두 분으로 한 분은 6소의 하나인 양양군부인 임씨(林氏)와 합폄으로 모셔진 영가군부인 권씨(權氏)다.

6세조 공조전서의 배위 예천(醴泉) 임씨(林氏)

묘소는 풍산 막곡 상가산에 남향으로 자리잡고 있다. 손녀서인 정인로(鄭仁老)를 그 아래 장사 지낸 뒤로부터 정씨들의 묘소가 많이 들어있다. 옛날에는 표석이 없었으나 선조 17년(1584)에 묘비를 세워 오늘에 이르고 있다. 서선초등학교에서 가까운 마까무(마감)라는 마을 뒷산이다. 이 산소에서 남향으로 바라보면 안동 - 풍산간 국도와 중앙고속도로가 보인다.

5세조 충의교위 좌군사정 류홍(柳洪)

입향조인 전서공 류종혜의 맏아들인데, 그의 맏아들 야거(野居)라는 분이 있었으나 안동 김씨와의 혼인 직전에 갑자기 세상을 떠나 대가 끊어지고 말았다. 〈충효열의 전통을 간직한 마을〉에 관련 내용이 실려 있다.

묘소는 풍산읍 갈전리 여자지(女子池) 뒤편에 남향으로 모셔져 있다. 배위는 일선 김씨와 창녕 조씨다. 서애는 겸암의 세계록을 통해 좌군사정공의 생년을 홍무 6년(계축, 공민왕 22년, 1373)이라는 사실을 알 수 있다고 기록하고 있다.

좌군사정공은 소시에 서울에 살았는데 이름난 역술가를 만나니, 〈만약 벼슬을 하게 되면 크게 출세는 하겠으나 명이 짧겠습니다〉라고 말했다. 이 말을 듣고는 벼슬을 단념하고 이후 다시는 서울로 가지 않았다. 공은 고향에서 열심히 농사를 지으면서 어른 아이 귀하고 천함을 가리지 않고 모든 이에게 온갖 정성을 다해 음식이며 편의를 제공했다. 한편 열심히 농사를 지은 덕에 살림살이도 넉넉해질 수 있었다. 이리하여 큰고개 밖에다 임정(林亭)을 지었고 술과 음식을 마련하여 봄 · 여름 · 가을로 오가는 사람들을 불러 먹이고 환담을 한 뒤 보냈다. 이 정자 이름이 관가정(觀稼亭)이다. 향년 86세에 세상을 떠났는데, 사람들은 이 모든 것이 공의 적선(積善) 때문이었다고 한다.

5세조 좌군사정공의 후배위 창녕(昌寧) 조씨(曺氏)

풍산 잘패에 있는데 입향조인 전서공의 이장 전 묘소 서쪽 수십 보 지점에 동향으로 자리잡고 있다. 묘소의 비석은 선조 17년(1584)에 세운 것이다. 이 묘소에서는 앞쪽으로 중앙고속도로가 내려다 보인다.

하회마을을 포함한 대부분의 풍산 류씨들은 대부분 좌군사정공 후배위의 소생이기 때문에 이 묘소는 오늘날까지 향화(香火)를 이어오고 있다.

합사를 지낼 때 대상자를 둔 각 집안에서는 1호당 합(盒) 한 개씩을 준비해 그것을 각자 묘소 앞에 제수(祭需)로 펼쳐놓도록 했는데, 합사를 지내는 이날은 온 산이 각기 한 개씩 가져온 합으로 온통 벌겋게 된다고 한다.

과거에는 1가구에 2인 이상이라도 그 인원 수대로 합을 장만했으니 더욱 장관이었을 것이다.

예나 지금이나 합을 마련하는 일은 안주인의 몫이다. 며칠 전부터 장보기를 하고 그것들을 정갈하게 다듬어서 해물은 해물대로 실과며 유과 따위는 또 그것대로 만져서 합에다 하나하나 가지런하게 다져넣는다. 합을 구성하는 제수는 일정치 않다. 그래서 안주인들은 자신의 솜씨를 마음껏 자랑할 기회가 되기도 했다. 그래서 자신이 만든 합이 잘된 합으로 뽑히면 그것은 자신뿐만 아니라 친정에까지 명예로운 일이 되었던 것 같다. 〈아이고 삼강띠기 합이 참 말끔하기 잘도 차랬디더, 고창띠기꺼나 길안띠기도 어지간하디더…… 모도 우애 그래 솜씨가 있고 성심이 있든 동. 대감띠기는 올해 우예했디껴? 한밤어른도 합을 장만해 왔디더.〉 이쯤 되면 제사는 일종의 축제요 잔치가 아닐까. 이런 의식을 통해 가문의 명예를 실추하지 않겠다는 다짐을 하고 서로가 한 뿌리임을 재삼 확인하게 된다. 풍산 류씨의 저력은 이런 데서 나온다는 생각이 들 정도로 아름다운 전통이다.

제사 당일 아침에 모인 자손들 중에 환갑을 지낸 노인들은 가장 가까운 막곡소로, 그리고 다른 사람들은 유사의 지시에 의해 다른 5개소로

가 제사를 지내는데, 예전에는 반드시 걸어서 가게 되어 있었다. 그러나 이제는 가장 가까운 곳은 화산의 입향조 위로 바뀌었다. 제사는 사시(巳時 : 오전 9-11시)를 기준으로 6소에서 동시에 거행한다고 한다.

또한 합사를 마치고는 합 가운데 잘된 것을 가려 뽑아 대종택으로 가져와 그 다음날 문중 회의를 마치고 품평회와 아울러 그것을 안주 삼아 술잔을 나누며 화수의 정의(情誼)를 돈독히 하는 의식을 지금도 이어오고 있다. 이것이 미풍이요 양속이 아닐까.

4 외손(外孫), 외외손(外外孫) 봉사(奉祀)

급격한 산업화와 도시화로 인한 가치관의 변화는 친족의 급격한 해체까지 불러왔다. 기성세대는 이런 현상을 〈가치관의 혼란〉으로 표현하기도 한다. 이러한 혼란은 조상을 모시는 방식에도 적지않은 변화를 가져왔다.

그중 하나가 제례(祭禮)인데, 부모의 제사에도 〈바쁜 일이 있으면 어쩔 수 없다〉는 생각을 갖는 이도 있을 정도로 가치관이 바뀌었다. 따라서 소위 기제사(忌祭祀)나 명절 제사 때 큰집에 모여 제사를 지내면서 조상이 끼쳐준 은덕을 되새겨보는 일에 등한하게 되기도 한다. 어느 가정에서나 고조(高祖)까지 제사를 모시고 그 이상이 되어 봉사(奉祀)의 대가 바뀌면 5대조의 신주를 묻는 의식을 거행한다. 이를 길사(吉祀)라고 하는데, 길사를 지낸 뒤에는 매년 가을 산소 제사인 시사(時祀)만 지내게 된다.

제사를 모셔야 할 자기 조상에 대해서도 더러는 등한한 예가 있는 요즈음에도 풍산 류씨 하회 문중에서는 후손이 없는 외가 조상이나 외가의 외가 조상의 제사를 받들고 있다.

풍산 류씨 10세인 진사공(進士公) 류자온(柳子溫)의 외조(外祖)인 평창군사 권옹(權雍)은 유명(遺命)으로 자신의 묘소는 외손인 풍산 류씨들이 받들라고 했다 한다. 또한 외외증조부인 이조정랑 배소(裵素)의 경우도 제사를 받들 후손이 없게 되자 진사공 당시부터 현재까지 수백 년 동안 제사를 받들고 있다. 배정랑은 진사공의 부친인 전서공과 함께 풍산 하회에 살았던 친구이기도 하다.

외손봉사의 전통은 어떤 것일까?『조선왕조실록』을 참고해 보니 그 사례가 있기는 했으나 논란의 여지가 많았다. 조선왕조의 통치 기본법전인『경국대전』에는 3세 이전에 양자를 들이면 자기 아들과 같다는 법이 있다. 그렇기 때문에 기본적으로는 길 가던 사람의 아이라고 할지라도 3세 이전에만 데려다 키우면 복을 입어야 한다는 해석이 가능하다. 여기에 적용되는 예가 종친 중에 있어서 조선 중기에 논란이 되었다.

명종 15년 9월 28일(신묘)일에 중종의 일곱째 아들이며 명종의 서형(庶兄)인 덕양군 이기(李岐: 숙원 이씨 소생)가 권찬(權纘)의 외손인 풍산정(豊山正) 이종린(李宗麟)이 복상할 것을 아뢴 장면이다.

　　덕양군(德陽君) 이기(李岐)[상의 서형(庶兄)이다]가 아뢰기를,
　　〈처의 아비 권찬은 적실과 첩실에 다 아들이 없어서 소신의 아들 풍산정 이종린(豊山正李宗麟)이 처음 태어났을 때부터 거처를 마련해서 기르며 죽고 난 뒤의 일을 부탁하였습니다. 또 죽을 때에 어루만지며 이르기를, '내가 너를 둔 정이 친아들 같이 중하니 내가 죽은 뒤에 너는 복상(服喪)하여 나를 끝내 외로운 혼으로 만들지 말라'고 하였습니다. 말이 몹시 간절하였을 뿐 아니라 이종린도 은의가 깊고 중한 것을 생각하고는 슬피 호곡하며 최질을 입어서 외조부가 평생 원하던 뜻에 보답하고자 하므로 그 뜻이 심히 애절하여 차마 금지하지 못하겠습니다. 그리고『대전(大典)』에 3세 이전에 양자를 들이면 자기 아들과 같다는 법이 있으니 비록 길가는 사람의 아들이라도 3세 전에 기르면 또한 복상을 하여야 합니다. 더구나 이종린은 외손으로서 3세 전에 거두어 길렀으니 은의와 정법에 다 절박하므로 부득이 복상하게 해

야겠습니다〉하니, 상이 삼공(三公)에게 의논하라고 명하였다. 영부사와 삼공 등이 복상해야 한다고 의논드리니, 상이 그대로 따랐다.

　사신은 논한다. 외손으로 외조부에게 길러지는 것이 은의는 비록 절실하지만 증이 외손으로 후사를 잇게 한 것을 『춘추』에서 비난하였다. 예관이 된 자는 진실로 외조부의 난명(亂命)을 따르거나 한집안의 사사로운 정을 따라서 예법을 훼손해서는 안 되는데 그대로 따랐고, 대신(大臣)이 구차하게 맞추었으니 애석하다.

　요지는, 자신의 아들로 후사가 없는 자신의 장인의 뒤를 잇게 해야 함을 아뢴 것이고, 조정 중신들이 논의한 결과 그렇게 하라는 윤허를 얻었다는 내용이다. 그러나 사평(史評)에서는 한 집안의 사사로운 정이며 임종시에 한 말은 정상적인 판단으로 보기 어렵기 때문에 이는 예법을 훼손한 판단으로 규정짓고 있다. 사헌부의 추상 같은 비판이 이어졌다. 예법에는 근거할 문구가 없다는 것을 바탕으로 윤허를 거두어줄 것과 그러한 결정을 내린 해당 관청의 관리를 추고하라고 청했다. 그러나 윤허를 받지는 못했다.
　또 다른 사례가 있다.

　숙종 27년 3월 26일(계축). 주강에 나아갔다. 이세재(李世載)가 말하기를, 〈신이 들은 바에 의하면 광해군(光海君)의 묘가 양주에 있는데, 그 외손으로 봉사하는 자가 묘에 가토(加土)를 하기 위하여 군정(軍丁)을 얻으려고 한다 합니다. 광해가 폐치(廢置)된 뒤로 병이 있으면 인묘(仁廟)가 반드시 약물을 내렸고, 그가 죽음에 미쳐서는 초상을 치르는 것을 삼가지 않는 것으로써 재신(宰臣)들이 상소하여 말하는 데에 이르렀습니다. 지금 묘를 보수하는 데에 있어서도 마땅히 역군(役軍)을 주어야 합니다〉하니, 그대로 따랐다.

　광해군 역시 그의 외손으로 봉사했음을 알 수 있다.

영조 4년 2월 25일(병오). 임금이 선정전(宣政殿)의 조강(朝講)에 나아가니, 특진관(特進官) 여필용(呂必容)이 말하기를, 〈증(贈) 좌랑(佐郞) 엄흥도(嚴興道)는 충절이 특이하였습니다. 그런데 자손이 없어 외손(外孫)이 봉사(奉祀)하고 있는데, 몹시 빈한(貧寒)하여 향화(香火)를 잇지 못하고 있습니다. 특별히 복호(復戶)하여 그 제향을 받들고 분묘가 있는 산에 초목(樵牧)을 금지하게 한다면, 실로 은휼(隱恤)의 전례(典禮)에 합당할 것입니다〉 하니, 임금이 말하기를, 〈한미한 사람을 낭서(郞署)에 증직했으니, 선조(先朝)의 포상(襃賞)한 뜻을 볼 수 있다. 대대로 군역을 면제하고 복호도 참작하여 주도록 하라〉 하였다.

영월의 호장(戶長)으로서 단종의 시신을 거두어 장례를 치뤄준 엄흥도 역시 외손으로 후사를 잇고 있음을 알 수 있다. 우리는 이러한 사례를 통해 법을 떠나 조선왕조에서는 후사를 잇는 문제에 있어서는 대단히 파격적이고 상당한 관심과 지원을 아끼지 않았음을 알 수 있다.

조상의 음덕을 이어받아 변함이 없이 지켜나가는 이런 자세가 오늘의 하회를 있게 한 한 요인이 아닐지.

5 양종가(兩宗家)의 청주맛과 물맛

양종가는 대종가[입암고택]와 충효당 종가를 말한다. 음식 이야기를 할 때는 종손보다 종부가 먼저다. 특히 명가에 대대로 전해오는 술 제조 비법을 이야기할 때면 더욱 그러하다.

〈안동〉 하면 빠뜨릴 수 없는 것이 양조 비법이다. 집집마다 고유한 제조 기술을 전수해 왔다고 해도 과언이 아닌데 특히 큰집을 지키고 살아온 경우는 그러하다.

그중에서도 〈민속주 안동 소주〉는 경상북도 무형문화재 제12호로 지정되었고(1987. 5. 13), 〈안동 송화주〉는 경상북도 무형문화재 제20호로 지정되었다(1993. 2. 25).

이제 상품으로 대량 생산되어 45도 민속주 안동 소주에 취해본 경험이 있는 사람들이 많아졌고, 외국에까지 수출되고 있기에 세계적인 술이 될 날도 멀지 않을 듯하다.

현재로서는 안동 소주를 만나기는 어렵지 않다. 그러나 그에 비해 송화주의 경우는 상품으로 본격 생산되고 있지 않기 때문에 여간해서는 맛볼 수 없다. 송화주(松花酒)는 특히 전주(全州) 류씨(柳氏) 정재(定齋) 류치명(柳致明, 1777-1861) 선생의 종가에서 가양주로 내려온 술이다. 15-18도 내외의 청주(淸酒)인 이 술은 알맞은 도수에다 독특한 맛과 향으로 정재 종가의 제주로서는 물론 애주가들의 사랑을 받아왔다.

이제 소개할 것은 하회 양종가의 가양주(家釀酒)인 청주(淸酒)다. 굳이 이름을 붙인다면 〈하회 청주〉인 셈이다. 민속주로 지정되지 않았음은 물론 산업 사회로 들어오면서 일반에는 거의 잊혀졌다. 그래서 하회 마을을 찾은 관광객들조차 쉽사리 이 술과 상면할 수 없는 형편이다. 분명한 것은 불천위 제사 때 참석을 한다면 음복례시(飮福禮時)에 확실히 만날 수 있다는 것이다.

유림들조차 하회 청주를 풍문으로만 듣고 한번 먹어본 경험은 없다고 하는 분들이 많을 정도다. 모든 것이 그렇지만 좀 귀해야 제 맛이 나는 법이다. 그렇게 본다면 더욱 맛난 술이 하회 청주일 듯하다.

술은 물이 맛을 결정하는 주요한 재료가 된다. 물맛과 술맛은 글자 한 자 차이일 뿐이다. 하회는 예로부터 강을 끼고 마을이 형성되었다. 〈연꽃이 물 위에 뜬 형국〉이니, 〈배를 타고 가는 형국〉이니 하는 풍수설도 물과 밀접한 관계를 맺고 있다.

마을을 끼고 있는 강물은 하회 주민들에게는 생활 용수로 최근까지 사용되었다. 〈연화부수형〉과 〈다리미형〉의 특성상 우물을 파면 몰락한다는 설 때문에 우물을 파지 않았다고 한다. 물론 지금은 지하 천연수를 개발해 양과 질 면에서 모두 만족한 생활을 하고 있다.

　최근 작은 고개를 넘어 신축한 여관(추임새)에서 개발한 암반 천연수는 당국의 수질 검사에서 최고의 판정을 받아 다시 한번 과학적으로도 수질을 인정받은 셈이다. 뿐만 아니라 관광객들도 하회 물맛을 충분히 맛볼 장소가 마련되었다. 매표소 맞은편에 관광객들의 편의를 위해 당국에서 암반 천연수를 개발했고 마을 내에도 거북형상의 식수대를 만들어두었다. 사시사철 용솟는 청렬(淸冽)한 물이 고향에서 엎드려 입대고 실컷 마셨던 샘물을 연상케 한다.

　필자는 하회 청주를 설을 며칠 앞둔 어느 날 우연히 맛볼 수 있었다. 술맛을 모르는 게 아쉬웠으나 입안에 한참을 머금고 싶었을 정도로 향기가 좋았던 기억이 있다. 사실 맥주 한 잔도 겨우 먹는 정도인 필자로서는 술맛을 논한다는 것 자체가 넌센스다. 그래서 종부에게 겨우 들은 이야기 한 토막을 소개할까 한다.

　지난날 밀주 단속이 엄할 때의 일이다. 하회 큰종가로 시집와 매년 조상 제사 때마다 돈주고 받은 탁주를 쓰지 않았다는 노종부의 정성도 정성이려니와 그 정신에 우선 경의를 표하고 이야기를 들었다.

　세무서에서 하루는 〈술 두베로 왔습니다〉하고 들이닥친다. 〈술 담은 적이 있지요〉 대뜸 안채로 들어와서는 서슬이 시퍼렇다. 내가 이래저래 생각해봐도 면할 도리는 없을 것 같았다. 그래서 이래나 저래나 이야기는 한다고 〈내가 아, 이 세상 두 분도 없는 입암과 겸암 선조 불천위 제사에 쓸라고 담근 술이 있니더. 또 해마다 담가왔니더. 법을 어긴 거라면 내가 잡혀가겠지만 그래도 또 제사 때면 술은 담글게시더〉하니 네댓 사람은 한참을 이렇게 보더니 자기들끼리 고개를 끄덕인다. 〈그럼 할머니 제사에 쓰는 술맛이나 좀 봅시다〉 한다. 영감님은 안동사범학교 근무라 하회에 안 계실 때인데 그래서 내가 육포를 썰고 청주 한 되를 내주니 자기들끼리 게눈 감치듯 다먹어치우는데, 그 사람들 말이 걸작이라. 〈아, 여기다 술도가 차리세요. 어떻게 하면

사진 8-1 용수

술맛이 이렇게 좋습니까. 숱한 술맛을 보았지만 이런 술맛은 처음입니다〉라고 하데. 실지로 용수를 박아놓으면 한 달은 뜰 수가 있으니 늘 술이 있었제. 〈술맛 시시하면 벌금 잔뜩 물리려고 했는데 술 잘먹고 갑니다.〉 그렇게 보낸 적도 있어. 다 옛날 얘기지만. 그런데 요즈음은 누룩을 사다 쓰니 술맛도 옛날 같지가 않아.

박물관이나 장안평 골동시장에 가서 구석구석을 눈여겨 보며 시시콜콜 주인에게 묻지 않았다면 신세대에게는 〈용수〉는 좀 낯설다.

〈용수〉란 간장이나 술을 거를 때 쓰는 용구다. 싸리나 대쪽으로 만든 것으로 지름은 15cm 깊이는 대략 30-50cm 정도다. 용수가 움직이지 않게 장치해 두면 그 안에는 항상 맑은 술이 고여 있다. 경주 법주니 문경 호산춘(湖山春)이니 선산 약주(藥酒)니 하는 이름난 청주가 이미 우리에게 익숙하다. 명주의 전통도 계승하고 지역 경제도 살린 현명함이 돋보인다. 종택에서 청주맛을 보면서 하회 청주맛도 알리고 지역 경제도 살릴 수 없을까 하는 생각도 해보았다.

충효당 종가는 차종부(次宗婦) 경주 최씨가 안살림을 맡고 있어 가양주 역시 그 분의 몫이다. 최여사는 교동 법주 기능 보유자와 지친간(至親間)으로 보유자 못지 않은 솜씨를 지니고 있다고 들었다.

그래서 양진당이 선산 약주 계열이라면 충효당은 경주 법주 계열의 가양주 전통을 오늘에 이어오고 있다고 하겠다.

9 지금은 사라진 것들

1 서애 선생의 집터

1993년 2월 12일부터 26일까지는 하회마을 현지에서 서애 선생 생가터 발굴 조사가 이루어졌다. 대구대학 박물관장 이명식 교수의 인솔하에 17명의 인원이 투입된 조사에서는 안동군 풍천면 하회리 787번지 땅 784평에서 정면 3칸, 측면 1칸의 토담 기초가 발굴되었다.

마을에서는 이 일대를 〈철뚝밭〉으로 부르고 있다. 선생이 사시다 서미동 농환재로 옮긴 뒤 하인인 〈철뚝이〉가 농사를 지으며 관리한 밭이었기 때문에 그렇게 불렀다는 전설이다.

발굴 조사 보고서상에서는 마을에 오래 산 60세 이상 노인 8명을 대상으로 구비 조사를 통해 이 터가 1599년(58세)에 파직 당한 뒤 낙향하여 서미동 농환재로 옮겨가기까지 약 5-6년간 임시로 거처한 마을 어귀의 초당이라고 결론짓고 있다.

그러나 확실한 자료가 없기 때문에 그렇게 믿을 수만은 없을 듯하다.

어쩌면 서애 선생이 현재의 충효당 종택으로 이사하기 전 삼간초옥으로 살림을 나 살았다고 볼 수도 있을 것이기 때문이다. 선생의 분가는 1542년 의성 외가에서 출생한 뒤 생가인 양진당에서 어린 시절을 보냈고, 17세인 1558년 결혼을 한 뒤 이루어졌던 것으로 추정된다.

분명한 것은 현재 충효당 종택은 서애 선생 재세시에는 존재하지 않았다는 사실이다. 청백리에 뽑힘은 물론, 돌아가시자 집이 가난해 장례조차 제대로 치를 수 없었다는 청백했던 선생의 집이 이렇게 큰 규모일 리가 없기 때문이다. 그래서 관광객들은 그 점에 혼돈이 있어왔던 것도 사실이다.

서애 선생의 종택인 충효당은 선생의 손자인 졸재 류원지, 증손자인 류의하 대에 이르러 현재의 모습을 갖추었고, 병조판서를 지낸 8대손 류상조 대에 이르러 행랑채까지 완성되었다. 관광객들의 의문이 이제는 풀렸으면 한다.

2 농환재(弄丸齋) ── 서애 선생이 세상을 떠난 초가집

서애 선생은 지금의 종택인 충효당에서 돌아가시지 않았다. 선생은 58세에 조정에서 물러나 하회마을에서 사시다 64세 9월에 풍산읍 서미동에 초가삼간을 짓고 거처하셨고, 선조 40년(1607) 5월 6일 66세를 일기로 돌아가셨다. 그 집이 바로 농환재인데 지금은 집터만 남아 있다. 선생은 그곳 거처가 즐겁다는 의미로 〈농환(弄丸)〉이라고 지었다.

늘 자제(子弟)들에게 〈사람이 이욕(利慾)에 빠져서 염치(廉恥)를 잃어버리는 것은 모두가 족한 줄을 모르는 데서 나온 것이다. 이 집이 꾸밈이 없어 누추하지만 비바람을 가릴 수 있고 추위나 더위를 막을 수 있으니 더 이상 무엇을 구하겠는가. 사람이 자기가 처한 바에 따라 안정해 걱정스러움이 없다면 어느 곳인들 살지 못하겠느냐〉라고 했다.

선생이 서미동으로 거처를 옮긴 이유는 첫째, 고향 하회가 또다시 물난리를 겪어서 수목들이 대부분 없어지고 풍세가 어지러워 조양(調養)하기에 마땅치 못했고, 둘째, 서미동은 산중이라 찾아오는 손님들을 응접할 번거로움이 없을 것이라는 이유 때문이었다.

기록에 보면 선조 39년(1606) 65세 3월에 초당(草堂)이 완성되었으니 돌아가시기 1년 전의 일이었다.

서미동은 풍산읍에서 약 6km 북서쪽으로 들어가는 산간 오지 마을이다. 아직도 서미동을 찾아가면 농경사회 모습을 고스란히 간직하고 있다는 느낌이 든다. 그런데 농경사회에서는 사람들이 자연에 순응하고 화합하여 땀흘려 일하며 평화롭게 살았다. 달리 말하면 윤리가 통용되는 사회였다. 맑은 개울물과 곳곳에서 만날 수 있는 우물물, 그리고 군데군데 남아 있는 조왕단지들, 재래식 나무 베틀로 베짜는 모습, 조며 수수, 그리고 콩과 양대며 팥을 널어 말리는 장면들, 그런 평온한 농촌 어느 한 쪽에 서애 선생이 임진왜란 직후 은둔할 터를 잡았던 옛터가 남아 있는 것이다, 다만 나이든 분만 지점할 수 있을 정도로 말이다.

서애 선생의 서미동 우거 사실은 작고한 류시수(柳時秀) 씨가 지은 유허비문에 비교적 자세히 드러나 있지만 아직 유허비를 세우지는 못했다. 서애 선생이 세상을 떠났다는 소식이 전해지자 수많은 도성의 백성들이 선생이 살았던 옛집에 모여 통곡했고 조정에서는 3일간 조회를 폐하였을 뿐 아니라 시장의 상인들은 자진해서 하루를 연장해 4일간 철시했을 정도였다. 뿐만 아니라 조정의 중신들은 문서를 돌려 평생 청백하게 지낸 선생의 부의(賻儀)를 걷기도 했다.

서애 선생이 살았던 서울의 집터는 인현 1가를 가로지른 마르내(乾川) 상류인 충무로 4가 부근이었다고 한다. 선생의 은혜를 기리는 도성의 백성들은 선생이 세상을 떠난 뒤로 이곳을 지나면서 경의를 표해 이를 두고 〈마르내 보은(報恩)〉이라고 했다 한다.

새로 작은 집을 짓고 벽에다 쓰다(新成小舍題壁)

行年六十三 / 始得數間屋
經營今半歲 / 四面無牆壁
晨興對靑山 / 夜臥邀明月
人生苟知足 / 着處皆安樂
永念古人心 / 逍遙日復日

내 나이 예순 하고도 셋
비로소 삼간 초옥을 장만했다네
지금껏 반 년을 애썼건만
사면엔 담조차 치지 못했네
일찍 일어나 청산을 바라보고
밤 되면 누워 밝은 달구경
인생이란 족함을 알아야 하리니
발 붙이면 모두가 안락한 땅인걸
길이 옛사람들 마음 헤아리며
나날이 소요하며 지내네.

──『서애집』권2

 이 시는 서미동 우사(寓舍)인 농환재를 짓고 감회의 일단을 적은 것이다. 시에서 63세에 작은 집을 지었다고 하는 표현은 처음 혼자만 거처할 작은 집을 시점을 의미하고, 그 이후 연차적으로 집이 지어졌다고 추측할 수 있다. 또한 서미동에서의 선생의 생활은 은자(隱者)로서의 전형적인 모습 그 자체였다. 유유자적, 한적, 서정, 그리고 시(詩)가 있는 생활이었다. 짧기는 해도 일생 중에 가장 편안했던 시간이 아니었을까 하는 생각이 든다. 이 무렵의 모습을 잘 묘사한 시가 있다.

산중에서 일이 없어 아이들과 상수리를
주우며 농을 삼다(山中無事與兒輩拾橡偶吟爲戲)

朝出拾橡東山巓 / 暮出拾橡東山足
朝朝暮暮拾橡去 / 衣裳穿結脚不韈
今年橡林石結子 / 風飄滿地金丸落
老夫衰病不出門 / 尙爲資生謀口業
辛東日日不知疲 / 坐對筠籠時一噱
呼勤束薪西澗底 / 石鐺煮熟甘如蜜
食飽負手下庭行 / 自笑前時五鼎食

아침엔 동산 마루턱에서 상수리를 줍고
저물녘엔 동산 기슭에서 상수리를 줍네
아침 저녁으로 상수리 주우러 가니
옷은 다 해지고 다리는 맨발 그대로
올해는 상수리 열매 많이도 열렸구나
바람 불면 땅에 가득 금 알이 떨어지네
늙은 몸 쇠약해서 문밖 출입 않다가
그래도 살려고 먹을 것 도모한다네
날마다 부지런히 피로조차 모른 채
대바구니 마주대고 앉아 때로는 껄껄걸
아이 불러 시냇가 나무를 주어다가
돌 솥에 구워내니 그 맛이 꿀과 같아
배 부르면 뒷짐 지고 뜰로 내려가니
정승 시절 진수성찬이 절로 우스워.

——『서애집』 권2

충효당 노종부 무안 박씨는 이 한시 원문을 그대로 줄줄 외고 있다. 그 다음에는 국문으로 번역이 이어지고 이어서 자신의 체험을 전하는데 참으로 사실적인 느낌을 받았다.

실제로 서애 선생이 사시면서 이 시 작품을 남긴 무대는 아니었지만, 서애 선생이 10여 년간 거처하셨던 한적한 옥연정사에는 오래된 상수리 나무 여러 그루가 남아 있고 매년 많은 상수리가 달린다.

종부의 체험적 이야기는 『명가의 내훈』에 채록되어 전한다.

1965년 5월

할배가 오셔서 이런저런 이야기를 하시다가 『서애집』에 있는 시를 논하셨는데, 꿀밤에 대한 감상시를 외우시고는 도토리 이야기를 하신다. 그 이야기를 듣는 순간 나는 절실히 느끼는 것이 있었다. 자연에 대한 그 감정은 유·무식과 고금이 따로 없다고 느껴진다. 다만 그 감정을 잘 표현하고 못하는 그 사람의 문장 척도에 있지 그 느낀 감정만은 똑같다는 생각이 든다.

무엇인가 인간의 감정이 고금에 일맥상통하는 느낌이 들며 지난 가을 내가 아침 저녁으로 즐겨 줍던 도토리 생각이 역력히 떠오른다. 땅이 빨갛게 흩어져 있는 도토리를 줍는 그 재미란 이루 말할 수 없었다. 알밤을 줍는 느낌이었다. 하나하나 주워서 마루에 쌓고 마당에 쌓았다. 그 진미란 이루 헤아릴 수 없었다.

줍던 그 당시에는 나 혼자만이 느끼는 쾌감으로 알고 무엇하러 줍느냐고 묻는 사람에게 그 줍는 정취를 역설하였더니, 오늘 이런 옛이야기를 듣고 보니 나도 옛 현인들의 위대하신 감정을 일분이라도 본떠받은 듯한 느낌이 들어 스스로 기뻐마지 않으며 나는 대자연의 섭리를 한층 더 음미하고 싶다. 조선(祖先)의 위대하신 발자취를 이 자리에 더듬어 음미할 때 조선들의 탁월하신 인품……

서미동은 서애 선생이 거처하신 40년 뒤 청음 김상헌 선생이 운둔지로 다시 선택된다. 이후 그 두 분을 추모하는 행렬이 줄을 이었다. 그 분들 가운데 조선 중기의 학자인 고산(孤山) 이유장(李惟樟, 1625-1701)이 있다.

> 서미동으로 가 서애 류선생과 청음 김상국의 옛터를 찾고서
> (西美洞 訪西厓柳先生 淸陰金相國古墟)
>
> 西厓大業儒林重 / 石室瓊才藝苑香
> 舊跡尋來成感慨 / 叢篁蔓草小溪傍
>
> 서애 선생의 크나큰 업적은 / 유림들의 중망을 받았고
> 청음 선생의 재주는 / 예원의 향기 드리웠네
> 님의 옛 자취 찾노라니 / 내마음 느꺼워지는데
> 떨기 대나무며 칡넝쿨만이 / 작은 시냇가에 늘어서 있고야.
>   ——『고산집』 권2

  시를 지은 고산 이유장은 하회와 이웃한 풍산 우렁골에 세거하는 예안 이씨를 대표하는 조선 중기의 학자다. 서애 선생의 장손자인 졸재 류원지의 제자이기도 한 고산은 누구보다도 고결한 삶을 살았던 인물인데, 이러한 선비의 기상을 대산 이상정은 〈고고한 소나무요 마른 학〉이라고 평하기도 했다.
  그러한 삶을 살았던 선생이기에 이웃한 곳에 남아 있는 서애와 청음 두 선생의 옛터는 즐겨 찾을 만한 공간이었을 것이다. 그곳을 찾아 두 선생의 고결했던 삶을 되새겨 보는 일은 예나 지금이나 변함없이 의미 있는 일일 것이다. 그러나 유허(遺墟)가 표시되어 있는 청음까지도 우리에게 잊혀진 역사가 된 지금, 터조차 지적할 수 없는 서애 선생의 옛터를 통해 과연 어떤 교훈을 얻을 수 있겠는가. 잊혀진 유허를 이 한

수의 시를 통해 상기할 수 있는 것 자체가 다행이라 하겠다.

3 의장소(義庄所)와 그 밖의 소(所)들

여느 마을처럼 하회마을에도 사라진 것도 많다. 하회탈도 그렇고 풍남초등학교도 그렇다. 그중에서도 특히 아쉬운 것이 있다면 의장소(義庄所)를 손꼽고 싶다. 하회마을 사람들은 일제 시대까지도 길흉사 간에 경비 문제로 걱정하지는 않았다고 한다. 그것은 전적으로 의장소가 있었기 때문인데, 매년 500-700석이나 수입이 있는 부소(富所)였다는 사실만으로도 쉽사리 수긍이 간다. 심지어는 수입이 2000석에 이른 적도 있다고 한다.

의장소는 서애의 8대손으로 병조판서를 지낸 류상조(柳相祚)와 그의 종제(從弟, 사촌동생) 예조참판 이좌(台佐)와 이좌의 아우 고성 군수 철조(喆祚) 등 세 종형제분에 의해 조직되었다. 학서 류이좌의 문집인 『학서집(鶴棲集)』 권9에는 「의장절목서(義庄節目序)」가 남아 있다. 그 가운데 특히 의(義)를 강조하고 있는데 이런 대목이 있다.

> 관청의 법을 따르지 않으면 의가 아니요(官令不遵 非義也)
> 종족간에 화목치 않음도 의가 아니며(宗族不睦 非義也)
> 성이 나 싸우고 재판하며 관청을 번거롭게 함이 의가 아니다(忿爭鬪訟 以煩官廳 非義也)

학서공이 단적으로 지적한 「의장소절목(義庄所節目)」 가운데 이러한 구절은 오늘날에까지 시공을 초월하여 우리에게 가르침을 주고 있다.

그런데 어려운 마을 주민들을 도울 목적으로 설립, 운영되었다가 없어진 의장소가 생기는 데는 슬픈 사연을 간직하고 있다.

지금도 하회에 들어가자면 넘는 큰고개에는 열녀각이 서 있다. 그 열녀각의 주인공은 류홍춘의 부인 풍산 김씨로 남편이 세금을 내지 못해 안동부로 끌려가 고문을 받고 죽자 따라서 죽었다고 한다. 결국 가난이 한 젊은 마을 사람을 죽음으로 몰아넣은 것이었다. 이런 일을 막기 위한 장치가 절실히 필요했고 그러한 필요 때문에 생겨난 것이 의장소였다.

현재는 폐교된 풍남초등학교 터도 의장소의 옛터로서 기증된 것이라 한다. 인재를 기르기 위해 아낌없이 기증되었던 의장소 터는 폐교로 제 기능을 다하지 못한 채 의장소와 함께 사람들의 기억에서 사라지고 있다. 우리 안동 지방에는 의장소와 같은 기능을 담당하던 소(所)들이 많았다. 이름난 가문이라면 대개 한두 가지의 이 같은 장치를 마련해 두는 것이 상례였다. 무실의 전주 류씨 가문의 섬학소(贍學所)나 내앞 의성 김씨 가문의 문장답(文章畓)도 그 일례나 사라진 이런 아름다운 정신이 아쉽다.

하회마을 의장소의 경우는 일제 시대에 양진당 종손이 상당 부분을 없앤 것으로 알려졌는데, 그 대부분이 만주의 독립운동 군자금으로 은밀히 전달되었다는 이야기도 전해오고 있다. 물론 은밀히 이루어진 일이기 때문에 문중 내는 물론 향 중에서도 대단히 불초한 인물로 큰종가 종손이 지목되기도 했다 한다.

화수당(花樹堂)
동족간의 친목과 학문을 강론하고 예절을 익히려는 취지로 설립. 조윤형(曺允亨) 필로 쓰여진 현판만 영모각에 보관되고 있다.

양로소(養老所)
문중 부로(父老)들이 휴양할 수 있도록 하기 위해 설립.

섬학소(贍學所)

문중 자제들의 장학을 도모하기 위해 설립되었고, 1930년대까지 운영되었으나 재정난으로 그 기능을 잃었다.

영건소(營建所)

선조들의 종택이나 사당, 정사들을 수리하기 위해 설립되었다. 주요 기능을 상실하였고, 산림관리만 송계(松契)라는 형태로 명맥을 유지하고 있다.

동별소(洞別所)

혼례와 장례 때 상부상조하기 위해 설립. 별신제나 동제, 풋굿, 선유 및 도선장의 배, 앞나들의 가교, 마을 공용기물 등의 운용이나 관리를 담당했으나 다른 소(所)와 함께 그 기능을 잃었다.

4 국보급 하회화병(河回畵屛)

겸암과 서애 형제분의 부친인 입암 류중영(1515-1573)은 26세에 문과에 급제해 황해도 감사와 승문원 좌부승지 등 요직을 두루 역임한 분이다. 그에게는 정주목사 재임중에 완성된 하회화병이 있었다. 그림의 정확한 명칭은 「하외상하낙강일대도(河隈上下洛江一帶圖)」이다. 14년 고향 선배였던 퇴계 선생이 쓴 시와 서문에 비교적 소상하게 그 내용이 드러나 있다. 이러한 내용은 풍산 류씨 대종택[養眞堂] 대청에 드높게 게판되어 있다.

「제류언우하외화병병서(題柳彦遇河隈畵屛幷序)」
　풍산 류언우(柳彦遇 : 입암의 字)가 정주에 머물렀을 때 병풍 한 틀을 만

사진 9-1 화회화병 현판

들어 하회마을과 낙동강 일대를 그렸으니, 하회는 공의 전원(田園)이 있는 곳이었다. 여기에다 멀리 벼슬하면서 고향으로 돌아갈 생각을 부친 것이다. 이때 조사(詔使)로서 한림(翰林) 성헌(成憲), 급사(給事) 왕새(王璽)가 오게 되어 동래(東萊) 정임당(鄭林塘) 길원(吉元)은 영위사(迎慰使)로, 중원(中原) 박사암(朴思庵) 화숙(和叔)은 원접사(遠接使)로, 영가(永嘉) 김낙곡(金駱谷) 운보(雲甫)는 관찰사(觀察使)로, 전성(全城) 이대중(李大仲),[1] 영성(寧城) 신군망(辛君望)은 종사(從事)로서 용만에 가서 기다리면서 이 병풍을 보자 모두 완상(玩賞)하고 제영(題詠)을 했으니 실로 한때의 성사(盛事)

---

1) 李海壽(1536-1598). 조선 중기의 문신. 본관은 전의(全義). 자는 대중(大仲) 호는 약포(藥圃). 영의정 탁(鐸)의 아들. 1563년 알성문과에 급제, 도승지, 대사간, 대사성, 부제학 등 직을 지냈다. 성격이 강직 단아하고 시와 글씨에 뛰어났다. 이조판서에 추증되었다.

인 동시에 만나기 어려운 행회(幸會)였다. 이해 겨울(선조 원년, 1568년 11월) 언우가 임소를 떠나 서울에 왔으나 얼마 안 되어 청주목사로 부임할 때, 출발하는 날 이 병풍을 내게 보이고 뒤를 이어 제(題)하기를 간곡히 청했다. 나는 그가 떠나감을 참으로 애석하게 여겼으나 붙들 계책도 없거니와, 또한 나의 작은 별업이 역시 하회의 상류에 있었으나 한 번 나왔다가 아직 돌아가지 못한 채 한 해가 저물어 감에, 그림을 펴 손가락으로 짚으며 더욱 개탄을 금치 못했다. 인하여 이별의 뜻을 추후에 서술하여 소감을 아울러 근체시 두 편을 읊어서 청주에 보내고 눌러 병풍 위에 제하여 청주의 둘째 자제 검열랑(檢閱郎, 西厓 柳成龍)군에게 보내는 바이다…….

입암은 선조 원년인 1568년 8월 정주목사의 임기가 만료되었고 서울로 돌아와 있다가 이내 청주목사로 나갔다. 낙동강 줄기의 위(陶山)와 아래(河回)라는 지리를 끈으로 벼슬을 버리고 고향에 돌아갈 두 사람의 뜻은 통할 수밖에 없었다. 자세히 그린 그림을 통해 그리운 고향을 이역 만리 서울에서 만난 퇴계의 감회는 남달랐을 것이다. 아울러 을사사화(乙巳士禍)를 겪은 나머지 양심적인 인물들은 늘 외직으로 내치는 그런 불합리한 현실이 유쾌할 리 없었다. 그러한 시점에서 병풍까지 보내며 그곳에 간곡히 시 한 수를 적어달라는 입암의 청을 거절할 까닭이 없었다. 그래서 시를 적어 제자인 서애를 통해 임소인 청주로 보낸 것이다.

시는 최근에 비로소 편언척자(片言隻字)를 모아 발간한 『입암집』과 『퇴계집』 내집 권5에 수록되어 전한다. 퇴계의 시를 소개하면 다음과 같다.

    定民方詠去思吟 / 又佩湖州印去今
    臺閣剩員難寄足 / 壑溝多瘠更關心
    風流洛舍時看畵 / 曠蕩天門幾撫襟

我亦出山乖遠志 / 一屛相對意難禁

정주고을 백성 / 가신 님 그려 노래하는데
호남 고을 인끈 차고 / 오늘 또 떠나시네
조정에는 관원 넘쳐 / 발 붙일 곳 없는데
도탄에 빠진 백성에 / 다시 마음 쏟는구나
풍류 있는 서울 집에선 / 그림 가끔 펼치고서
활짝 트인 구중궁궐에 / 옷깃 몇 번 여몄던고
나 또한 산을 나와 / 원지(遠志)에 어긋났는데
병풍을 대하고서 / 느낌 금치 못했구려.

洛上河隈擅勝名 / 公曾於此占鷗盟
幾年遊宦憑歸夢 / 他日丹靑感列英
滿意烟波常在目 / 一毫榮辱可忘情
因君起我江源興 / 欲赴春風返舊耕

낙동강가 하회마을 / 이름 높은 승지인데
님은 진작 이곳에서 / 자연과 벗했었지
벼슬살이 몇 해 동안 / 돌아갈 꿈꾸었던가
다른 날 이 그림에 / 뭇 사람 생각나리
뜻에 가득한 물결 / 언제고 눈에 삼삼
추호 같은 영욕이야 / 쉽사리 잊으리라
님으로 인해 / 강호의 흥 절로 이니
봄바람 따라 얼른 / 고향으로 돌아가고파.

——『퇴계집』

퇴계 선생의 서문으로 보아 이 병풍은 하회는 물론 하회 상류 낙동강 줄기의 유명한 곳을 비교적 자세히 그렸던 것 같다.

또 한 편의 차운시(次韻詩)가 있다.

임당(林塘) 정유길(鄭惟吉, 1515-1588)이 선조 원년(1568) 7월 경상도 관찰사에 배명되었다. 이때 임당은 54세였고 입암과는 정동갑이었다. 임당은 중종 33년(1538) 24세로 알성문과에 장원으로 급제한 뒤 여러 청요직(淸要職)을 거쳐 좌의정에 이른다. 입암보다 2년 먼저 문과에 급제한 그는 74세를 일기로 세상을 떠났으니, 16년이나 더 산 셈이다. 생년이 같은 분으로 소재 노수신, 임당 정유길 그리고 입암이 있는데 두 분은 모두 정승에 이르렀다. 퇴계 선생이 입암의 죽음을 아쉬워했음에도 평소의 경세제민(經世濟民)의 포부를 충분히 펴지 못하고 떠난 데 있었을 것이다. 결국 입암이 수(壽)만 하였다면 정승에도 이르렀다는 추론이 가능하다. 임당이 남긴 시는 이러하다.

의주 류목사 중영 향산별서도(義州柳牧使仲郢鄕山別墅圖)

洛江淸漲欲侵扉 / 千里帆檣到此稀
鳥嶺山川通氣候 / 龍宮樹木雜烟霏
地從畫筆來窮塞 / 人在塵繮夢舊磯
一曲桑麻知保里 / 何綠同駕鹿車歸(知保龍宮地名)

낙동강(洛東江) 물 불어 / 삽짝까지 왔는데
천리 길이라 이곳까지 / 배 대기 어려우리
조령(鳥嶺) 산천까지 / 기후가 통해 있고
용궁(龍宮)이라 수목들엔 / 노을이 끼어 있네
땅은 그림 붓으로 / 변방에까지 오게되었고
사람은 티끌 세상에서 / 고향을 그리도다
일곡(一曲)이라 / 뽕나무 삼밭 있는 지보(知保)린데

어찌해야 함께 / 수레 타고 돌아갈꼬.
——『임당유고(林塘遺稿)』上,「題詠錄」

　　진작 문과에 급제하여 벼슬길에 나온 동갑내기인 임당 정유길, 집안으로 보면 그는 입암에 비할 바가 아니다. 영의정을 지낸 문익공 정광필의 손자요 강화부사를 지낸 복겸의 아들로 태어난 그였다. 문장도 능해 양관대제학(兩館大提學)을 지냈으며 글 잘하는 중국 사신과는 지기지우(知己之友)로 지냈을 정도였다. 글씨에도 능해 〈임당체(林塘體)〉가 있을 정도다. 또한 그가 세상을 떠났을 때는 졸기(卒記)까지 남아 있을 정도로 비중 있는 인물이었다.

　　우의정 정유길(鄭惟吉)이 졸하니 나이 74세였다. 유길의 자는 길원(吉元), 호는 임당(林塘)으로 정광필(鄭光弼)의 손자이다. 재주와 풍도가 있어 일찍부터 훌륭한 명성을 드날려 세상의 추중(推重)을 받았다. 그러나 천성이 화유(和裕)하고 엄하지 아니하여 권간(權奸)이 용사(用事)할 때를 당하여 이견을 표시하는 바가 없었으므로 사론(士論)이 이를 이유로 가볍게 여겼다. 만년에 다시 등용되어 자주 공격을 받았으나 상의 권고(眷顧)가 쇠하지 아니하여 공명을 누린 채 졸하였다. 아들 정창연(鄭昌衍)이 계승하여 경상(卿相)이 되니 문호의 성대함이 국조의 으뜸이 되었다.
——『선조수정실록』, 선조 21년 9월 1일조

　　임당의 이 차운시는 친구의 「낙동강상하일대도」를 통해 자신의 고향을 그리는 마음을 마음껏 노래한 특징이 있다. 시에 보이는 용궁(龍宮)과 지보(知保)는 지금도 남아 있는 예천군 지역의 고을 지명이다. 당시로는 용궁현 소속이었다. 작자는 중종 10년(1515) 11월 임자일에 서울 회현방(會賢坊)에서 태어났으나 그 뿌리는 예천 삼수리(三樹里)에 두고 있다. 자신의 조부가 그곳에서 태어났기 때문이다. 완담향사(浣潭鄕祠)[2]

에는 임당의 조부를 비롯해 5대조인 결성공(結城公) 정귀령(鄭龜齡)까지 모셔 지금까지 제향하고 있는 점으로 미루어보아도 임당의 고향이 이곳임을 알 수 있다. 이곳이 낙동강 하류에 속해 첫 폭에 그려져 있었다. 그 그림이 객고에 시달리는 임당의 마음을 사로잡았던 모양이다. 그래서 함께 벼슬을 떠나 고향으로 돌아갈 날을 상상해 본 것이다.

당연히 이 병풍은 양진당인 입암고택에 보관되어 있어야 함에도 현재는 그렇지 못하다. 임진왜란 병자호란 그리고 일제와 한국전쟁 등 숱한 전란을 겪었음은 물론 수차의 대홍수를 입었기 때문에 없어진 정도로 추정될 뿐 구체적인 기록은 없다. 영조 18년(1742) 입암의 7대손 양진당 류영(柳泳, 1687-1761)이 현판 끝에다 쓴 내용으로, 〈임진왜란 당시 벌써 병풍과 제영한 대부분의 시편(詩篇)들을 잃어버렸고 다만 임당 정유길의 작품만 남아 있다〉고 한 것만 보아도 이 화병의 운명을 짐작할 수 있다.

당시의 문장(文章) 거벽(巨擘)들의 차운시와 화공을 시켜 그렸다는 그림의 수준 및 임진왜란 이전이라는 제작 시기를 고려한다면 국보급 문화재임에 틀림없을 것이다.

5 졸재 선생의 가르침

서애 선생의 8대손인 학서(鶴棲) 류이좌(柳台佐)공의 문집에 보면 또 다른 병풍 이야기가 나온다. 그러나 이 병풍 역시 남은 것이 없다. 다행히 탁본으로라도 남아 있다면 그것을 바탕으로 하여 목판에 다시 새겨

---

2) 선조 원년(1568) 7월 경상도 관찰사에 배명된 임당은 고향을 방문해 5대조의 분묘를 찾고, 사림들과 함께 옛터에 祠宇를 세워 2년 뒤인 선조 3년(1570) 3부자 분의 위패를 봉안했다. 그러나 25년만에 임진왜란으로 재사와 사우가 모두 소실되었다. 이것이 三樹里社였다. 현재 위치는 醴泉郡 豊讓面 靑谷里 別谷村이다.

 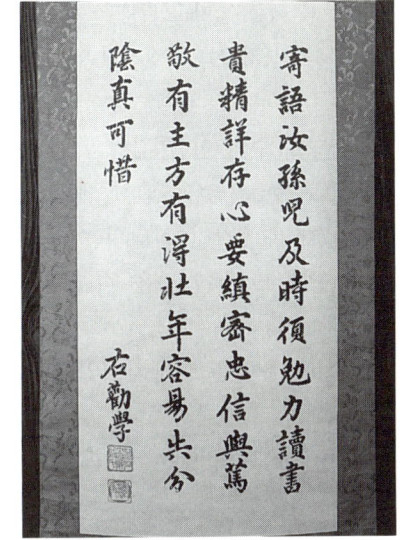

사진 9-2 권학시 시판   사진 9-3 권학시 탁본

많은 사람들에게 하회의 가르침으로 전해줄 수 있을텐데 지금까지는 어디까지나 희망일 뿐이다.

이 병풍서는 모두 9수의 한시로 구성되어 있는데, 그것을 지은 분이 서애의 장손자인 졸재 류원지요, 그것을 병풍서로 써서 목판에다 새긴 분이 회당 류세철이다.

서애의 손자요 학서로 보면 6대조인 졸재(拙齋) 류원지(柳元之, 1598-1674)공은 하회뿐 아니라 영남에서 학문과 행검으로 이름이 높았다. 따라서 겸암(謙菴)과 서애(西厓) 형제분으로부터 심학(心學)의 요체는 물론 충효(忠孝)의 전통을 가장 잘 이어받았던 후손이 바로 졸재라는데 이론의 여지가 없다. 당연히 졸재공이 후손들에게 끼친 영향은 지대하다. 그런 졸재공이 시 아홉 수를 지어 자손들에게 경계한 일이 있다. 그 아홉 수의 시 제목은 이러하다.

9 지금은 사라진 것들 205

돈목(敦睦)·자수(自守)·섭세(涉世)·산거(山居)·자책(自責)·권학(勸學)·독서(讀書)·자성시아배(自省示兒輩)·재시손배(再示孫輩).

이 아홉 수의 시를 겸암의 증손으로서 졸재의 재종질(再從姪)이며 문인이기도 한 회당(悔堂) 류세철(柳世哲, 1627-1681)공이 손수 써서 역시 문인이며 재종질인 회당의 아우 우헌(寓軒) 류세명(柳世鳴, 1636-1690)에게 명해 발문(跋文)을 적게 한 뒤 목판(木板)으로 새겨 병풍으로 만들었다.

회당과 우헌은 형제간이었으나 형인 회당은 겸암 선생의 장손 원직(元直)에게로 출계하였다. 곧 하회 대종택의 주인이 된 것이다.

우헌 류세명의 발문이 『졸재집』 권1 아홉 수의 시 뒤에 올라 있다.

이 아홉 수의 시는 각기 편목(篇目)[3]이 있으니 나의 재종숙부이신 졸재 선생께서 자손들에게 보이기 위해 지으신 것이다. 상자 속에 보관되어 오는 작품은 유묵(遺墨)이 아직도 새롭게 느껴질 정도였다. 형님인 좌랑공(佐郞公)께서 마침 적라(赤羅)의 사또가 되어 이 작품들을 오래 전하도록 꾀하고서 직접 잘 쓰고 그것으로 새겨서 병풍을 만들어 늘 보고 외우는데 편리하게 하였다. 그리하여 내게 발문(跋文)을 명한 것이다.

생각해 보니 선생의 평일의 논저(論著)들은 그 모두가 후인들을 위한 것이었다. 이 시를 지은 것도 당시 선생의 춘추가 이미 74세나 되었을 때였다. 스스로를 경계한 뜻이 독실하여 늙어서도 조금도 해이함이 없었으며, 남겨준 가르침은 사안에 따라 깊고도 절실하여 후세 사람들이 이것을 얻어서 감상해 보면 마치 큰 보물을 얻은 것과도 같을 것이다…….

── 정사년(1677, 숙종 3년) 초봄 족질(族姪) 류세명(柳世鳴) 근지(謹識)

---

3) 각 시 작품 마다의 제목

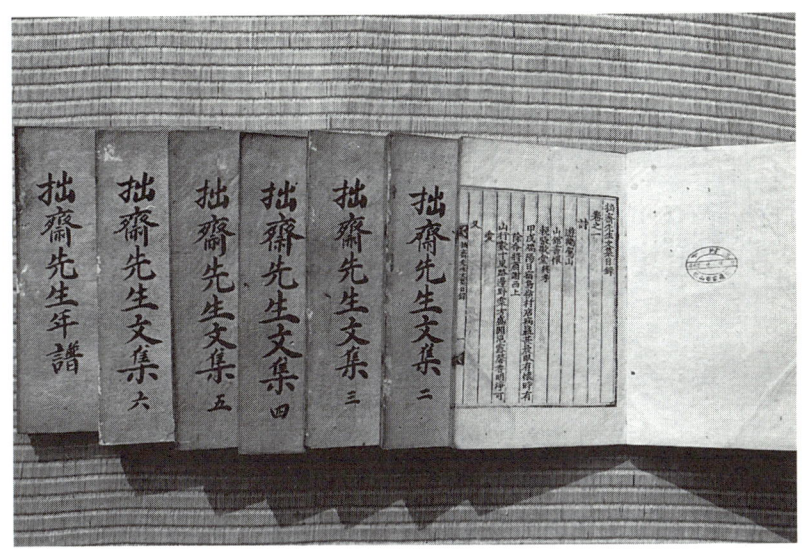

사진 9-4 졸재선생문집 목판본

이 아홉 수의 시를 병풍으로까지 만든 이유는, 자손들로 하여금 그것을 보고 외우게 하려는 데 주된 목적이 있었을 것이고, 궁극적으로는 스승의 말씀을 준행(遵行)하여 충효(忠孝)로 이어오는 가문의 전통을 길이 지키기 위함이었을 것이다.

서애 선생의 8대손인 학서공은 〈졸재(拙齋)와 회당(晦堂) 양 선조 후손이 되는 사람들은 이 말씀을 큰 보배로 여겨 가법(家法)을 어그러뜨림이 없게 하라. 그러나 근래에는 학술이 점차 소루해지고 전형(典型)이 없어졌다〉고 개탄해 마지 않았다.

이러한 걱정스러운 현실에서 학서의 족질(族侄)인 이호(彛好)라는 분이 정자에 거처하며 글을 읽다가 이 시와 발문을 찍어서 병풍 하나를 만들어 좌우에 펼쳐놓고 그 실천에 힘썼던 모양이다. 이는 매우 희망적인 일로서 학서공으로 하여금 이 병풍에 의미를 다시 요약 정리한 글을 짓게 했던 것이다. 학서는 끝 부분에서 제발(題跋) 속에 있는 〈겸졸(謙

拙))이란 두 글자가 〈오가전습지학(吾家傳習之學)〉임을 명시하고 아울러 이호(彛好)공의 거실 이름을 〈수헌(守軒)〉이라고 짓고 있다.

이 병풍 목판은 대종택에서 전해오고 있는데 목판 더미 속에서 우선 두번째 작품인 자수(自守)와 여섯번째 작품인 권학(勸學), 그리고 마지막 작품인 재시손배(再示孫輩)만 발견하였다. 물론 선생의 문집인 졸재집에는 모든 작품이 수록되어 전하고 있다.

우헌공이 발문을 쓴 숙종 3년(1677)을 기준으로 이 목판의 연대를 산정해 보면 320여 년이나 된 유물임을 알 수 있다. 나머지 3장의 목판도 하루 빨리 발견되었으면 하는 마음 간절하다.

목판으로 남은 세 편의 한시 작품을 탁본으로 찍어 소장한다면 그것은 하회를 찾은 또 다른 기쁨이요, 보람이 될 것이다. 다만 320여 년이나 된 가보로 전해오는 목판이기 때문에 대량으로 찍어낼 수 없다는 아쉬움이 있다. 이 탁본 작품은 마치 직접 글씨를 쓴 듯한 생동감이 넘쳐 흐른다. 따라서 족자로 표구를 해 서재에 걸어두고 들며나며 읽어본다면 자신도 모르는 사이에 그 가르침이 몸에 배게 될 것이다.

행서로 쓰여진 글자는 비교적 판독이 용이하다. 목판으로 남아 있는 세 수의 시를 번역하면 다음과 같다.

스스로를 지킴(自守)

淸白傳家寶 / 慇懃愼莫違
休敎論得失 / 須與辨危微
義勝貧何戚 / 神淸道自肥
苟能守本分 / 無辱亦無非

청백은 우리 가문의 전해오는 보물
그것을 잘 지켜 어기지 말지라

가르침에는 득실을 논하지 말지니
모름지기 위미(危微)를 분변해야 하리
의(義)가 넉넉하니 어찌 가난이 근심되며
정신이 맑으니 도가 절로 살찌는 듯
진실로 나의 본분을 닦는다면야
욕됨도 없고 또한 잘못됨도 없으리.

학문을 권함(勸學)

寄語汝孫兒 / 及時須勉力
讀書貴精詳 / 存心要縝密
忠信與篤敬 / 有主方有得
壯年容易失 / 分陰眞可惜

너희 후손들에게 말하노니
부디 젊은 시절에 노력하거라
독서는 정밀하고 자세해야 하고
마음은 세심하고 삼가야 되느니
충신(忠信)과 독경(篤敬)이란 것은
주장하는 것이 있어야 얻을 수 있는 것
한창 때는 쉽사리 지나가나니
한치의 여가라도 진정 아껴써야 하리라.

다시 손자들에게 줌(再示孫輩)

乃祖老無成 / 可戒不可學
我老雖已晩 / 尙欲强鞭策

況汝年方少 / 壯盛富有力
急須相勉勵 / 莫作窮途客

네 할아비는 늙도록 이룬 게 없구나
경계를 할지언정 이제 배울 수는 없구나
나는 비록 늙어 만년에 이르렀으나
아직도 회초리를 들고자 하노라
하물며 너희들은 연소한지라
장성하고 힘도 넉넉할 테지
급히 서로 힘쓰고 격려하여서
늘그막에 걱정하는 나 같은 사람 되지 말거라.

6 해동보첩

안동 하회마을에는 많은 인물이 배출되었다. 그런데 그 인물들은 권문이요 세가가 아니라 모두가 조상이 드리워준 충효와 학문의 전통을 잘 이어받들려는 분들이었다. 자연히 학문이 끊어지지 않았고 서법에도 일가를 이루었을 뿐 아니라 그와 같은 수준으로 감식력도 겸비한 분들이 대부분이었다.

이런 인물들이 손수 남기거나 교류를 통해 받았던 편지들, 고문서들 그리고 좋아서 어렵사리 구한 명현 명필들의 글씨며 그것을 표구해 첩자 형태로 만든 서첩들이 한우충동으로 쌓여 있었을 것이다.

그러나 지금은 충효당을 제외하고는 하회마을 내에서는 이러한 자취를 찾기 어렵게 되었다. 그렇지만 위에서 언급한 내용은 의심할 나위 없다는 것을 북촌 주인이었던 학서 류이좌공의 글을 통해서 짐작할 수 있다.

다만 이렇게 간절하게 당부했던「해동보첩(海東寶帖)」역시 지금은 그 행방을 찾을 수 없음이 안타깝다. 전문을 번역하면 아래와 같다.

내가 어렸을 때 아우(奭佐)와 서울로 시험을 보러 간 적이 있다. 그때 길가에서 어떤 사람이 떨어진 서첩을 가지고 팔려고 했다. 내가 말 위에서 그것을 펴보니 바로 양봉래(楊蓬萊, 士彦, 1517-1584), 송이암(宋頤菴, 寅, 1516-1584), 이아계(李鵝溪, 山海, 1538-1609), 한석봉(韓石峯, 濩, 1543-1605), 이옥산(李玉山, 瑀, 1542-1609)의 글씨였다. 옥산(玉山)은 김수우(金守愚)를 위해 그 끝에다 지(識)를 쓴 사람이었다.

나는 그것을 사서 중군(仲君 : 아우)에게 주었다. 중군은 평소에 글씨를 아주 좋아했던 터라 뛸듯이 기뻐하며 그것을 싸서 가지고 와서는 잠시도 손에 놓을 줄 몰랐다. 또한 중군은 초서(草書) 몇 폭을 그 아래 면에다 써두기까지 했다. 몇 년 뒤인 계해년에 중군은 세상을 버렸고 또 몇 년만인 을미년에 중군의 아들이 세상을 떠났다. 나는 슬픔을 이기지 못하고 서책을 들춰보니 오래 묵은 책고리 속에서 이 책이 나왔다. 중군은 손수 배접을 했고 그 표면에다 〈해동보첩(海東寶帖)〉이라고 써두었다.

오현(五賢)들의 서법에 있어서의 명성은 중국에까지 알려졌고 부인들조차 전송하는 터수라 중군이 그것을 아끼고 즐겨서 붓을 휘둘러 그 끝에다 이어 썼으니 이 첩이 어찌 보화가 아니겠는가. 후세의 자손들은 나의 지극한 뜻을 잘 헤아려 훼손시키거나 잃어버리지 말아라.

—『학서집』, 「해동보첩후지」

학서의 아우인 류석좌(1768-1803)는 순조 3년에 36세를 일기로 세상을 떠났다. 공은 위의 글에서도 드러나 있지만 백씨인 학서공과 함께 학문에 전념했을 뿐 아니라 과거시험에도 빠지지 않고 다녔다. 실제로 정조 19년(1795)에 28세로 증광생원시에 합격해 장래가 촉망되었던 인재였다.

이옥산은 율곡 선생의 아우인데 진사시에 합격한 뒤 여러 관직을 거쳐 광해군 1년에 군자감정에 이르렀다. 그는 모친인 신사임당의 재능을 그대로 이어받아 시서화(詩書畵)는 물론 거문고에까지 능하여 〈사절(四絶)〉이라 불릴 정도였다.

이암 송인은 자가 명중(明仲)이고 호는 이암(頤菴)인데 영의정 송일의 손자이다. 중종의 셋째 딸 정순 옹주(貞順翁主)에게 장가들었는데, 송일의 훈공을 물려받아 봉군(封君)되었다. 그는 사람됨이 단정하고 순수하고 겸손하고 근실하였으며 좋은 환경에서도 가난한 사람처럼 살았다. 젊어서부터 경학(經學)에 통달하고 예학(禮學)에 밝아 퇴계 선생과 율곡 선생 등 당대의 대학자들과 강론하였다. 문장이 뛰어나고 해서(楷書)를 잘 써서 한 시대의 으뜸이었기에, 공사간의 금석문(金石文)은 모두 그에게 부탁할 정도였다. 안동의 경우 농암 이현보 선생의 신도비 글씨도 공이 쓴 것이다. 풍채가 빼어난데다 예절에 익숙하였으므로 대신 노수신 등은 〈송인이라면 파격적으로 예조판서나 대제학을 맡길 만하다〉고 평하였다. 향년 69세에 세상을 떠났다. 여성군(礪城君)에 봉해졌고 시호는 문단(文端)이다.

아계 이산해의 경우도 이암에 못지않게 글씨로 명성이 있었던 사람이다. 그는 명종 대에 예조에서 글씨를 잘 쓰는 아홉 사람 가운데 한 사람으로 뽑일 정도였다. 그 역시 해서는 물론 초서에 뛰어났다.

끝으로 한석봉의 경우는 글씨로 너무나 알려진 역사 인물이다. 조선 선조 당시에 오간 홍미로운 대화를 통해 한석봉의 글씨 수준을 짐작할 수 있다.

상이 이르기를, 〈우리나라 사람은 글씨 획이 매우 약하고 중국은 필력이 강하다. 우리나라에서 글씨에 능통한 사람으로는 한호(韓濩)만한 사람이 없으나 그도 미진한 점이 많다. 주사(朱使, 朱之蕃)가 작은 부채에 「난정기(蘭亭記)」를 썼는데 작은 글씨가 매우 정묘하였다. 우리나라의 글씨에 능통한 자라도 어찌 그에 미치겠는가. 다만 큰 글씨는 작은 글씨처럼 정묘하지 않았다〉 하니, 유근이 아뢰기를,

〈주사가 한호의 글씨를 보고, 이것은 난정기와 흡사하니 비록 옛날 글씨를 잘 쓴 자라도 이보다 나을 수 없을 것이라고 칭찬하였습니다〉 하였다.
——『조선왕조실록』

국왕인 선조는 한석봉의 글씨에 대해 모자람이 있다고 평했으나 도리어 중국의 사신인 주지번은 왕희지의 수준에 도달한 최상의 글씨임을 인정한다.

이처럼 우리나라를 대표할 만한 서첩이 하회에 있었으나 지금은 그 행방조차 알 수 없음이 안타깝다.

7 멋스러운 반송이 남은 교정 풍남초등학교

마을에 문화적인 영향을 끼쳤던 풍남초등학교는 1914년에 개교한 이래 많은 인재를 배출했다. 병산서원과 화천서원이 인재양성이란 한 기능을 상실하면서 그 역할을 대신한 풍남초등학교는 설립 당시부터 이미 마을로부터 물심 양면의 지원을 받았다. 그 전신은 사립 동화학교(東華學校)라는 중학 과정의 학교였다. 이 학교는 원래 마을의 자치 구휼 기관이었던 의장소의 기금으로 이루어졌다고 한다. 풍남초등학교 대지가 풍산 류씨 동족 조직인 화수회의 집회소였던 화수당(花樹堂) 자리라는 사실이 이를 뒷받침한다. 화수당 현판은 유물 전시관인 영모각에 보관되고 있다. 1919년 3·1 운동 당시 학교 운동장에서 학생들을 중심으로 인근 애국지사들의 독립만세운동이 일어나자 일제는 강제로 이 학교를 폐교시켰다. 그후 같은 해 9월 1일 풍남공립보통학교가 설립되었다. 개교 당시의 학생 수는 73명으로 4년제 2개 학급으로 편성되었다가 3년 후에는 6년제로 바뀌었다. 1938년 4월 1일자로 풍남공립심상소학교로 교명이 변경되었다. 해방 뒤 1945년 9월 25일 6학급에 455명이

사진 9-5 반송

재학했으며 1972년 인근 광덕초등학교의 승격과 이농 현상으로 1990년 말에는 4학급 43명으로 급격히 교세가 약해졌다. 풍남초등학교는 면내에서 가장 오랜 역사를 지닌 학교였으나 지난 1991년 3월 1일 풍서초등학교로 통폐합되었다. 1991년 2월 19일까지 70회 3227명의 졸업생을 배출했다.[4]

1995년 3월 1일 교문에 세운 〈교적비〉에는 〈풍남국민학교는 1919년 9월 1일 개교하여 졸업생 2266명을 배출하고 1991년 3월 1일 폐교되었음〉이라고 경상북도 교육감 명의로 기록하고 있다. 졸업생 숫자에 엄청난 차이가 있다.

개교 70년사 한 권조차 남기지 못하고 교정 곳곳에 많은 졸업생들의 어린시절 추억만 남긴채 문을 닫아 흉물스럽게 남아 있다.

---

4) 안동교육청, 『안동교육사』, 1993, 기록.

역대 교장(일제 시대 제외)

역대	성명	발령일자
1	류시원(柳時原)	1946. 1. 31
2	류시욱(柳時昱)	1948. 3. 11
3	류시원(柳時原)	1952. 7. 10
4	김화진(金華鎭)	1956. 3. 31
5	장 돈(蔣 燉)	1961. 4. 17
6	김세연(金勢淵)	1963. 3. 1
7	권석형(權錫衡)	1965. 6. 25
8	조도석(趙道錫)	1970. 3. 1
9	이방걸(李邦杰)	1972. 3. 5
10	민병훈(閔丙塤)	1974. 3. 1
11	이원택(李元澤)	1976. 3. 1
12	김시양(金時洋)	1978. 3. 1
13	오상원(吳相元)	1983. 3. 1
14	정준영(鄭峻永)	1983. 9. 1
15	김건소(金建韶)	1985. 3. 1
16	류진하(柳鎭夏)	1989. 3. 1
17	류기하(柳紀夏)	1990. 3. 1

교가

임기원 작사/유병무 작곡

높푸른 소나무숲 눈비 이기고/ 부용대 높은 벼랑 바람을 막네
긴 역사 오랜 전통 이어온 모교/ 우리는 자랑스런 풍남 어린이

옛 성현 바른 정신 귀감을 삼아/ 스승의 가르침에 큰 눈을 뜨네
바르게 슬기롭게 자라는 우리/ 영원히 번영하리 우리 풍남교

8 부휴정(浮休亭)

원지산 남록의 옛 이름이 부휴산(浮休山)이었는데, 이곳에 겸암 류운룡의 아들 낭천현감을 지냈던 류기의 정자가 있었다. 낭천현감은 부휴산인(浮休散人)이라고 자호했다. 그는 진작 조정에 나아가 벼슬해 재주와 학문으로 추중을 받았으나 혼조의 난정을 목도하자 모든 것을 버리고 낙담하여 이곳에 정자를 짓고 학문과 후진양성에 전념했다. 수백 년 뒤 퇴락한 정자를 8세손 수헌(守軒) 류의목(柳懿睦)이 당시에 중창하기도 했으나 현재는 옛 터만 남아 있을 뿐이다.

9 남애서숙(南厓書塾)

풍천면 광덕 2동 앞개 입구 백율원 구지(舊址)와 접한 곳에 있었던 서당으로, 수헌(守軒) 류의목(柳懿睦)이 지었다. 그는 이곳에서 아우인 류진탁(柳進鐸)과 조카인 류도관(柳道貫) 등 문중 자제들과 독실하게 강학했다. 헌호는 수헌(守軒)이었다. 수헌은 화천서원 기문을 남긴 분인데, 겸암파로 양진당 류영(柳泳)의 아우인 류양(柳瀁)의 증손이다. 남애(南厓)라는 이름은 입재(立齋) 정종로(鄭宗魯)가 제자인 수헌을 위해 지어준 것이었다.

10 새로 생겨난 공간들

1 연화사(蓮花寺)

하회마을 내에는 아담한 사찰이 있다. 하회마을의 진산인 화산 품안에 포근히 잠자는 듯한 연화사는 일견하기에는 조그마한 암자의 모습이다.

유수한 사찰을 제외하고는 절의 역사가 잘 정리되어 있지 못하다. 또한 같은 마을에 있으면서도 마을의 진산인 화산 한 쪽에 자리잡고 있어서 일반인들의 발길이 쉽사리 닿지 않는다. 또한 관광객 입장에서 보더라도 하회마을과 사찰을 연결할 고리가 발견되지도 않기 때문에 특별한 경우가 아니면 찾아보기 어렵다.

그러나 연화사까지 오르기만 해도 마을의 전경이 새롭게 보이니 절도 찾고 마을의 전경도 보고 등산 겸 산보도 되니 일거 삼득의 효과가 있기에 이곳을 찾아보라고 권하고 싶다.

실제로 하회마을은 불교와 상당한 관계가 있다. 600여 년이 넘는 하

사진 10-1 연화사

회마을 역사는 아직까지 마을 곳곳에 불교 유물 유적들이 남아 있다. 또한 하회탈놀이에도 불교 문화의 흔적이 남아 있음을 알 수 있다.

필자는 연화사의 창건이나 역사를 알고 싶어 몇 번이나 이곳을 찾았으나 시원한 답을 듣지 못했다. 그런데 어느 날 뜻밖에도 독실한 불교 신자인 양진당 노종부를 통해 흥미로운 이야기를 들을 수 있었다.

해방이 된 디에 절 지을 계획을 했습니다. 우예든지 절을 지을라꼬 갖은 노력을 했는데, 참말로 절은 절로 된다그디 그 말이 참말이디더. 그 말만 믿고 안 댕기는 데가 없시 탁발을 댕겠는데, 점심도 안 먹고 조밥 한 덩거리에다 수건을 해 쓰고 여러시 댕겠는데, 풍산이고 노동이고, 안질이고 안댕겠는데가 없었니더. 그래가주고 탁발을 해서는 절터를 탑골로 잡았니더. 탑골은 본데부터 탑이 있었다꼬 그렇게 불렀잖니껴. 이전에는 절이 분명히 있었겠지만 신행을 와서 보이 절이라고는 흔적도 없디더. 그래서 아 내가 절을 지어야 될따 하고 생각했는데, 수덕사의 노승인 기재 스님과 윤 보살이 하회에 왔잖니껴. 참 다행이따 싶어 협의를 해서 짓기 시작했니더. 윤 보살은 우리 집에 이전부터 다녔는 사람이래요. 또 우리 친정 고모도 지금 절이 있는 데 와 살고 있었는데 거게를 중심으로 해서 불사를 했니더. 그걸 할라꼬 논 세 마지기를 팔기도 했고……. 남촌의 물봉띠기도 참 노력을 마이 했니더. 절은 절로된다그디 한 일 년만에 대충 완성을 했니더. 쪼매한 부처님을 법당에 모셔다 두이 그보다 더 부러울 게 없디더. 언제 한번 가보이께네 그쿠 노력을 해서 모셔다둔 부처님이 없디더. 우예된겐고 하고 알아보이 절에서 더 큰 새 부처님을 모셔놓고 우리 부처님은 작은 방에다 비식하게 치와놨디더. 내가 보이 눈에서 눈물이 줄줄 흐르는거 같디더. 당장 잘 닦아 자리를 마련해 새로 모시락고 하기는 했니더마는……. 글때부터 연화사에는 자주 안 가지게 되디더. 그 절 지을라꼬 그쿠 애먹고 노력했는데 말이시더 왜.

연화사 현판은 우리 영감(작고한 종손 柳漢秀)이 썼고, 화산고찰이라는 큰 현판은 한밤어른[友川 柳端夏옹]이 썼니더.

83살의 노종부는 그날의 역사를 아직도 생생하게 간직하고 계셨다. 이것이 필자가 들을 수 있었던 가장 자세한 절의 역사였다.

2 마을에 생긴 하회교회

〈양반 마을 하회에 교회가 있다.〉이 점을 여러 각도에서 생각해 볼 수 있을 것이다. 자연 궁금한 것도 많다. 그러나 필자 자신은 이러한 의문을 풀 지식을 갖지 못했다. 역사는 차치하고 기독교인이 아닌 관계로 모든 내용을 자세히 알 수 없기 때문이다. 이런 이유 때문에 관련 자료를 경안노회측에 요청했고 아래와 같은 충실한 내용을 전달받았다.

유교의 쇠퇴기라고는 하지만 뿌리 깊이 내린 유교 문화권에 복음의 씨앗이 뿌려져 싹을 틔우고 잎이 자라 열매를 맺게 되기까지의 우여곡절은 일일이 열거할 수 없다. 폐쇄적 사고에 깊이 물들어 있는 한 민족의 가슴에 복음의 씨앗이 뿌려진 것은 역시 하나님의 사랑의 대상임에 틀림없는 것이다. 하회마을도 예외는 아니다.

하회별신굿과 줄불놀이로 유명한 이곳 하회는 허씨 터전, 안씨 문전, 류씨 명당이라는 구전에 의하면 하회마을은 류씨가 터를 잡기 전에 이미 안씨와 허씨가 살던 곳이라 한다. 그러나 지금은 하회탈을 남긴 허씨와 소백산맥의 끝자락인 화산 밑에 문중을 차리고 살았다는 안씨의 자취는 찾아볼 수 없고 고려 말엽에 전서공 류종혜가 관직을 떠나 터를 잡아 오늘에 이르고 있다.

계층간의 전통적인 건축양식이 훼손됨이 없이 비교적 철저하게 지켜지는 불모지 같은 이곳에도 1910년 10월경에 복음의 씨앗이 떨어지기 시작했다.

어물 장사를 하던 사람의 전도로 이난강 씨가 예수를 영접하고 하회에서 20여 리나 떨어져 있는 풍산의 고창교회까지 매 주일 가마를 타고 예배를 드리러 다녔으며, 이난강 씨는 정동완 씨(여)와 채원식 씨(여)와 그의 아들 류시증 씨(최초의 교인이자 최초의 장로가 된 사람)가 예수를 영접하여 이난강 씨 집에 숨어서 예배를 드리게 되니 이것이 하회교회의 시작이었다.

이렇게 예배를 드리게 되니 서후면 마명리에서 영수 전기식 씨와 풍산 영수 정봉모 씨가 매주일 예배를 인도하였고, 안동에서 김성삼 장로도 매월 1회 정도씩 예배를 인도하였다. 그 과정에서 다락방에 갇히기도 하는 등 핍박과 어려움 속에서도 복음의 촛불은 꺼질 줄 모르고 타올랐다.

한국 교회의 초대 선교사였던 심우사, 인노절, 오월번, 권찬영, 안병남, 안두조, 옥호열, 반피득, 마삼락, 조운선, 설의돈 제씨 등이 하회에 복음을 전하였던 장본인이다.

사진 10-2 교회

 이리하여 1921년 10월 20일 현 예배당 위치에 야학을 겸한 하회교회가 정식으로 설립되었으며, 1950년 전쟁 당시에는 안동성경학교 졸업반이었던 류전우 씨(부인은 현재 하회교회 권사)가 순교를 당하는 일까지 생기게 되었다. 1962년 10월 4일에는 하회교회 초대교인이었던 류시증 씨가 장로로 임직하게 되며, 1970년 4월 29일에는 광덕교회가 분립되었다. 1980년에는 이문식 전도사(현 예안교회 담임목사)가 부임하여 시무중 양철 지붕의 초라한 예배당을 처녀 집사인 양인자 씨(현 주택은행 근무)의 헌금을 시작으로 경안노회 산하교회 한 주일 헌금, 류돈우 장로(당시 국회의원)의 헌신적인 도움(그외에도 많은 분들이 있지만 생략)으로 207평의 대지 위에 한옥 와가 25평의 아담한 예배당을 총공사비 5천 1백만 원의 헌금으로 1989년 9월 18일 착공하여 1990년 9월 6일에 하나님 앞에 봉헌하니 실로 기적적인 일이었다. 이런 바탕 위에서 현재는

1993년 1월에 부임한 권오수 전도사를 위시하여 장년부 28명, 아동부 15명, 중고등학교생 15명이 출석하여 예배를 드리고 있으며 동민의 10% 정도가 교회에 출석하고 있다.

3 학록정사(鶴麓精舍)

풍산 금속 류찬우 회장의 별장이다. 양진당 조금 못미처 오른쪽에 솟을대문이 있다. 학록정사의 기문은 족질 류시수 씨가 지은 것을 현판으로 만들어 게판해 두고 있다. 기문의 내용은 아래와 같다.

「학록정사기」

족숙(族叔) 학록자(鶴麓子)가 거경(居京) 수십 년에 분요(紛搖)한 세진(世塵)을 잠시나마 잊고자 상향(桑鄕)에 연안(燕安)의 터전을 마련하였으니 그 이름이 학록정사(鶴麓精舍)다. 학록자의 증조고 학산상사(鶴山上舍)께서 기울어진 가세로 생로가 어려워지매 부득이 낙루(落淚)로 향리를 떠나 사가(査家)의 거촌(居村)인 청송으로 이사한 후 끝내 환양의 꿈을 이룩하지 못한 채 청송 우소(寓所)에서 서거하셨으니 자손의 회한 또한 어떠하였으랴. 천도가 무심치 않아 학록자가 기족(驥足)을 펼쳐 기업 사회에서 웅비의 꿈을 달성하고는 정재(淨財)를 출연(出捐)하여 위선 사업에 헌신하는 한편 연전에는 상사공의 유지(遺志)를 계승하여 병원(屛院) 남록(南麓)에 화악서당(華嶽書堂)을 이룩하였고 상사공께서 솔가반이(率家搬移)의 고초를 겪으신 지 87년, 공께서 별세하신 지 68년만에 꿈에도 못잊은 상향에 정사 낙성의 쾌사를 보게 되었으니 학록자의 감회는 물론이려니와 재천하신 조선(祖先)의 혼령도 오유자손(吾有子孫)이라 하시며 당년의 유한을 말끔히 썻고 흔희(欣喜)의 미소를 지으시리라. 정사에 오르면 하상십육경(河上十六景)을 일목(一目)에 종람(縱覽)할 수 있고 그 윤환(輪奐)의 화미(華美)도 또한 하상의 일경관을 첨가시켰으니 옥연(玉淵) 벽담(碧潭)과 산봉(蒜峯) 영운(靈雲)이 한결같이 정사를 감싸고 들 것이며 학록자의 이름 또한 하상(河上)과 더불어 천추에 전하리라. 학록자가 정사의 기문을 과문천식(寡聞淺識)인 불녕(不佞)에게 하촉(下囑)하신데 어찌 감히 이 일을 응낙하리오마는 학록자의 간곡하신 말씀을 사피(辭避)하지 못하여 이에 소감을 약서(略敍)한다.

— 족질(族姪) 시수(時秀) 근지

학록자(鶴麓子) 류찬우 회장의 증조부는 살기가 어려워 사가(査家)인 청송으로 옮겨 살게 되었다. 고향에 대한 사무친 그리움은 팔십 평생 빠짐없이 기록했다는 일기에 고스란히 남아 있다고 한다. 증조부는 그곳에서 작은 서당을 열어 글을 가르치는 일에도 정력을 기울였다. 이같은 음덕으로 인해 가르침을 받은 후학들은 학계를 모아 정자를 짓고자 했으나 우여곡절 끝에 그 뜻을 이루지 못했다. 학록자의 증조부에게는 두 가지 꿈이 있었다. 하나는 금의환향하는 것이고 다른 하나는 반듯한 서당 한 채를 지어 후학을 양성하는 것이었다. 학록정사와 같은 커다란 집은 아니더라도 고향 땅에서 살 수 있는 작은 집도 짓고 싶었을 것이다.

증조부는 이러한 뜻은 있었으나 꿈을 이루지 못하고 음덕만 쌓은 채 세상을 떠나고 말았다. 그분의 꿈을 류찬우 회장이 이룬 것이다. 후한 집이 잘 된다는 말이 있다. 이 집은 이런 측면에서 눈여겨 볼 공간이 아닌가 생각한다.

이 집 바로 뒤편에는 거대한 느티나무 한 그루가 서 있다. 이곳이 바로 마을의 동수(洞樹)인 삼신당(三神堂)이다. 대문이 닫혀 있는 심원정사 옆으로 난 작은 골목을 따라 들어서면 이 거대한 나무와 만날 수 있다. 그곳에서 북쪽 담 너머로 보면 북촌댁의 드넓은 후원을 구경할 수도 있다. 삼신당에는 금줄이 쳐져 있고 탑재로 보이는 다듬어진 돌 하나가 상석처럼 정면에 놓여 있다.

사진 10-3 학록정사 현판

사진 10-4 학록정사 전경

심원정사는 원래 화수당이 있던 자리였는데 일제시대에 면사무소 건물을 지었고 당시에 연못을 팠다고 한다. 그 연못은 지금까지 남아 있다. 일재가 이곳에 면사무소를 정한 과정과 연못을 팠던 이유, 그리고 당시 마을 원로들의 대응은 어떠했는지 궁금하나 그 대답을 이제는 들을 곳이 없다.
　아울러 학록정사의 연못을 배경으로 새로 꾸민 정원에 대한 감상도 듣고 싶었지만 그러지도 못했다.

4 심원정사(尋源精舍)

　1991년 완공된 류성(柳成) 기업 류홍우(柳鴻佑) 회장의 제택이다. 마을 입구에 새로 지은 튼 입구(ㄇ) 자 건물이다. 객지에 나가 사업에 성공한 류 회장이 그 뿌리를 찾는다는 의미에서 찾을 심, 근원 원으로 집 이름을 지어 심원정사라고 이름지었다.
　심원정사는 한국 건축에 있어서 신선한 충격을 준 건물이다. 한마디로 〈한옥 건축의 극치〉라 하면 될까. 심원정사라는 현판은 한국 서예계의 대부며 그 뿌리를 하회마을과 이웃한 안동 소산(素山)에 두고 있는 안동 김씨 일중 김충현이 썼고, 주련은 결코 형에게 뒤지지 않는 실력자인 그의 아우 여초 김응현이 써서 당대 제일의 서예가 형제의 글씨로 마음껏 뽐냈다고나 할까. 마루에 올라서서는 또 한 번 놀라게 되는데 미려한 장식들과 아울러 당대 한학계를 대표할 만한 청명 임창순의 기문과 하회마을을 대표하는 선비인 우천 류단하옹의 수구만업기(首丘晚業記)가 바로 그것이다.
　집은 말할 나위도 없고 나무 한 포기 풀 하나, 장독대며 그림 같은 제반 조경에다 담들까지 완벽한 조화를 느낄 수 있다. 새로 지었으면서도 전혀 어색하지 않은 그러면서도 교만한 티가 조금도 느껴지지 않은

사진 10-5 화악서당 현판

그런 집이 바로 심원정사다.

다만 유성 기업을 운영하고 있는 이 집주인이 늘 거처하고 있지 않기 때문에 집을 감상할 기회가 적음이 아쉽다고나 할까.

1996년 6월 13일 오후 6시 서울 프라자 호텔에서는 아주 뜻깊은 모임이 있었다. 3년간 심원정사를 지은 꼼꼼한 기록이 어머니가 지은 한옥이라는 책자로 간행된 출판기념회였다.

〈소나무에 아무 색도 입히지 않고 짓는 백골(白骨)집이 살림집 한옥입니다. 그것을 골라 지어 열여섯 칸 집을 마련했으니 제가 복이 넘치는 사람이지요.〉

이 책을 쓴 심원정사의 안주인 윤용숙(尹用淑) 여사의 말씀이다. 집을 짓는 데는 각 분야의 전문가가 참여했다. 총지휘자 격인 도편수에는 경복궁 복원 공사를 맡았던 신응수씨이며, 기단을 쌓은 장대석에는 송

사진 10-6 심원정사 전경

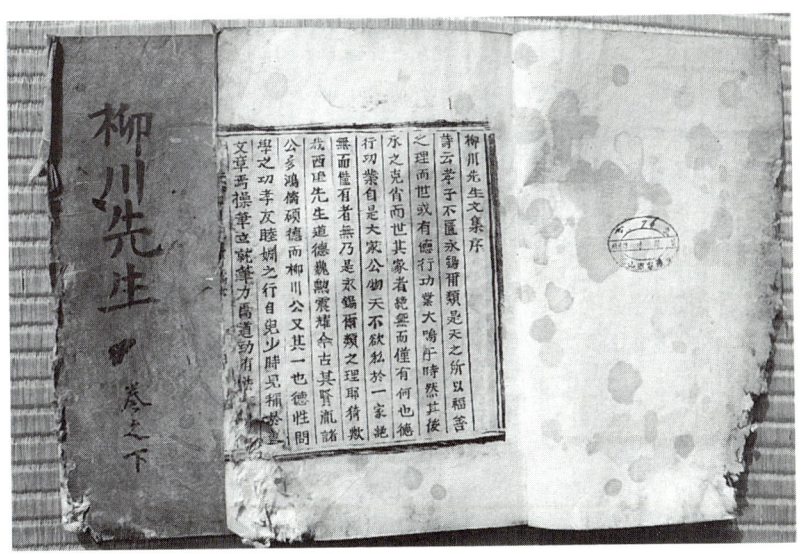

사진 10-7 유천세고 목판본

광사의 스님이 연꽃을 새겨주었으며, 장독대 벽은 이화여대 조정현 교수가 경복궁 자경전 샛담을 현대적으로 재해석해서 꾸며주었다 한다.

또한 사진작가 김대벽 씨의 정교한 일괄 사진도 한층 집을 짓는 과정을 이해하는 데 도움이 되게 했다.

그래서 이 책은 제대로 된 한옥을 지어보려는 분들에게 크게 참고가 될 것이라 생각된다.

「심원정사기(尋源精舍記)」── 서하(西河) 임창순(任昌淳) 찬

정사(精舍)는 안동 하회마을에 있으니 바로 류홍우 씨가 지은 것이다. 하회는 조선 초부터 류씨가 살아왔는데, 겸암 서애 두 선생이 나와서 학문과 공적으로 지방과 나라에 명망이 높고, 공적이 역사에 나타나 뚜렷하게 국내에 드러난 문벌이 되었다. 서애의 넷째 아들은 이름이 초, 호가 유천(柳川)인데, 그의 후손은 하회에서 문경의 산양으로 옮겨가서 대대로 옮기지 않고 그대로 살아온 지가 벌써 십여 대나 되었고 역사도 크게 변하였다.

홍우 씨는 유천의 후손으로 산양의 존도에서 태어났다. 아버지 태영 씨가 농사에 힘써 살 만하게 되자, 〈시골에 틀어박혀 살면서 견문이 좁아 가지고는 자손을 위해서 안 된다〉하면서, 마음을 결정하고 가족과 함께 서울로 올라가서 공은 선린상업고등학교에서 공부하게 하였다. 태평양 전쟁이 끝나서 일본이 물러가고 미군이 주둔하게 되자 상황이 또 크게 변하였다. 계속해서 한국전쟁으로 국토가 완전히 초토화되고 산업이 잿더미로 변하게 되어 국민들의 생활은 극도로 궁핍하게 되었다. 그 당시 공은 세계 여러 나라가 각축을 벌이는 상황과 경제가 유통하는 관계를 살펴보고 집안과 나라를 부흥시키는 일은 상공업을 진흥시키지 않고서는 다른 방법이 없다는 것을 통감하고는 드디어 새로운 계획을 세워 생산 공장을 설립하고 〈진실(眞實)〉두 글자를 경영의 신조로 삼았다. 각고의 노력을 기울이고 분발하여 전진한 지 여러 해만에 마침내 크게 성공하여 국내 굴지의 대기업으로 성장하였으니 이것이 유성 기업(柳成企業)이다.

그 웅대한 계획과 힘찬 패기를 따를 사람이 적다는 것은 세상 사람들이 모두 칭송하는 바이며, 국익을 신장시키는 데에 커다란 공이 있어서 국가로부터 포상을 받은 것도 여러 번이었다. 정말로 훌륭하였다.

그러나 수십 년 동안 사업에 몰두한 나머지 공도 어느새 머리가 희끗희끗하게 되었고, 고향을 그리워하는 생각이 때때로 마음속에 솟구쳤다. 그리하여 틈을 내어 산양을 찾고 인하여 하회에 가서 조상의 산소를 돌아보고 그 은덕을 사모하며, 깊은 생각에 잠기는 동안 자신도 모르게 고향으로 돌아와 여생을 보내고 싶은 생각이 솟아올랐다. 이것이 이 건물이 세워지게 된 동기다.

마을에는 양진당(養眞堂)이라는 겸암의 종가와 충효당(忠孝堂)이라는 서애의 종가가 있는데, 오래전에 정부에서 문화재로 지정하였고, 마을에 전해 오는 하회탈춤을 국가에서 무형문화재로 지정하였고, 그리하여 온 마을이 민속촌으로 지정되었다. 하회마을은 류씨가 육백여 년간 대대로 살던 곳일 뿐만 아니라, 실로 국가의 전통 문화가 모여 있는 보고이다.

마을에 원지정사(遠志精舍)가 있으니, 곧 서애 선생이 한가롭게 지내던 곳이요, 강 건너에는 옥연서당(玉淵書堂)은 바로 선생이 학문을 강설하던 곳이다. 언덕, 골짜기, 나무 한 그루, 돌 하나에도 선조의 음성이 지척간에서 들리는 듯하였다. 한 평생 도시에서 일에 허덕이던 몸으로 조상의 자취가 배인 고향의 옛 터전을 거닐게 되면, 마음속으로 받는 위안이 어떠하겠는가?

난간 밖에는 강의 물결이 다가오고 멀고 가까운 산에서는 상쾌한 기분을 두 손으로 움킬 듯하다. 옷깃을 헤치고 바람을 맞이하여 사방을 바라보며 생각을 달리면 마음과 정신이 깨끗해지고 세속에서 초월한 듯한 느낌을 가질 것이다.

건물이 완성되자 나에게 이름을 지어달라고 부탁하였다. 나는 〈공이 도시에 건물을 세우지 않고 시골에 지었으며 산양을 선택하지 않고 하회를 택한 것은 조상의 유적을 우러러 사모한 것으로 생각된다. 그렇다면 근원을 찾는다는 뜻으로 '심원(尋源)'이란 두 글자로 정하는 것이 어떻겠는가〉하니 공은 〈그것이 바로 나의 뜻이니 나를 위하여 기문을 지어달라〉고 하였다.

나는 또 말하기를 〈공이 근원을 찾는 것이 조상을 사모하는 것뿐이라면 오히려 취지가 너무 단순할 듯하니, 내가 그 뜻을 부연하여 넓은 의미의 근원을 말하겠다. 조상의 산소에 올라가 공경하는 생각을 갖는 것은 몸의 근원을 찾는 것이며, 농악을 즐겁게 감상하면서 순수한 옛날로 돌아가는 것은 마음의 근원을 찾는 것이며, 명예와 이욕을 잊고 자연을 초월하며, 물질의 세계에서 벗어나는 것은 본성의 근원을 얻는 것이다. 근원을 찾아 이 경지에 이르면 즐거움도 더할 나위가 없을 것이다.〉라고 하고서 마침내 이상의 말을 엮어서 글을 지었다.

정사는 1989년에 기공하여 1991년에 완공하였다. 벽돌을 사용하지 않고 흙과 목재만을 사용하였고, 현대적인 디자인을 따르지 않고 고전적인 양식을 고수하였는데 이것은 옛것을 따르려는 뜻이며, 또한 정부의 전통 문화를 보존하려는 취지에 부응한 것이다.

하동고택의 주인이며 하회마을의 문장이기도 한 우천 류단하옹이 심원정사를 지은 것을 기념해 기문을 지어주었는데,「수구만업기(首邱晚業記)」가 그것이다.

「수구만업기(首邱晚業記)」우천(友川) 류단하(柳端夏) 찬
이 하회마을은 거룩하신 전서(典書) 선조께서 터전을 잡으신 후 입암(立巖) 귀촌(龜村) 파산(巴山) 제선조께서 중흥(重興) 병립(竝立)하시고 이어서 겸암(謙菴) 서애(西厓) 양선생이 대작(大作) 진흥(振興)하시어 자손들에게 물려주신 육백여 년간의 우리 풍산 류씨의 고향 강산이다.

지나간 조선 선조 연간에 유천공(柳川公)이 서애 선생의 아들로서 하남(河南) 세덕지문(世德之門)에서 단란하게 살았는데 불행하게도 백형 찰방공이 조졸(早卒)하시고 원자(元子) 졸재공(拙齋公)이 유충(幼冲) 미거(未據)하시매 지성껏 돌보아 강보를 면하여 자립하게 되자 모친을 모시고 예천 유천리로 분가하시고 또 문경 존도리로 이사하시어 대대로 그곳에 살아 일파

를 이룬 지가 벌서 십수 대 사백 년이 되었다. 그러나 류천공의 자손이 한 집도 하회 고장에 살지 아니함은 형편을 따라 그랬을 것이나 그 이산의 아픔을 어찌 헤아릴 수 있겠는가.

시운(時運)이 다시 와서 공의 11대손 홍우(鴻佑) 씨가 사업에 종사하여 가계가 풍족해지자 환고(還故)에 뜻이 있어서 마을 한가운데에 새 집을 지으니 참으로 뿌리를 잊지 않은 갸륵한 뜻이요 수구(首邱)의 만업(晩業)이라 하겠다. 무릇 일가 된 자 뉘라서 진심으로 환영치 않으리요.

대개 헤어지면 만나는 것은 인생의 무상인데 오랫동안 멀리 떨어졌던 동친(同親)이 다시 같이 살 인연이 된 것은 또한 운수 소관이요 고인이 숭상하던 금의환향(錦衣還鄕)이 아니겠는가.

이로써 각처에 분산한 일가의 본보기가 되어 천지만엽의 자손들이 그 뿌리를 잊지 않고 조상을 추모하고 고향을 생각하는 정성이 있게되면 우리 족친의 화합은 저절로 이루어져서 조상들께서 자손을 위해 터전을 물려주신 큰 뜻에 부응될 것이다.

11 기념물

1 서애 선생 유애비

선조 13년(1580) 봄 서애 선생이 상주목사로 부임하여 선정을 베풀었고 군민들을 가르친 치적을 남겨 1581년 선생이 홍문관 부제학에 임명되어 상주를 떠나자 비석거리에 거사비(去思碑)와 비각을 건립하였다. 당시 선생은 39세였다. 선생이 해마다 부모봉양을 위해 벼슬을 사임하자 100리 거리인 상주 고을의 목사에 특별히 제수한 것이다. 뒷면의 내용은 왕자사부(王子師傅) 하락(河洛)이 지었다. 1855년 홍수로 비각이 쓰러지고 비신(碑身)이 부러지는 변이 생기자 다시 비각과 비를 세웠다. 그후 1905년 또 다시 홍수로 비가 쓰러지자 북천(北川) 북쪽으로 옮겨 세웠다가 1948년 계산리(溪山里)로 이건하였다. 1979년 상주 유림들과 서애선생유애비 이건위원회에서 뜻을 모아 1980년 1월 17일에 현위치인 남산공원으로 이건하는 공사를 착공하여 4월 20일 완공하였다. 비문은 다음과 같이 씌어 있다: 〈故牧伯文忠公西厓柳先生遺愛碑〉.

사진 11-1 서애 선생 유애비

2 서애 선생 어록비

독립기념관 어록비에는 이렇게 적혀 있다.
〈성상께서 우리 땅을 한걸음만 떠나셔도 조선은 우리의 것이 아닙니다. 지금 동북의 여러 도가 예와 다름이 없고 호남의 충신의사가 곧 벌떼처럼 일어날 것인데 어찌 나라를 버리고 압록강을 건너는 의논을 해야 하겠습니까.〉

3 서애관 건립비

태릉에 위치한 육군사관학교 안에 서애관이 있다는 사실은 일반에 널리 알려져 있지 못하다. 그러나 이 서애관은 박정희 대통령과 당시 류찬우 풍산 금속 회장의 의연(義捐)에 의해 전격적으로 건립되어 육사 생도들에게 호국의 도장으로 제공되었다. 이러한 사적은 건물 앞에 세운 기념비 명문(銘文)에 잘 드러나 있다. 서애관 건립문은 이러하다.

이 서애관은 징전(懲前) 비후(毖後), 지난 일을 되살펴 앞날에 대비하자는 서애 류성룡 선생의 높은 가르침을 자라는 호국간성들에게 일깨우고자 건립된 상무(尙武)의 도장(道場)이다.

문충공 류성룡(1542-1607)은 본관이 풍산으로 비범한 천품(天稟)과 고매한 사절(士節)을 갖추어 영명(英名)을 높이더니 출사 후 이조 병조 등 판서와 대제학을 거쳐 임진왜란 데에는 영상으로서 보국의 대업을 힘써 백성과 종사(宗社)를 구하였다.

선생은 이미 나라의 앞날을 걱정하여 이순신, 권율 장군 등의 천자(天資)를 발탁하였고 자주국방의 선견으로 병기의 제조와 군사의 조련을 서둘러 국난에 대비하였으며 난중의 창황 중에도 감연히 국권과 국토를 보전하려는 굳센 기개를 보였다. 사관생도들은 모름지기 선생의 높은 뜻을 기리고 깊이 새겨 간직하여 그 본분을 다함에 굳은 뿌리가 될지어다.

—— 1980년 4월 3일

건립문이 적힌 비 뒤편에는 징비록의 서문이 새겨져 있다. 현재 서애관은 체육관으로 대강당을 비롯해 태권도실, 유도실 등 여러 부속실을 갖추어 사관생도들에 의해 호국수련의 공간으로 활용되고 있다.

4 정부인(貞夫人) 영양 남씨, 공인(恭人) 문소 김씨 정려각

〈정려각(旌閭閣)〉이란 예로부터 충신이나 효자, 열녀를 포장하여 세상의 모범으로 널리 알리기 위해 세워진 집이다. 이들 각(閣)에는 모두 비가 세워진 것은 아니다. 대개 각이 세워지고 그곳에 그러한 사실을 적은 글을 써두는 것이 보통이다.

하회마을을 들어가자면 넘어야 하는 큰고개에 비석까지 세워진 정려각이 있다. 정부인 영양 남씨와 그의 손부(孫婦)인 문소 김씨의 정려각이다.

풍산 류씨 11세인 공권(公權)의 처인 영양 남씨는 진사 남팔준(南八俊)의 따님으로 절개가 있었는데, 부군이 서장관(書狀官)으로 명나라에 사신으로 갔다가 연경(燕京) 옥화관(玉華館)에서 병으로 세상을 떠나자 피눈물로 삼 년상을 났으나 너무나 슬퍼한 나머지 병이 들고 말았다. 그러나 약을 먹지도 않은 채 맏아들(귀촌 류경심)을 불러놓고〈오늘까지 죽지 않고 살아온 것은 너희들이 장성하기를 기다린 까닭이다〉하고 드디어 음식을 끊고 세상을 떠났다.

이 일이 조정에 알려지자 왕명으로 표창하고 정려의 명이 내려 명종 22년(1567) 5월 8일 안동시 일직면 석현(石峴)에 열녀비를 세웠다.

열녀 영양 남씨의 손부인 문소 김씨는 개암(開巖) 김우굉(金宇宏)의 딸로서 귀촌 류경심의 자부다. 일찍이 남편이 세상을 떠나 운구 행렬이 강 한가운데 이르렀을 때 거센 돌풍이 불어 배가 뒤집히려 하자 부인이 물에 빠져 죽으려 했다. 그런 일이 있자 신기하게도 일진광풍이 잠자서 무사히 운구하니 모두가 부인의 정성 때문이라 했다.

부인은 장례를 치른 뒤『주자가례』를 벽에다 써서 붙이고 상을 법대로 난 뒤에 너무나 애통해 한 나머지 병이 위중하자 집안사람을 모으고〈저는 남편을 따라가옵니다〉라는 말을 남기고 35살을 일기로 세상을 떠났다.

이 일이 조정에 알려지자 광해군 2년(1610)에 표창이 내리고 시조모 열녀각 안에 비를 세우게 했다. 한 집안에 두 분의 열녀가 난 경우는 드문 일로서 지금까지 풍산 류씨 모두의 자랑으로 여기고 있다.

사진 11-2 풍산 김씨 정려각

열녀비를 세운 지 400여 년, 온갖 풍상을 겪으면서 훼손됨과 도로 개설 등 제반 이유로 인해 1989년 1월 20일 현재의 위치로 옮겼다.

5 열녀 풍산 김씨 정려각

풍산 류씨 20세 류홍춘(柳弘春)은 집강(執講)으로 가세가 넉넉지 못했다. 세금을 거둬 관에 납부하는 책임인 호수(戶首)의 소임을 맡았던 그는 곤궁한 생활로 공금을 유용하여 마침내는 관에 세금을 내지 못하는 지경에까지 이르렀다. 이에 관에서는 그를 불러 곤장을 때렸고 투옥된 뒤 병이 나자 석방되었다. 그러나 양반의 신분으로 당한 일이 더없이 욕된 것이라 식음을 전폐하여 마침내 세상을 떠나고 말았다.

그후 부인인 풍산 류씨 역시 그 같은 이유에서 남편의 빈소를 슬픔으로 지키다 3년상도 나지 못한 채 세상을 떠났다. 이 일이 조정에 알려지자 국왕인 정조(正祖)는 부인의 정절을 가상히 여기고 포상하고 정려토록 명했다.

문중에서도 이러한 불상사를 막기 위해 서애의 종손이 류상조와 류이좌 류철조 등 세 종형제(從兄弟)들이 주축이 되어 의장소(義庄所)를 설립하여 어려운 문중인을 구제하였다.

6 서애로(西厓路)

서울에 서애로가 새롭게 생겨났다. 이 길은 수년의 노력 끝에 1998년 3월 초부터 지정에 관한 청원을 재개하여 서울특별시, 시문화재위원회, 중구청 등 관계 요로와의 교섭 끝에 4월 17일자 문화재 지정위원회의 결의를 거쳐 지정될 수 있었다. 이번에 새로 지정된 서애로는 서울 남부 낙선방(樂善坊) 묵적골[墨寺洞]과 인현동 1가 옛 집터 부근의 830m가 해당되는데, 이는 선현을 기리는 차원에서 이루어진 것이다. 이곳에는 선생이 살았던 옛 집터를 알려주는 기념 표지석도 서 있다.

12 야담과 일화

1 바둑으로 퇴치한 일본 밀정 —— 치숙일화(癡叔逸話)

임진왜란 직전 일본은 조선의 천기(天氣)를 살펴보고 경상도 안동 하회 땅에서 상서로운 기운이 뻗쳐오르고 있음을 알게 되었다. 이는 필시 큰 인물이 있기 때문이라고 판단한 일본은, 그 대표 인물인 서애(西厓)를 음해할 계획을 수립하게 되었다. 그 일을 맡은 인물로 현소(玄蘇)라는 중을 선발해 조선으로 밀파하기에 이르렀다. 현소는 뒤에 만 냥의 현상금까지 걸고 잡아 죽이려 한 일본군의 주요 인사였다.
한편 일본에서 그러한 일이 있기 전, 겸암은 동생 서애에게 바둑 한 판을 두자는 제의를 했다. 사실 서애는 바둑에 조예가 깊어 나라에서도 알려져 국수(國手)라는 대접을 받고 있던 터에, 평생 바둑 두는 것을 보지 못한 형님이 대국을 청한 것이었다. 서애는 수의 고하를 논하기보다는 형님과의 대화를 나누자는 생각으로 그렇게 하자고 허락했다.
문제는 대국을 하기 위해 돌을 가리면서 일어났다. 그만한 것은 알만

한 형님이건만 당연히 백을 쥐는 자신을 밀치고 백을 빼앗는 게 아닌가. 〈수고자(手高者) 집백(執白)〉은 바둑의 예의다. 겸암은 다만 〈길고 짧은 것은 대 보아야 안다〉는 말뿐이었다. 수가 같은 경우에는 연장자가 백을 쥐는 게 상례다.

그렇게 바둑은 시작되었다. 그런데 어쩐 일인가. 서애는 이내 궁지에 몰려 빠져나올 묘안이 없다. 뜻밖에 고민하는 서애에게 겸암은 웃으며 36여 수를 훈수해 주었다. 서애는 형님의 감추어 둔 바둑 수에 탄복했다.

계가(計家)를 필요치 않을 정도로 대패(大敗)한 서애에게 겸암은, 〈오늘 석양에 낯모를 중이 와서 바둑내기를 하자고 할 게고, 숙박을 청할 것이다. 그를 절대로 재우지 말고 내게 보내라〉는 당부를 했다.

과연 석양이 되니 초라한 행색의 중이 당도하여 형님 말씀대로 바둑 내기를 청했다. 더 이상한 것은 바둑을 두는데 착점이 낮에 형제간에 두던 그대로가 아닌가. 이상히 여기면서도 미리 배운 36여 수를 동원해 바둑을 승리로 이끈 뒤, 〈오늘은 집안에 제사가 들어 외인(外人)을 재우기 어렵습니다. 물 건너에 형님이 거처하는 정자가 있으니 그리 가서 주무시지요〉라고 했다.

겸암은 물 건너의 겸암정에서 그 중을 재웠다가 한밤중에 그 품을 뒤져 비수를 꺼내서 목에다 대고 호통을 쳤다. 그 일본 밀정은 혼비백산 목숨만 살려달라고 애걸했다. 겸암은 간청에 못 이기는 척하면서 제갈량의 〈팔진도법(八陣圖法)〉을 설치해 두고는 보내주었는데, 중은 도망을 가도가도 제자리였다. 겸암의 술법임을 안 중은 〈오늘 이후로는 절대로 망상을 하지 않겠습니다〉라 다짐하고 백 배 사죄 후 길을 떠났다.

그러자 다시 겸암은 엽전 두 냥을 주면서 〈신이 떨어졌구나. 서쪽으로 10리를 가면 장터가 있을 것이니 거기서 사서 신고 가라〉고 말했다. 과연 지시대로 가니 풍산 구담 장터가 있는데, 발에 꼭 맞는 특대 짚신 한 켤레가 있었다. 물어보니 그 대금이 엽전 두 냥이므로 겸암의 지시와 부절(符節)을 합한 것 같았다. 이에 겸암이 위대한 이인(異人)임을

12 야담과 일화 239

깨닫고 하회 부근에는 얼씬도 하지 않았다 한다.

　세상에서는 아재비 숙(叔)자로 인해 숙질간의 이야기로 오해하기도 하나 형제분 사이에 있었던 일로 전해진다. 서애에게는 숙부(叔父)나 서숙부(庶叔父)가 계시지 않았다.

　야담으로 전해진 이 이야기는 작품으로 형상화되기도 했다. 그중의 하나가 백화자(白華子) 홍신유(洪愼猷, 1722-?)란 사람이 지은「류거사(柳居士)」란 작품이다. 이 이야기가 소개된 책으로는 『동패낙송(東稗洛誦)』,『청구야담(靑邱野談)』을 들 수 있다.「류거사」를 번역하면 다음과 같다.

　　　거사는 안동 출신으로 / 서애의 숙부시라지
　　　그 이름 감추어 알리지 않아 / 세상에선 다만 류씨로 알 뿐이네
　　　그의 용모 보기엔 어리석은 듯 / 묵묵히 말하지 않고
　　　평소 문밖도 나서지 않으니 / 근신하며 허물없게 함인가
　　　오직 주량만은 대단하여서 / 한번에 두세 말을 들이킨다네
　　　한 자루 보검을 애지중지 / 갑 속에 깊이 깊이 보관했다네
　　　서애는 그때 정승이 되었는데 / 재주와 기량으로 크게 자부했다네
　　　정승의 사업도 거룩하였으며 / 임금도 알아주었다네
　　　어느 날 거사가 가족들에 알리기를 /〈상국을 못 만나지 오래니
　　　내 한번 가서 만나보고서 / 마음속 답답함을 풀어나 볼까〉
　　　집사람들 그 말씀 듣고서 / 뜻밖이라 기뻐했네
　　　즉시 한 필 건장한 소를 타고 / 닷새 걸려 서울에 당도했네
　　　야인의 허름한 복색으로 / 웅장한 승상부를 들어서니
　　　서애 상국 마침 이 모습 보고서 / 섬돌로 내려서 절하였네
　　　거사는 잘 있었나 인사만 하고는 / 다시 말없이 바보처럼 앉았네
　　　〈상국과 한방에 있고만 싶으니 / 잠시도 내 곁을 떠나지 말게나〉
　　　오늘은 거마(車馬)가 줄을 잇고 / 다음날은 고관들이 모여들어

조정의 잘잘못을 논하고 / 군무의 대소사도 말하는데
거사는 줄곧 곁에 앉았어도 / 듣도 보도 못하는 듯하였네
하루는 거사가 상국에게 말하기를 / 〈나와 바둑 한 판 두세〉
상국이 공손히 아뢰기를 / 〈저는 국수라는 평을 듣습니다만
숙부께선 바둑을 잘 두지 못하니 / 승부는 논할 필요가 없을 것입니다〉
그래도 거사는 두세 번 청하여 / 대청에서 정오에 대국이 벌어졌다
상국은 마지못해 바둑판을 대했는데 / 포진하는 형세가 정석임에 틀림없다
옛날 중국의 사동산(謝東山)이 / 산음 별장을 걸고 내기 바둑을 둘 때 같이
홀연히 초한(楚漢)의 격전 중에 / 군사들이 수공(水攻)에 걸려 몰살하듯
거사는 전판을 이기고 / 바둑판을 쓸고는 말하기를
〈그대는 바둑이나 국사(國事)가 / 나와 겨룰 자 누구냐 자부하지만
내 보기엔 두 가지 모두가 / 마찬가지로 취할 게 없구려
오늘 저녁 특별히 부탁할 것은 / 나의 침소는 따로 잡아 두고
산나물 열 접시에다 / 술은 항아리마다 가득 채워 주시오
내일 어떤 중이 뵙자 할 터인즉 / 그 모습은 무인의 기상일게요
그대는 중과 수작하지 말고 / 곧장 내 처소로 보내주시오〉
이튿날 과연 어떤 중이 / 당당하게 들어와 뵙거늘
〈내 지금 일이 있어 / 대면할 겨를이 없구려
내 집에 거사 한 분이 계시니 / 거처도 깨끗하여 묵을 만할 것이오〉
중은 절하고 의젓이 물러나 / 조용한 처소로 찾아드니
거사는 황급히 맞이하면서 / 친구처럼 은근하게 대하더라
〈내게 좋은 음식은 아니지만 / 산채와 박주는 준비되었소〉
거사와 중은 주거니 받거니 / 이슥하도록 열 동이 술을 다 비웠네
중은 크게 취해 그 자리에 쓰러져 / 술을 반이나 토해내더라
거사는 손으로 칼을 빼들자 / 검광이 열 길이나 뻗치는데
몸을 날려 중의 배에 걸터앉으니 / 그 기세는 사나운 호랑이라
눈에는 번갯불 튀고 / 소리는 우레가 치는 듯

〈너는 어디에서 왔느냐 / 너는 왜놈이렷다
누가 장수가 되며 / 언제 출동할 것이냐!
네가 우리를 정탐하러 왔지만 / 나는 네 뱃속까지 들여다보고 있노라
이 나라에 사람이 없다 말고 / 조금이라도 우리를 깔보지 마라
내 이 서릿발 같은 칼을 보아라 / 네놈을 죽이는 데 무엇이 어렵겠냐
그러나 너 같은 놈은 죽일 필요도 없다 / 한낱 어린 병아리요 썩은 쥐새끼걸
어차피 우리 조선 팔도는 / 전란을 피할 수 없는 운세라
나는 넓은 마음으로 / 네 실낱 같은 목숨을 살려주겠다
영남(嶺南)이라 안동(安東) 고을은 / 만여 호에 가까운 백성들이 있다
내 집 역시 안동 땅인데 / 가족도 백여 명이 넘으니
우리 고을 백 리 안쪽에는 / 너희 군사들을 보내지 말아라〉
그 중 일어나 눈물 흘리며 /〈소승은 청정(淸正)이요
장수로 부하를 거느리고 있사온데 / 공께서 하해 같은 마음으로 살려주시니
제 어찌 공의 말씀을 받들지 않겠습니까?〉
그 뒤 임진년 난리가 일어났는데 / 백성들 열의 아홉은 죽어갔어도
오직 안동이라 한 고을만은 / 평온하게 안도할 수 있었다더라.

2 상주목사 시절에 있었던 일

선조 13년(1580) 봄에 서애 선생은 홍문관 부제학(정3품) 직을 맡고 있었다. 그러나 연로한 노모를 모셔야 한다는 이유로 간곡히 아뢰어 사양하자 공을 아끼는 국왕은 100여 리 떨어진 상주 고을을 다스리는 목사 직을 내렸다.

서애 선생이 약 10여 개월간 상주목사(정3품) 직에 있을 때의 일이다.
상주목에 부임한 직후인 화창한 어느 봄날, 넓은 고을이라 처리해야 할 여러 가지 일도 많았고, 그 날도 한꺼번에 몇 가지의 일을 보게 되

었던 모양이다.

　동헌에서는 마침 복잡한 송사가 벌어져 있었고 조정으로 급히 보고해야 할 공문서도 동시에 작성해야 했다. 이때 때마침 절친한 친구가 불원천리 상주 고을 동헌으로 자신을 찾아와 부득이 바둑판을 벌이게 되었다. 이 세 가지 일을 하나하나 처리해 나가는데, 마치 물이 흐르는 것 같아 조금도 막히거나 당황해 하는 기색이 없었다.

　이를테면 형방에게는 판결문을 받아쓰게 하는 한편 이방에게는 구술하는 공문 문안을 작성하도록 했는데 두 가지 문건 모두 한 자의 오류도 없이 완전무결하게 처리되었다. 한편 국수로 알려진 서애 선생과의 대국을 벼르고 왔던 친구 역시 상당한 기력의 소유자인지라 조금의 양보가 없으니 만만할 리 없었다. 초한(楚漢)의 쟁패가 반상에서 벌어졌다. 그러나 위기 때마다 묘수가 속출하여 바둑 한 가지 일에 몰두하는 친구가 도리어 쩔쩔매는 형국으로 전개되었다. 마침 때가 되어 소반에 맛깔스러운 상추쌈이 대나무 광주리에 놓인 점심상이 대령되자 기다렸다는 듯이 쌈을 싸서 맛있게 드는 것이 아닌가. 이 네 가지 일이 어느 한 가지도 차질이 없이 일사불란하게 진행되었다. 주위에서 구경하던 모든 사람들이 너무나 놀랐음은 당연하다. 이러한 이야기는 구전으로 전해져 벼슬하는 사람이라면 누구나 한번 그런 재주를 펼쳐보고 싶어지기도 했다.

　그 이후의 이야기도 들을 만하다. 후임으로 부임한 재기 발랄한 목사 한 분이 서리로부터 그 이야기를 자세히 듣고는 자신도 그와 같이 할 수 있다고 자신하고 동일한 상황으로 재현하도록 명했다.

　많은 사람들이 지켜보는 가운데 목사는 상당히 순조롭게 일을 풀어 나갔다. 그러나 바둑의 수가 꼬이자 탈출의 묘수를 찾으면서부터 일이 어긋나기 시작했다. 억울한 사람에게 도리어 무거운 형벌을 내리고 서울에 보내야 할 공문은 이방이 아닌 형방에게 불러 전혀 엉뚱한 글을 초하고 말았다. 게다가 바둑이 크게 몰리자 맛나게 먹던 상추쌈에다가는 고민스레 착점을 찾던 바둑돌을 자신도 모르게 싸서 와작 씹기까지 했다고 한다.

일이 이쯤 되자 목사는 〈류 목사는 천하의 기재(奇才)로다. 나는 전관 목사에게는 도저히 미치지 못하겠다〉라고 항복하고 말았다 한다.

조선 시대의 정승 반열에 이른 분 가운데 서애 선생은 탁월한 행정 능력을 겸비한 인물로 널리 알려져 있다.

조선 후기 문장가로 이름이 높았던 상촌(象村) 신흠(申欽)은 낭리(郎吏)로서 서애 선생을 모셨던 사람이다. 그가 서애 선생을 다음과 같이 평가했는데, 그 내용이 서애집 서문에 올라 있다. 〈류 상국(相國)은 날마다 정청(政廳)에 앉아서 낭리를 불러 붓을 잡게 하고서는 재빨리 수십 장을 부르는데, 한 곳도 글자를 고칠 곳이 없었으니 다른 재상들은 다 소매에다 손을 넣고 그저 놀라 바라만 보았다.〉

3 수출(袖出) 평양도 —— 소매 속에서 평양 지도를 꺼내다

겸암 류운룡은 산림을 좋아하고 사환을 싫어했으나 부친의 명으로 부득이하게 음사로 내직의 벼슬을 지냈다. 그러던 중에 임진왜란을 당하자 상소를 올리고 사직한 뒤 노모를 모시고 고향으로 돌아오게 되었다. 이때 뜻은 동일하나 나라를 위해 공직에 머물러 있던 아우 서애와 작별하게 되었다.

서애가 겸암에게 〈형님 저에게 부탁할 말씀이 없습니까?〉 하자 겸암은 계씨의 자격을 충분히 아는지라 〈자네의 심법(心法) 그대로 국사에 전념하면 될 것이네〉 하고 일어서서 벽장을 열고 평양 지도 한 폭을 주며 〈후일 쓸데가 있을지 모르겠네〉 하였다. 서애는 그 진의는 확실히 파악할 수 없지만 급박한 지경에 모친까지 맡기는 마지막 이별에 하직 선물로 준 물건이라 소중하게 융의(戎衣) 속에 간직했다.

임진왜란 당시 평양성이 함락되어 조정에서는 명나라에 원군을 청한 바 명나라의 장수 이여송이 4만 대군을 거느리고 출정하였다는 통보가 있었다. 임금은 이여송 제독을 접대할 인물을 물색하던 중 병조판서 오성 이항복의 추천으로 서애 선생을 영접 수반으로 정하게 된다.

이여송은 조선이라는 나라에 원병으로 온 자체를 그렇게 탐탁지 않게 여기던 터라 사사건건 생트집이었다. 용의 간을 가져오라든가 하는 따위가 그것인데 그때마다 명신들이 잘 해결했다.

서애가 조정 대신들을 거느리고 안주에서 이 제독을 영접하였는데, 두 나라는 언어 불통으로 필담(筆談)으로 대신하게 되었다. 안주에서 이여송 제독을 만났을 때 이 제독은 아무 말 없이 두 손만을 펼쳐 보였다. 오성 이항복과 한음 이덕형 등 대신들은 무슨 영문인 줄 모르고 당황만 하고 있던 중 서애 선생께서는 도포 소매에 간직한 평양 지도를 내 놓았다. 이에 조선에 인재가 있는 여부를 알기 위한 의도로 포함된 이 제독은 반갑게 대하며 즉석에서 자신의 부채에 시를 써서 서애 선생에게 바쳤다.

4 갈교(葛橋) ── 칡으로 만든 다리

임진왜란 당시 명나라 제독인 이여송이 구원병 4만 대군을 이끌고 평양성을 탈환한 뒤 수일 내에 임진강을 건널 수 있게 하라는 군령이 내렸다. 당시 임진강에는 십여 인이 탈 수 있는 배 몇 척만 준비되어 있어 대군을 도강시키자면 몇 개월이 걸려도 불가능한 형편이었다. 이러한 절박한 상황에서 서애 선생께서는 군민 수천 명을 동원하여 태백산으로 보내 칡넝쿨을 날라 와 임진강에 칡 다리를 임시로 가설시키는 조치를 취했다. 이 다리를 통해 명나라 구원병들은 무사히 단시간 내에 강을 건널 수 있었고 수도 한양 탈환에 결정적인 기여를 했음은 물론이다. 이 다리를 조교(弔橋)라고도 하는데 교각이 없는 다리를 말한다.
『서애집』「잡저」편에 「임진강에 부교를 놓은 일을 기록함(記臨津浮橋事)」이 올라 있다.

　　계사년(선조 26년, 1593) 1월에 명군이 평양을 공격하여 탈환하고 적을 추격하여 서울로 육박하려 할 때 나는 군량 보급 관계로 군대보다 앞서 나갔었다. 이때 임진강은 얼음이 풀려 건널 수 없어 제독(提督)이 계속 사람을 보내 부교(浮橋) 만들 것을 독촉하였다. 내가 도중에 있다가 한 꾀를 생각하고 금교역에 도착하니 황해도 여러 고을의 군수, 현령들이 그들의 관리와 백성들을 인솔하고 대군을 환영하여 음식을 대접하려는 사람들이 들판에 가득하였다. 나는 우봉 현령 이희원을 불러 자신의 고을 사람 몇 백 명을 데리고 밤 세워 먼저 가서 칡넝쿨을 거두어 임진강 어귀에 모이도록 약속했다.

5　산하재조지공(山河再造之功)

　　임진왜란 당시 평양성마저 함락되고 국왕인 선조가 평양성을 버리고 의주로 피난을 하자 명나라에서는 칙사를 보내 선조의 폐위와 함경북도를 점유하겠다는 통보를 했다.
　　이에 서애 선생은 칙서를 받는 자리에서 그러한 명나라의 통보를 단호히 거절하고 임진란을 슬기롭게 평정하자 그 같은 구국 정신에 감탄하고 〈없어질 나라를 다시 구했다〉는 의미로 칙명을 받들고 왔던 중국 사신이 평한 내용이 『조선왕조실록』에도 올라 있다.

　　의정 류성룡은 굳세고 정도(正道)를 잡아 모든 신하의 으뜸이 되고 있다는 말을 오래전부터 들어왔으니, 왕은 참으로 모든 국정(國政)을 그에게 전임시키면, 그는 반드시 왕을 위하여 근심을 나누고 일을 맡아서 어려움을 물리치고 어지러움을 진정하여 사직(社稷)을 안정시킬 것이며 산하(山河)를 재조(再造)할 것입니다.

6 예습맥반(豫習麥飯) —— 보리밥 먹기 훈련

겸암과 서애 형제는 진작 퇴계 선생의 문하에 나아가 선생으로부터 〈두 사람의 장래는 한량이 없다〉는 칭찬을 받았다.

하루는 겸암이 겸상으로 꽁보리밥을 차려와 먹자고 했다. 서애는 차마 그 밥이 넘어가지 않아 억지로 먹고 있었다. 그러자 겸암은 순식간에 밥그릇을 비우고는 〈음식이란 배를 채울 뿐이다. 맛의 좋고 나쁨을 따져서 무엇하나……〉 했다.

그 뒤 임진왜란을 당했을 때 조정의 중신들은 물론 임금까지 피난하여 평양까지 가게 되었다. 피난길은 굶주림과 고달픔의 연속이었다. 백성들은 불평하기를 〈평소에는 우리의 고혈(膏血)만 빨아먹고 국방을 소홀히 하다 왜적의 침범을 당하자 우리는 버리고 저들만 도망가려 한다〉하고 난동을 부려 일체의 식량 공급을 하지 않으니 배고픔이 극심하게 되었다.

부득이 민가(民家)에서 밥을 지어왔는데, 완전한 꽁보리밥이었다. 다른 중신들은 모두가 먹어내지 못하는데, 서애 대감만은 달게 먹으며, 〈우리 형님은 진인(眞人)이다. 전일(前日) 내게 꽁보리밥 먹는 훈련을 시킨 까닭을 이제야 알겠다〉고 했다 한다.

7 겸암굴(謙菴窟)

예천군 최북단에 위치한 상리면 고항리(古項里, 고루목) 산중에 〈겸암굴)이 있다. 이 굴은 5만 분의 1 지도에도 명시되어 있다. 거대한 자연 암석에 천연으로 만들어진 이 굴은 천혜의 피난처였다. 고항리 마을에서 굴이 있다는 지점을 손끝으로 확인하고 2시간 이상을 험준한 산을 타고 올라갔지만 끝내 찾지 못하고 하산한 적도 있을 정도로 산이 험하다. 굴이 있는 지점은 해발 약 600m나 되는 곳이다. 어릴 적에 수없이 그곳까지 올라보았다는 안내자도 앙상한 가지만 있는 한겨울인데도 정확히 찾지는 못했다. 한여름 녹음이 우거진 상태라면 이 굴을 발견하기란 불가능에 가까울 것이다. 주변에 굴밤나무와 다래나무 같은 활엽수가 무수하기 때문이다.

40도 정도 앞쪽으로 기울어진 자연 암석의 크기는 외부가 가로 11m, 세로 4m며, 굴 입구는 높이 0.67m, 가로 17m며 굴 내부는 일정치 않으나 대략 높이 1.9m 가로 18.5m 세로 8.8m 정도다. 육안으로는 약 100여

사진 12-1 겸암굴

명까지 피난할 수 있을 것 같았다. 굴 정면은 급경사를 이루고 있어서 정면으로 올라갈 경우 수없이 미끄러질 정도다.

겸암굴이 있는 지역은 조선 시대에는 원래 풍기군 은풍현(殷豊縣) 지역이었다. 그 뒤 고종 32년(1895)에는 풍기군 서면 상리로, 1914년에는 영주군으로 편입되면서 고항동(古項洞)이 되었다가 1923년 예천군에 편입되었다.

겸암 류운룡 선생이 임진왜란 당시 가솔 100여 인을 이끌고 무사히 피난한 때문에 이 굴은 〈겸암굴〉이라고 이름지어졌다. 노모를 모시고 피난했기 때문에 〈모신골〉이라고 불리는 골짜기가 지금도 남아 있다. 실재로 필자가 이 지역 답사를 했을 때 폐가로 방치된 산 속 마을 우물 벽에 쓰인 〈모시골〉이란 글자를 확인했다. 〈모신골〉은 〈모시골〉로 불리기도 했음을 말해주는 증거다. 겸암의 조카 수암 류진 역시 이곳에서 함께 피난했다고 전한다. 임진왜란 당시 서애는 백씨인 겸암에게 모부인과 가솔들의 피난을 부탁했고, 자신은 임금을 호종하며 국난 극복에 앞장 섰다. 이를테면 형제간이 충과 효로 역할 분담을 한 셈이다.

그런데 이상한 것은 첩첩 산중에 자연적으로 뚫려 있었던 굴을 진작 알고 있었다는 사실이다. 피난도 피난이지만 100여 가솔들의 식량을 마련하는 일도 중요한 문제였지만 바로 옆이 참나무가 많이 자생하는 곳이라 아름드리 참나무가 많아서 도토리를 주워서 식량으로 삼았다고 한다. 지금도 그곳을 〈도토리골〉이라고 부르기도 한다. 또한 충복골(充腹谷)이란 골짜기도 있었는데, 역시 겸암 피난 일화를 간직하고 있었다. 피난 시절 주린 배를 이곳 산 속 민가에서 채웠다는 이야기다. 400년 이상을 전해온 임진왜란 피난 시절의 이야기는 한편으로는 슬픔으로 다가온다. 섬나라 사람들에게 쫓겨 80이 넘는 노모와 젖먹이까지 딸린 100여 명의 식솔을 거느리고 서울에서부터 낮에는 숨고 밤에는 길을 가 급기야는 영남 땅 이 험준한 굴속까지 찾아와 은신해야 했던 비극의 역사 때문이다. 그래도 겸암의 예지로 100여 가솔들은 한 사람의 탈도 없이 모두 안전하게 난리를 피할 수 있었기에 다행이었다.

걱정스러운 것은 이 굴에 예전보다 많은 양의 물이 스며든다는 것이다. 최근 바로 위로 임도(林道)가 개설되면서 지반에 변동이 있었다고 생각된다. 이 굴이 지닌 역사성에 비해 산림을 효율적으로 관리하기 위한 임도는 가치 면에서 비교가 되지 않을 것이다. 우회할 수는 없었는지 하는 생각도 해보았으나 현실적으로는 개설이 완료된 상태다.

어쩌면 이곳에서 우리는 임진왜란이라는 역사적 비극에 대한 교훈을 얻는 동시에 우리가 그러한 현장을 방치했다는 반성도 할 수 있게 되었다. 안동에 사는 풍산 류씨뿐만 아니라 외지인들도 임진왜란 사적지 답사를 해 볼 수 있는 장소가 바로 이곳이라 생각된다. 등산도 겸해서.

8 심부름으로 상대의 인물됨을 알게 함

약포 정탁(1526-1605)은 퇴계 문하에서 서애와 동문수학한 분으로 서애보다는 16년 연장자였다. 약포는 명종 13년(1558) 식년문과에 병과로 급제했다. 그해에 서애는 17세로 광평대군(廣平大君)의 5세손 이경의 딸과 결혼했다. 퇴계의 문하를 찾은 것은 이보다 4년 뒤인 21세 때였다. 서애가 25세로 문과에 급제한 때에 약포는 이미 정5품직인 예조정랑에 있었다. 그런데 서애는 약포를 다소 경시하는 기미가 있었던 모양이다. 겸암은 계씨의 그 같은 잘못을 간파하고 남 몰래 고쳐주려는 의도에서 약포에게 보내는 편지를 써서 그것을 가지고 가서 회답을 받아오게 시켰다. 안동 하회에서 약포가 살던 예천 고평은 그렇게 멀지 않다. 서애는 탐탁치는 않았으나 형님의 분부인지라 30리 길을 달려 고평에 당도해 편지를 전했다. 마침 해가 저물 무렵이었는데 약포는 반갑게 맞으며 칠흑같이 어두운 방안에서 촛불도 켜지 않고 안광(眼光)으로 편지를 읽은 뒤 즉시 회답을 써주는 게 아닌가. 이를 본 서애는 약포의 인물됨이 비범함을 깨닫고부터는 존경(尊敬)하고 애중(愛重)하게 되었다 한다. 이후 임진왜란이 일어났을 때는 서로 긴밀히 협력하여 국난극복에 앞장서게 되었다.

그런 약포 역시 선조 28년(1595)에 우의정을 사직하면서 올린 상소에서는 〈눈이 너무도 흐려서 물건을 제대로 보지 못하니 거의 맹인이나 다름이 없습니다〉라고 말하고 있으니 세월을 무상함을 느낀다. 당시 약포는 70이었으며, 서애는 54세로서 영의정에 있었다.

9 서애 선생의 안광(眼光)

백씨인 겸암은 약포(藥圃)의 비범함을 아우인 서애에게 깨우쳐 후일을 도모케 했다는 취지의 이야기에서도 〈안광(眼光)〉이 소개된 바 있다. 과학적인 근거는 차치하고, 선현들의 불가사의(不可思議)한 능력이 지금껏 이야기되곤 한다. 안광에 얽힌 이야기는 서애 선생에게도 있다.

서애의 6대손에 임여재 류규라는 분이 있다. 이분은 초시는 물론 문과에도 나가지 않고 평생을 성리학 연구에 몰두했던 분이다. 임여재는 정조 당시 어진 이를 추천하라는 왕명을 받은 번암 채제공의 추천을 통해 의금부 도사가 되고, 이어서 사재감(司宰監) 봉사(奉事)에 임명되었다. 그때 번암 채제공은 서애의 8대손이며 문과를 통해 조정에 있던 임여재의 삼종손(三從孫) 학서(鶴棲) 류이좌(柳台佐)에게 이렇게 말했다.

류봉사(柳奉使)는 경학(經學)이 드넓을 뿐 아니라 듣기로는 촛불이 없이도 한밤중에 책을 본다고 하더군요. 예전 임진왜란 당시 서류가 산더미처럼 쌓일 때 서애 선생께서는 칠흑 같은 어두운 밤에 책을 보셨는데, 선생의 안광(眼光) 아래서 관청의 관리들 역시 글씨를 쓰는데 지장이 없을 정도였다

더군요. 이는 필시 그 유래가 있을 것인즉, 제가 이미 경연(經筵)에서 말씀
드렸습니다.
　　——『임여재집』권9, 삼종손(三從孫) 류이좌 찬,「임여재 행장」중에서

　번암 채제공은 정조(正祖) 당시 영남 남인(南人)을 대표하는 정승으
로서 초야에 묻힌 영남 인재 발굴에 누구보다 힘썼던 사람이다. 이런
분이 선현의 자손인 임여재를 등용해야 하는 당위성을 역설하는 근거
로 제시한 비범함으로 제시된 것이 바로 안광이다.
　우리는 비범한 인물을 만날 때면 빛나는 눈빛을 감지하곤 한다. 서애
나 그의 6대손 임여재의 경우는 더욱 비범했던 사실을 번암의 말을 통
해 알 수 있다.

10 능동 묘소

　안동 권씨 시조 묘소가 있는 능동(陵洞)에 풍산 류씨들의 묘소가 있
다. 그런데 안동 권씨 시조 묘소를 쓴 뒤 고려 시대를 거쳐 조선 시대
의 태사의 16대손 평창군사를 지낸 권옹(權雍)이란 분이 묘소를 찾기까
지의 600-700년이란 실전 기간이 있었다.
　평창군사는 자신을 시조 묘소 계하(階下)에 묻으라는 유언을 했고,
두 아들에 의해 그것이 지켜졌으나 이후 두 아들은 고향인 충주 땅으로
떠난 것도 풍산 류씨들이 독점적으로 이 산을 수호하게 된 한 요인이
된 것 같다.
　권옹(權雍)은 충주 사람이다. 그가 안동과 인연을 맺은 것은 안동 사
람인 배소(裵素)라는 분의 사위가 되면서인데, 배소는 전서를 지낸 배
상공(裵尙恭)의 아들이다. 배상공은 하회마을 풍산 류씨 입향조인 전서
공 류종혜(柳從惠)와는 서로 친밀한 관계에 있었다. 더구나 평창군사

권옹은 전서공 류종혜의 손자인 류소를 사위로 맞았던 것이다. 이리하여 류소 부부의 묘소를 천등산 남록(南麓)에 합장한 뒤로 자손들의 묘소를 이어서 쓰면서 대대로 풍산 류씨가 이 산을 수호하기 시작했다. 현재까지 수백 장의 풍산 류씨 묘소로 썼음이 이를 증명한다.

전서공 류소의 묘를 쓴 뒤 그의 아들 형조참의에 증직된 자온(子溫 : 성균진사)은 당초 하회 화산(花山)에 장사지냈으나 수토(水土)가 늘 불안해 드디어 천등산 북록(北麓)으로 이장했는데 권태사 묘소와는 위쪽으로 사백 보 거리였다. 뒤에 부인 안동 김씨(寶白堂 金係行의 딸)가 세상을 떠나 같은 곳에 장사지내려 했을 때의 일이다.

당시 권태사의 원손(遠孫)인 권균(權均)이 정승으로 있었고 상당한 오해가 있어서 안동부(安東府)에 문서를 보내 장사를 금하도록 했다. 참으로 난감한 일이었으리라. 이렇게 되자 장사를 지낼 수 없게 된 상주인 류공작(柳公綽 : 간성 군수)은 상복을 입고 정승의 솟을대문 앞에서 달을 넘기며 고행을 했고 드디어 〈자손 지파(枝派)의 계장(繼葬)한 내력(來歷)〉을 정승에게 자세히 아뢰어 이해를 얻어냈다. 〈할아버지의 효성이 아니었으면 불가능했을 일로서 이 산을 이어받아 수호하는 자손들은 더욱 알지 않을 수 없을 것이다〉라고 손자인 겸암 류운룡 선생은「세계록(世系錄)」에다 사실을 특별히 기록해 두고 있다.

조선 후기 안동에 살고 있던 권태사 후손들은 풍산 류씨에 주도되는 능동 시조 묘역이 있는 산의 소유 문제에 상당한 불만이 있었던 모양이다. 그래서 급기야는 대구 감영(監營)에까지 송사가 올라갔고 그때 학록(鶴麓) 권방(權訪)이란 권태사 후예 한 분의 기지(奇智)가 일화로 전해진다.

그때까지 권태사와 16대손 평창군사 권옹의 묘소 외에는 안동 권씨의 묘소가 없는 데 비해 풍산 류씨들은 수백 장의 계장(繼葬)이 있는 터였다. 세불리(勢不利)가 적절한 상황이었다. 그때 권학록이란 분은 한 초야의 선비로서 감영의 감사를 찾아가 이치를 따지게 되었다.

감사(監司)는 이미 류씨의 관점에서 의사를 굳히고 있던 터라 아무리 부당함을 아뢰어도 막무가내였던 모양이다. 그래서 권학록은 〈저 중국의 맹상군의 식객(食客)은 삼천이나 된다고 합니다. 그렇다면 맹상군의 집이 식객의 집입니까, 맹상군의 집입니까?〉라고 했다.

감사가 갑자기 나온 그 말을 듣고서는 대답할 길이 막연하다. 아무리 많아도 식객은 식객이고 주인은 한 사람이라도 주인인 것이다. 그러나 감사로서의 권위가 문제 아닌가.

「허허, 시골 선비가 당돌하구나. 여기가 어디인 줄 아느냐. 감사라면 이 땅의 왕과도 같은 존재이거늘……」

위세로 논리를 제압하려 했던 것이다. 그러자 권학록의 대꾸는 점입가경이다.

「아이고 그런 줄 몰랐습니다. 저는 한 나라에는 왕이 한 분뿐인 줄 알고 있습니다. 저는 저의 왕에게 가서 이 사실을 바룰까 합니다」

감사가 휑하니 돌아서는 권학록을 황급히 잡았음은 불문가지다.

이 일이 있은 뒤로는 권씨와 류씨가 함께 이 산을 수호하여 오늘에 이르고 있다 한다. 문자로는 〈동산수호(同山守護)〉다. 지금 능골산에 올라보면 권태사와 평창군사 권옹 묘소 이외에는 풍산 류씨들의 묘소만 무수히 만날 수 있다.

11 비운의 겸암, 서애 형제분의 매부 부부

임진왜란은 역사상 그 유래를 찾기 어려울 정도로 비참했던 전쟁이었다. 승리한 전쟁으로 기록되기는 했어도 세부적으로 들여다보면 상처뿐인 영광이란 생각을 지울 길 없다.

당시 계엄사령관 격인 도체찰사 직에 있었던 서애 선생의 매부 부부까지 모두 전쟁으로 목숨을 잃었다는 점은 더욱 그런 생각을 들게 한다.

서애의 매부는 명문 선산 김씨 판서 김종무(金宗武)공이다. 현재 하회대종택의 노종부인 김명규 여사는 판서공의 후예다. 이런 경우를 일러 세의(世誼)가 있다고 이른다.

판서공은 당시 사근도 찰방 직에 있었다. 일선의 말단 관리였다. 그분은 조정의 화란을 좌시할 수 없었기에 휘하의 병졸과 집안의 노비를 모두 모아서 상주 북천으로 달려가 왜적과 맞서 싸우다 중과부적으로 장렬하게 전사했다.

임진왜란이 발발하자 왜적들은 물밀 듯 북상하였다. 조정에서는 이일(李鎰, 1538-1601)을 경상도 순변사에 임명하여 북상하는 적을 상주에서 방어하게 했다. 날랜 병사 300여 명을 이끌고 급히 달려온 것이다.

상주에 임진왜란의 소식이 전해진 것은 4월 14일이었고 23일에 순변사 이일 일행이 상주성에 들어왔다. 선산 사람인 김종무는 1591년 사근도 찰방에 임명되었다. 그는 임진왜란 때 이 지역에 딸린 역졸들을 정돈하여 주야로 수백 리 길을 달려와 순변사 이일의 진을 찾아 상주 북천 전투에 나아갔던 것이다. 그러나 책임 장수인 이일은 전세가 불리함을 알자 그대로 달아나 버렸다. 공은 세가 불리함을 알아차리고 말에서 내려 의관(衣冠)을 바로 하고 종 한룡을 돌아보며 손 부채를 준 뒤 〈나는 의에 죽으니 너희들도 나를 위해서 죽어서 상하가 모두 충성을 다해 죽는다면 세상에 부끄러울 것이 없다〉고 했다.

공은 왜란이 발발하자 일어나서 성명을 옷깃속에 붙여놓고 하인들에게 이르기를, 〈내가 죽거든 이것을 증거로 시신을 찾으라〉고 했을 정도로 이미 순국을 결심한 분이었다.

이러한 공적으로 숙종 때는 정려가 내려지고 상주의 충렬사(忠烈祠)에 배향되었다.

숙종 24년(1698)에 마련된 충렬단에는 당초 상주판관이었던 권길, 통제사 정기룡, 찰방 김종무, 한림 전극항, 호장 박걸을 모셔 배향했으나 대원군 서원철폐령으로 훼철되자 공의 위패만 남기고 모두 각기 모셔

갔다. 그래서 지금은 선산인 김종무 1인만을 향사하고 있다. 단소 앞 비에는 〈증 이조판서 사근도찰방 김선생 충렬단〉이라고 씌어 있다.

또한 임진왜란 당시 전적지인 상주의 북천 일대는 지방기념물 제77호로 지정 보호되고 있다. 충렬사 유허비는 충청도 도사 직에 있던 계당 류주목공이 고종 8년(1871)에 지은 글을 새겨 1980년에 건립했다.

상주 북천 전투는 아군의 패배로 끝난 전투다. 이 싸움에서 승리한 적들은 문경을 지나 파죽지세로 북상하였으나, 우리의 저항 정신을 심어주기에 충분한 피해를 그들에게도 입힌 싸움이었다.

그런데 그 혼전중에 전사한 판서공은 시신조차 수습하지 못해 말 등에 얹혀 돌아온 의관만을 가지고 무덤을 만들었다 한다.

한편 판서공은 자신의 부인 풍산 류씨를 포함한 식솔들을 인근의 금오산 석굴[도선굴]로 피난을 시켰다. 금오산은 도립공원으로 지정된 곳

사진 12-2 도선굴

으로 지금까지도 산성이 남아 있을 정도로 당시의 요새였다. 더구나 천연 동굴인 도선굴은 천험의 요새요 피난처로서 임란 당시 500여 명이 피난한 곳으로 알려져 있다. 그러나 암벽 틈을 타고 자란 칡넝쿨을 부여잡고 이 굴에 올라 긴 막대로 조금씩 흐르는 물을 받아 먹으며 겨우 연명하던 터라 건강이 온전할 리 없었다. 뒤늦게 이러한 사실을 안 서애의 형님은 노복을 시켜 구출을 하였으나 생명을 구하지는 못했다. 부인을 구출해 안동으로 귀환시키는 도중 일직 부근에서 그만 세상을 떠나고 말았다 한다.

이들 부부의 묘소는 현재 안동시 서후면 능동의 안동 권씨 묘소 가는 길 왼편에 모셔져 있다.

12 노모와 많은 식솔들을 무사히 피난시켰던 도심촌

1592년 4월 13일 고니시가 인솔한 제1번대가 병선 700여 척에 나누어 타고 부산포에 침입하면서부터 7년 여에 걸친 왜란은 시작되었다.

조선의 비극은 겸암 선생 형제분에게도 어김없이 닥쳤다. 당시 겸암이 54세로 그해 봄에 사복사(司僕寺) 첨정(僉正) 직에 승진했고, 서애는 51세로 좌의정(左議政) 직에 있었다. 81세의 노모는 2년 전인 선조 23년 (1590)부터 겸암이 서울에서 모시면서 봉양하고 있었다. 전세가 크게 불리하자 국왕이 서울을 떠나 피난할 지경에 이르게 되자 서애는 주상에게 눈물로 집안의 노모를 모실 수 있도록 형님의 직책을 거두어달라고 간청해 윤허를 얻게 되었다. 눈물로 두 형제는 이별하였음은 물론이다. 당시의 절박한 정황은 서애의 셋째 아들 수암이 쓴 국문본 『임진록』에 자세히 기록되어 있다.

각설하고, 그야말로 풍찬 노숙에다 낮에는 숨고 밤에만 길을 가 적을 피해 마지막 피난처로 택한 곳이 태백산 아래 도심촌이었다.

적진을 거슬러 천리를 남하해야 하는 피난길은 참으로 위험 천만한 일이었다. 그것도 단신도 아닌 100여 식솔들을 모두 거느린 채 음식까지 구해가면서……. 실재로 피난 도중 사대부 가족들 가운데 상당수는 왜병이나 도적들에게 피해를 입었다. 그런 급박한 상황에서도 자손이나 비복 가운데 한 사람도 화를 입지 않았던 것은 천운이 아니면 달리 설명할 길이 없다. 여기에 겸암의 〈이인(異人)〉이라는 전설이 다시금 상기되지 않을 수 없다.

겸암은 모두가 북쪽으로 피난을 했으나 천지 자연의 이수(理數)에 밝아 아우인 서애의 우려에도 불구하고 남쪽으로 방향을 잡았다. 피난처로 택한 도심촌이라는 곳은 어떤 곳인가?

현 행정명으로는 봉화군 춘양면 도심리를 말한다. 춘양면은 군의 북부 중앙에 위치하고 있는데, 당시는 춘양현 지역이었다.

면의 대부분은 험준한 산지이며 북부에는 소백산맥이 강원도와 도계를 이루고 구룡산, 삼동산이 솟아 있으며 이 밖에 옥석산, 문수산, 형제봉, 왕두산, 각화산 등을 잇는 험준한 산들로 둘러싸여 있다.

도심리 중에도 겸암 일가족이 피난했던 곳은 감동골 또는 현동(玄洞)이라 불리는 곳이었다. 이곳에 움막을 지어 부모를 모시고 피난을 하면서 뒤뜰에 감나무 다섯 그루를 심었는데 지금까지 두 그루가 남아 있어서 감나무 모치(모퉁이)라고 부르며, 그 나무가 있는 곳을 감동골이라 부르게 되었다 한다.

그리고 겸암이 난중에 국왕과 아우를 걱정하여 제단을 모으고 하늘에 치성을 드리던 곳이 마을 앞 밭 가운데 유적으로 남아 있다. 겸암이 이곳에 정착한 것은 1592년(54세) 9월 무렵인데, 이후 풍기군수, 원주목사, 절충장군 등 직을 지낸 뒤 60세 봄에 다시 노모를 모시고 도심촌으로 돌아온다. 이해 12월에는 벼슬에서 물러난 아우와 함께 도심촌 우사(寓舍)에서 거처하기도 했다.

겸암은 이듬해 4월 하회로 돌아갈 때까지 도심촌과 인연을 맺었으니,

세상을 떠나기 2년 전의 일이다. 그렇지만 지금은 특별한 기념비나 표지판이 준비되어 있지 못한 채 그저 촌로들 몇몇 분만 이곳이 겸암 일가족이 피난했던 곳임을 지점하고 있을 뿐이다.

13 물금장(勿禁葬)을 명 받은 우헌(寓軒) 류세명(柳世鳴)

우헌 류세명(1636-1690)은 겸암의 증손자로 태어나 조부인 서애의 기대와 총애를 한 몸에 받은 졸재 류원지에게 배워 사마시를 거쳐 문과에 급제한 뒤 호당과 교리를 역임하는 등 문신으로서의 엘리트 코스를 거쳤다.

하회에서는 수많은 인물이 배출되었어도 왕명으로 독서당에 뽑혀 들어간 분은 서애와 우헌 두 사람뿐이다. 그만큼 우헌은 문학신(文學臣)으로서의 자격을 갖춘 인물이었다. 그래서 하회에서는 파에 구애됨이 없이 겸암 서애 이후의 인물을 논할 때면 졸재와 우헌을 손꼽는 것이다. 공교롭게도 이 두 분은 38세라는 연령차를 두고 겸암과 서애파를 대표하고 있다. 흥미롭게 들은 바로는 〈우헌 당시만 해도 우리 겸암파의 기수가 대단했다〉고 회고하는 말이었는데, 그 역시 우헌의 위치를 가늠하게 하는 평가다.

많은 일화가 있지만 그중에서도 사후에 물금장을 하사받은 사실이 흥미롭다. 〈물금장〉이란 어떤 장소에라도 장사지낼 수 있는 일종의 특례조치로서 국왕이 허가해 준 것을 말한다. 문자상으로는 〈장산물금(葬山勿禁)〉이다. 국가에 큰 공을 세웠거나 고위직에 있었던 원로 대신들조차 물금장이 내려지는 것을 대단한 명예로 생각했다. 그런데 정5품 홍문관 교리직에 그쳤던 우헌에게 물금장을 내린 것은 그야말로 은전 중에서도 은전이었다.

우헌은 35세(현종 1년, 1660)에 사마시에 합격하여 진사가 된 6년 뒤인 현종 7년(1666)에 넷째 형과 함께 노론 정권과 맞서 나라의 예를 논하였다. 이것은 상복고증에 대한 상소로서 우암 송시열의 복제가 잘못된 것이라는 강력한 주장이었다. 이때 우헌이 초안한 상소문은 더욱 격절하면서도 통쾌한 것이었다.

그러나 정권 담당자들인 노론측에 힘으로 밀려 일종의 벼슬 임용 기회의 박탈이랄 수 있는 감가(坎坷)를 당하고 만다. 15년만인 숙종 1년(1675)에서야 문과에 급제할 수 있었던 것도 그 때문이었다. 당시의 나이 이미 40이었고 향년 55세로 세상을 떠났으니 실제로 그가 조정에 머물면서 경륜을 펼 시간이 그리 넉넉지 못했다.

   어떤 한 명사(名士)가 정원(政院)을 지나다가 공이 여러 차례에 걸쳐 올린 상소문을 보고서, 〈문장과 덕망이 일대의 존경을 받을 만한데도 아직 말단 관료에 머물러 있으니 이조(吏曹)에서의 하는 일은 도무지 알 수가 없네〉라고 했는데, 당시 근곡(芹谷)이 이조판서 직에 있었다. 근곡은 이 말을 듣고, 〈그 말이 맞다. 그러나 전한(典翰, 홍문관 종3품직)과 직제학(直提學, 홍문관 정3품직)을 거친 뒤에 다른 직책에 임용하려 했다〉라고 답하였다.
                                               —『우헌집』,「행장」

이조판서 근곡(芹谷) 이관징(李觀徵, 1618-1695)의 실명이 등장한 것으로 보아 신빙성이 있는 기록이다. 이관징은 연안 이씨로 남인이었다. 글씨로 뛰어나 해서에 일가를 이루었고 만년에는 김생 필법에 심취한 사람이다.

전한과 직제학을 거친 뒤 다른 직책이란 참판에서 판서로 가거나 아니면 부제학을 거쳐 문신들의 최대 영예랄 수 있는 홍문관 대제학(정2품직)이 될 것이라는 전망이다. 애석하게도 국가에 크게 중용될 시기에 55세를 일기로 세상을 떠난 것이다. 그러나 이러한 평가는 일개 5품직을 지낸 그에게 국왕의 명으로 경기·충청·경상 감사로 하여금 상여를 운구하게 하고 어떠한 장소에라도 장례를 치를 수 있도록 허용하는 물금장까지 내리게 했던 것이다.

14 청백하게 살다간 낙동대감

하회마을에 뿌리를 둔 인물들의 전기를 읽다보면 충과 효, 그리고 청백 등과 같은 단어가 자주 눈에 뜨인다. 물론 겸암과 서애 형제분의 거룩한 삶 때문에 후대에 그렇게 추앙하기도 하겠으나, 후손들이 가문의 명예를 실추시키지 않기 위해 노력한 것 때문이라 생각된다.

서애 선생의 맏손자 졸재공의 시에 〈청백전가보(淸白傳家寶)〉나 낙동대감의 부친인 강고(江皐) 류심춘(柳尋春)의 〈가전청백(家傳淸白) 세업충효(世業忠孝)〉나 학서(鶴棲) 류이좌(柳台佐)가 정해 둔 「의장절목(義庄節目)」의 〈오류(吾柳) 세수국은(世受國恩) 가전충효(家傳忠孝)〉라고 강조한 글귀가 모두 그에 해당한다. 〈우리 류씨는 대대로 나라의 은혜를 입어왔으니 충효의 전통을 어그러뜨려서는 안 된다〉는 나름의 다짐이 그 골자겠다.

영남에서는 행직(行職, 實職)으로 정승의 반열에 오른 분이 그렇게 흔치 않다. 당쟁의 와중에서 남인은 2선으로 밀려나 있었기 때문이기도 하겠으며, 남인 특유의 학문과 행검을 존중하는 기품 때문이기도 했을 것이다. 사실 학문과 정치를 병행하기란 그리 간단치는 않았음을 우리는 역사를 읽으면서 느낄 수 있다.

남인으로서 영의정에까지 이른 분으로는 소재 노수신과 서애 류성룡이 있는 정도다. 한 분은 안동 하회며 한 분은 상주 화령이 고향이다. 서애의 경우는 나라를 다시 만든 공을 세운 분이라 최고의 추앙을 받았으면서도 삭탈 관직의 아픔을 당했다.

소재 노수신의 경우는 을사사화와 이어서 일어난 양재역 벽서 사건에 몰려 진도에 유배되는 등 전후로 21년간이라는 긴 유배 생활을 끝내고 선주 즉위와 함께 재등용되어 영의정에까지 이르렀으나, 다시 정여립 모반 사건에 연루되어 삭탈관직되는 등 영욕이 점철된 일생을 살았다. 특히 소재 노수신은 『조선왕조실록』 기사 가운데는 아무것도 건의한 것이 없다는 등의 혹평이 다수 발견된다.

소재 노수신이 세상을 떠난 선조 24년(1590) 5월 서애가 우의정이 된다. 당시 그의 나이는 49세였다. 이때 영의정은 당을 달리하는 북인의 영수였던 아계 이산해였다. 임진왜란이 일어나기 불과 2년 전의 일이었다.

그 뒤 정승은 조선 후기인 정조 대에 번암 채제공이 떠오를 정도로 영남 인사는 중앙 정치 무대에서 철저히 배제되었다. 그리하여 정권은 노론 권신들이나 외척 세력들의 전유물이 되었다. 자연 학문이나 행검(行檢)보다는 권모와 술수, 그리고 부정과 부패가 판을 치는 세상으로 전개되었다. 이러한 폐단을 누구보다 뼈저리게 느끼고 있던 왕실 인사가 있었으니 그가 바로 흥선 대원군(이하응, 1820-1890)이었다. 흥선 대원군은 인조의 넷째 아들인 인평대군의 7세손이고 남연군(南延君) 구(球)의 넷째 아들이다.

당시는 안동 김씨의 천하였다. 부득이 대원군은 안동 김씨들의 그늘에서 살아남기 위해 온갖 수모와 좌절을 감수했다. 한편 전국을 주유하기도 했는데 인재를 구하기 위해 많은 사람들과 만난 일화가 전해온다. 그중에서도 압권은 낙동대감과의 이야기다.

대원군은 한양의 정치판에 환멸을 느끼면서 내심 〈학문이 영남에 있고 인재도 영남에 있다〉고 생각한 사람이었다. 그래서 조정의 위기와 국가의 환란을 구할 인재가 영남의 골골마다 묻혀 있으며, 그들을 발굴해야 한다고 여겼다. 특히 세신지가(世臣之家)에 거는 기대가 남달랐다. 우선 경주 양동(良洞)의 회재 이언적 선생의 자손들을 눈여겨보았고 이어서는 인동(仁同)의 여헌 장현광 선생의 후손도 접촉해 보았으나 〈이 사람이다〉하는 판단은 서지 않았던 모양이다. 그래서 다시 세 조정의 세자궁 벼슬을 했고 서애 선생의 후손이며 학문과 행검으로 당대의 최고라는 추앙을 받았던 강고 류심춘이 사는 상주 낙동 땅으로 발길을 돌렸다.

석양 무렵 피곤한 나그네 행색으로 찾아든 곳이 훗날 〈낙동대감〉으로 이름난 낙파 류후조(1798-1875)의 집이었다. 집안은 청빈하기 그지없으나 사방에 도서가 가득하고 묻는 내용은 예를 다해 대답하는 등 서로간 막힘 없는 고담 준론이 이어졌다. 그때 저녁상이 들어왔는데 소반에는 끓인 맹물 두 대접만 달랑 놓여 있었다. 가난이란 말도 들었고 모습도 보았으나 귀빈에까지 이렇게 대접할 정도인 줄은 몰랐다. 그런데 더욱 놀란 것은 손님을 맞는 주인의 태도다. 너무나 아무렇지 않게 〈백비탕(白沸湯)을 드시지요〉라고 은근하게 권하는 게 아닌가. 백비탕이란 문자 그대로 끓인 물 그 자체로 가난한 영남 선비들로서는 항용 접하는 음식이 아닌가. 그 다음날 아침도 역시 메뉴는 백비탕이며 더욱 가관인 것은 아무런 거리낌도 없는 자연스러운 태도였다. 안빈낙도(安貧樂道)란 이런 사람을 두고 이른 말인가? 홍선 대원군은 감탄과 의아함을 동시에 느꼈다.

인재를 물색하기 위한 걸음이라 내색을 못했으나 며칠 동안의 생활은 불편하기 이를 데 없었다. 충분히 서로 토론을 한 뒤 하직을 하고 한양을 향해 얼마간을 오다보니 다시 오시라는 전갈이 왔다. 그래서 마지못해 다시 가니 이밥에다 고기 반찬이 지난 번과는 천지 차이였다. 그 사유를 물으니 마침 떠나신 뒤 사돈댁에서 정성이 왔다는 것이었다. 이번에는 작별할 때 노자까지 손에 쥐어주었다. 대원군은 과연 영남의 예법이라고 감탄해 마지않았다. 그런데 한 십리쯤 왔을 때 또 한 사람이 헐레벌떡 달려와서는, 사돈댁에서 초상이 나 부조를 전해야 하니 송구하지만 조금 전에 주었던 여비를 돌려달라는 전갈을 하는 게 아닌가.

이런 일 때문에 대원군은 낙동대감의 인간미에 더욱 반해 정권을 잡으면 중용할 것을 다짐했다고 한다. 그래서인지는 몰라도 노론 천하에서 승승장구하여 급기야는 번암 채제공 이후로는 처음으로 좌의정에까지 이르렀다.
 다만, 이 이야기는 주인공이 낙동대감의 부친인 강고 류심춘으로 바뀌기도 하며, 또 대원군이 빠지고 강세옥(姜世玉)이란 인물이 등장하기도 하는 등 일정치 않다. 그것은 그만큼 이 이야기가 영남인의 정신을 잘 묘사했기 때문일 것이며, 인구에 회자되는 가운데서 주인공이 바뀌기도 하고 첨삭이 무상했는지 모르지만 참 흥미로운 이야기임에는 분명하다.
 또 다른 이야기도 구전되고 있다. 역시 대원군과 관계된 이야기이다.
 낙파가 우의정으로 취임하기 전에 뜻밖에도 대원군의 방문을 받았다. 새 임금이 등극하면서 베푸는 여러 시책들이 말단에까지 침투가 되지 않고 있는 실정인데, 그것은 조정을 좀먹는 무리들 때문이라고 대원군은 공에게 역설했다. 김씨 일족의 세도 때문이며 그들의 원흉 김병기 등을 죽여야 마땅하다는 취지로 한 얘기다.
「지당하신 말씀입니다만……」
 공은 이렇게 대원군의 물음에 말꼬리를 흐렸다.
 공은 진작부터 언젠가는 피비린내 나는 한바탕의 권력 싸움이 있을 것을 예상은 했었다. 그것이 드디어 왔고 또한 그것을 자기 손으로 치러야 한다고 생각하고 고민에 싸였다. 당시 관례로는 정승에 취임하면서 첫날 임금에게 올린 의견은 대부분 그대로 받아들여졌다. 취임 첫날의 건의는 대부분 수정 없이 통과됨을 의미했다.
 대원군의 말은 내일 등청을 해서 첫마디에 〈안동 김씨 일족을 몰아내야 합니다. 그 원흉은 죽이고 졸개들은 귀양을 보내야 합니다〉하고 주청을 드리라는 은밀한 요청이었다.
 그날 밤 당사자인 김병기가 마침 낙동대감을 찾아왔다.
 김병기는 이조판서이지만 안동 김씨의 대표적 인물이었고 대원군이 벼르고 있던 터라 목숨을 건질 계책을 마련하지 않을 수 없었다.

「대감, 지금까지 저와 원수진 일이 없지요?」
김병기는 공의 마음을 꿰뚫어 보는 듯했다.
「그야 없지요」
공도 김병기의 말뜻을 알아차렸던 것이다.
「그러시면 앞으로 원수질 일도 없겠지요?」
「공과 저 사이에 원수를 맺다니요, 그게 무슨 말씀이오이까」
「대감 지금 하신 말씀이 정녕 허언은 아니시겠지요」
「그렇습니다. 저는 다른 사람과 원수지는 일을 가장 싫어합니다」
김병기는 공의 손을 잡고 눈물까지 글썽였다. 그날 밤 그는 많은 생각에 잠겼다. 날이 밝아 우의정에 취임하는 날이 찾아왔다.
공은 취임 일성으로 임진왜란 때 공이 큰 상주 출신 창석 이준에게 시호를 내리고 그 자손들의 어려움을 보살펴달라고 청했다. 이준은 공의 선조인 서애 선생의 으뜸가는 제자였으나 아직 시호가 내려지지 않았다. 공이 임금에게 드리는 엉뚱한 말에 대원군은 기가 막혔다. 마음이 급해진 대원군은 공에게 물었다.
「대감 다른 말은 없소?」
「달리 드릴 말씀이 없사옵니다」
자리를 파한 뒤에 대원군은 오늘의 일을 곱씹고 있는 듯했다.
「대감 어젯밤 일을 잊으셨소이까?」
「아, 참. 이 늙은 것이 정신이 없어 그만 큰 실수를 하였습니다」
그는 허리를 굽혀 이 말을 하고는 물러났다. 그날 밤 김병기는 공을 방문하고 살려준 은혜를 무엇으로 갚아야 할지 모르겠다며 눈물을 흘렸다고 한다.
공의 진언대로 창석 이준에게는 문간(文簡)이라는 시호가 내려졌다.
대원군은 다시는 김병기의 일을 가지고 공을 괴롭히지 않았다.
1867년 공은 좌의정에 올랐다. 그러나 공은 즐겁지 않았다. 대원군과 민비의 사이가 벌어짐과 때를 같이해 민비는 자신의 척족들을 요직에 등용시켜 대원군과 대립 세력으로 형성해 갔다. 공은 대원군에게 고향으로 내려갈 때가 되었다고 두 번이나 사직소를 올려 1867년 7월 15일 좌의정에서 물러났다.

상주는 서울에서 조령을 넘어 영남으로 이르는 길목이어서 높고 낮은 관원들이 낙동을 경유하게 되어 있었다. 공이 사는 우천은 낙동에서 십리 거리에 있었다. 봉조하(奉朝賀)인 공에게는 문안 인사를 드리고 가는 것이 관례로 되어 있었다. 공은 문안 인사가 잦아지자 한 가지 생각을 짜냈다.

〈관원은 국가의 공무를 맡아 바쁠 것인데 내가 길가에 나가 앉으면 그들이 편안할 것이 아닌가〉 하여 낙동 나룻가로 이사를 했다. 그래서 관원들은 문안 인사를 수월하게 할 수 있었다고 한다. 이런 일로 인해 그에게는 낙동강 가에 사는 대감이라는 뜻으로 〈낙동대감〉이라는 별호 하나를 얻게도 되었다.

하루는 공이 삿갓을 쓰고 낚시질을 하는데 웬 젊은이가 강 건너에서 도도한 태도로 강을 건너게 해달라는 것이다. 공은 아무 소리 없이 그를 업어 건너 주었는데 대감 전에 나가 인사를 드리고 보니 바로 강을 업어 건너준 사람이 아닌가. 혼비백산했다는 일화도 전한다.

당시는 70살이 넘는 노인이 드문 때라 공은 소탈하고 티없는 친구가 그리웠다. 한 동네에 공의 연배가 있어서 스스럼없이 사귈 수 있었다. 하루는 경상 감사가 인사차 다녀갔는데, 그 뒤로부터는 그 노인을 불러도 그가 높은 대감인 줄 몰랐다며 황송해 하며 발걸음을 끊었다. 공은 경상 감사가 내 친구 하나만 떼버렸다고 푸념했다.

또 어느 날 길가 주막에서 자고 가게 되었는데 신관 사또 행차를 만났다. 무료한 주막에서 서로 묵다보니 신관 사또로부터 장기를 두자는 청을 받고 하는 수 없이 장기판을 마주하게 되었다. 그런데 신관 사또는 방자하기 이를 데 없었다. 장을 부를 때마다 〈신관 사또 장 받아라〉 하고 호기를 있는 대로 부렸다. 정도를 넘어서자 공은 〈낙동대감 장 받아라〉로 응수했던 모양이다. 사태의 심각성을 간파한 신관 사또는 그만 엎드려 죄를 빌었다는 일화도 전한다.

공을 〈지당대신〉으로 불렀다는 이야기도 있다. 그런데 자신의 주견이 없이 남의 말에 동조하는 〈지당(至當)〉으로 이해해 〈Yes-Man〉쯤으로 해석하기도 한다. 그러나 이것은 잘못이다. 여기서 지당이란 〈자신은 아는 것이 없고 어리석다〉는 겸양에서 나온 것으로서, 일종의 자신의 의견 표출에 대한 유보요 보류다. 글자는 〈치당(癡戇)〉으로 쓴다.

대원군이 안동 김씨로 대표되는 노론을 치려고 사도세자를 죽음으로 몰아간 역사를 재론해 정승의 반열에 있던 공에게 어떻게 해야 하느냐고 동의를 구했을 때, 〈저는 지당해서 무어라 답하지 못하옵니다〉라는 말을 했다는 것이다. 공은 영조가 〈죄를 묻지 말라〉는 유언을 기준으로 상호 보복의 악순환을 막기 위한 깊은 뜻에서 이렇게 의사를 보류했던 것이다. 참으로 후(厚)한 처사였다. 이렇게 후한 처사를 바탕으로 뒷날 안동 김씨의 보은을 받게 되며 자손들을 보존함은 물론 영남에 많은 인재가 배출되는 기틀을 다졌던 것이다.

15 하회마을의 슬픈 이야기 —— 하회수변(河回水變)

〈일화〉란 세상에 널리 알려지지 않은 이야기를 말한다. 그렇게 보면 하회마을의 수변(水變)은 여기에 해당될 것이다. 좋은 이야기도 많은데 하필 슬픈 그 이야기를 들춰서 쓰는 이유는 두 가지다.

첫째, 겸암파와 서애파의 자손들의 균형이 맞지 않는 이유가 다소간 설명되기 때문이며, 둘째, 후한 집의 후손들이 잘 된다는 또 다른 사례가 되기 때문이다.

고종 을해년(고종 12년, 1875)의 일이라 한다. 30여 명의 하회 젊은이가 한 순간 옥연정 앞 소에 빠져 익사한 사건이 있었다. 그해 음력 이월 초팔일 금산군수를 지낸 겸암의 10대손에 류도종(柳道宗, 1789-1860)이란 분의 묘소를 의성 신평에서부터 안동 광덕으로 이장하였다. 참으로 기이한 일은 이장을 위해 묘를 팠을 때 김이 무럭무럭 올라와 모두 불길하게 여겼다 한다. 묘소 이장 절차를 마치고 해질 무렵 마을로 돌아올 때는 젊은 청년들이 대부분이었다. 문중 어른 몇 분은 너무 인원이 많아 다음 차례를 기다리겠다며 소년들에게 먼저 가라고 양보를 했지만, 배에 무리하게 가득 탄 것이 화근이었다. 그날 그렇게 배가 전복되어 삼십여 명이 빠져 세상을 떠났고, 겨우 두 세 사람만 구사일생으로 빠져나왔다.

며칠 걸려 시체를 수습했을 때는 눈뜨고 볼 수 없는 참경이었는데, 두 형제분이 도포소매를 서로 꼭 붙잡고 세상을 떠난 모습도 있었다 한다.

「그래서 그때 우리 겸암파 운세가 한번 꺼뻑했지」

겸암파 후손들의 슬픈 회고는 지금도 이어진다. 겸암파 젊은이가 다수 희생된 것이 겸암파 조상의 면례 때문이었다는 생각도 들어서이다. 음력 2월 초팔일, 하회마을 겸암파 후손가에는 제사가 많다. 한 스무남은 집에서 모두 제사를 지내니 온 마을이 제사를 지내는 것이나 다름없는 것이다.

여기에 또 후했던 일화가 함께 전한다. 마을에 오면 꼭 방문을 하는 집이 있다. 하회마을 북촌을 대표하는 북촌댁은 그 웅장한 건물 구조에 누구나 감탄을 하게 된다.

하회 수변이 났을 무렵 북촌에서 집을 크게 지으려고 좋은 재목을 산처럼 쌓아두고 있었던 모양이다. 해질 무렵 졸지에 당한 수변에 변변한 구조 장비가 있을 리 만무한 때 날까지 저물어 칠흑 같은 어둠이 강마을 전체를 뒤덮었다. 이때 북촌 주인은 장만해 둔 재목을 모두 강가로 옮겨 태워 대낮같이 밝혀 수색을 도왔다고 한다. 이 분이 바로 석호 류도성으로서 그의 기구와 안목이 얼마나 컸으며 사($私$)를 버리고 대의에 사는 유교 정신의 발로라 하겠다. 대를 이어 인재가 배출되었다던 하회

북촌댁은 이처럼 후한 처사가 있었으니 음덕소조(陰德所助)가 아닌가 생각된다.

이처럼 음덕을 쌓았던 집에 대해 최근에 못된 사람들에 의해 몹쓸 일이 저질러졌다.

주손이 서울로 이사해 사는 관계로 집을 비웠는데, 북촌도사를 지낸 석호 류도성과 그분의 조부인 학서 류이좌공의 수택본을 위시해 수많은 서책과 고문서가 간직된 이 집은 두 번이나 도둑을 맞아 대부분의 소장본들이 유실되고 말았다.

한 번 도둑을 맞았을 때 후손은 물론 관계 당국에서도 보다 적극적으로 대치하여 보존 대책을 서둘렀어야 했을 것이다. 하회마을에는 도둑을 맞지 않은 고가가 없을 정도이니 후했던 조상들의 〈음덕소조〉 역시 돈에만 눈이 먼 사람들에게는 통용이 되지 않는 것 같아 씁쓸한 마음 금할 길 없다.

16 양진당 연당못

〈양진당〉은 하회마을 풍산 류씨 대종택의 당당한 당호(堂號)이다. 더구나 이 집은 여타 문중에서는 한 분도 모시기 어려운 불천위(不遷位) 조상을 두 분이나 모시고 있다. 서애 선생을 기준으로 보면 부친과 형님이 모두 불천위이기 때문이다. 그래서 양진당은 영남에서 가장 당당한 종가로 추앙받아온 것도 사실이다.

겸암 류운룡, 이분은 세 살 많은 서애 류성룡의 친형님이다. 겸암 류운룡을 기준으로 보면 16대 종손이 사는 집인데, 이미 겸암의 6대조가 마을에 터를 잡고 이 집을 지었으니 이미 22대를 내려온 고가다.

겸암에 관련된 야사(野史)는 영남 지방 사랑방 이야기 가운데서도 손꼽힐 정도로 흥미롭고도 다양하게 전해온다. 이렇게 된 데는 아우인 서애의 영향도 없진 않았겠지만, 그 자신이 퇴계 선생의 고제(高弟)로서 상당한 기간 동안 도산에서 선생으로부터 직접 수업을 받았고, 조선 후기 노론 정권에 밀려 재야에서 학문하는 사람이 많았지만 그처럼 문과에 급제하지 않은 상태로 재야에 계속 있었던 사람은 흔치 않다는 사실을 생각해 본다면, 그를 이상에 가까운 인물로 상정하기에 가장 적합한 인물로 평가되는 점도 관련이 있다고 생각된다. 영남 지방에서는 다른 곳과 달리 세도로 얻은 벼슬보다도 인격, 곧 학문과 덕망이 인물을 평가하는 보다 중요한 척도가 되었기 때문이다.

조선 영·정조 때에, 또는 홍선대원군 당시에, 〈인재가 영남에 있고 학문이 영남에 있으며, 그래서 세상을 경륜할 비결(秘訣)이 영남에 있다〉는 믿음이 있었던 것도 우연한 것이 아니다. 전통 사회에서는 나라가 혼란해지면 그것을 바로잡고 구해줄 비결이 삼천리 강토 어느 곳에는 반드시 있다는 신앙과도 같은 믿음이 있었다. 그런 믿음에서 영남, 특히 서애의 가문을 주목하게 되었으니 그 주인공이 바로 겸암이다. 지금 종손(류상붕(柳相鵬), 입향조 22세)의 증조부 되시는 분은 고종 당시 벼슬에 나아가 승지를 지낸 분이다.

조선 시대를 통틀어 가장 불운한 제왕 가운데 한 분인 고종 대에는 내우외환이 겹쳤던 시기다. 그래서 혼란기를 극복할 묘안을 찾기에 온 조정이 노력하고 있을 때 조정에서는 임진왜란이라는 미증유의 국난을 가장 슬기롭게 극복했던 서애의 고향을 떠올렸다. 마침 측근에서 영남의 큰집 종손인 류시만(柳時萬)이 자격이 있다고 추천을 하게 되었다. 예전에는 유학(儒學)이나 진사(進士)는 국왕을 알현할 자격이 없었던 모양이다. 그래서 단번에 승지를 시켜 나가게 했다.

첫 공사에 국왕은,

「듣기로는 경의 조상인 겸암은 이인(異人)으로 알려진 바, 또한 …… 비결도 있었다고 하던데, 그런 것이 지금도 남아 있는가?」

고종은 실로 다급하면서도 진지하게 하문했다.

「예, 신의 집안에는 그런 것이 남아 있는 줄 알고 있습니다」

뜻밖에도 시원스런 대답이다. 류시만이란 분의 성격 자체가 그러했다 한다.

「그렇다면 그것이 지금 어디에 보관되어 전하고 있소?」

「예. 소신의 집 사당 대들보 위에 갈무리되어 있습니다」

「참으로 다행스런 일이요. 경은 얼른 고향으로 내려가 당장 그것을 가지고 상경하도록 하시오!」

대략 이런 대화가 오갔던 모양이다.

류시만은 풍채가 좋을 뿐 아니라 산악 같은 기개도 갖춘 분으로 자신이 한 말을 다시 주워담기보다는 더욱 수단을 부렸다. 이를테면 바둑에서의 기세(氣勢) 상(上)이요, 내친걸음에서였다.

고향으로 내려와 사람을 시켜 사당을 당장 뜯었고, 그곳에서 비결을 적은 문건을 얻었다고 일이 꾸며졌는데,

「덕수궁 정문이 대안문(大安門)으로 글자 모양이 계집이 갓을 쓰고 있는 격이라 크게 마땅치 못해 의당 나라 한(漢)자로 바꾸게 되면 나라의 운세가 바로 잡히게 되리라」

비결이란 대략 이런 내용이었다 한다. 즉시 시행되었음은 물론이다. 지금도 덕수궁은 대한문(大漢門)이란 현판을 달고 있기 때문이다.

국운이 바람 앞에 등불이던 시절 지푸라기라도 잡는 심정으로 방방곡곡으로 난국을 수습할 계책을 찾던 가운데 있었던 이야기 가운데 하나다.

각설하고, 사당 한 채가 그 당시 뜯긴 이후 현재 양진당에는 고조부까지 4대를 모시는 사당이 따로 없고 불천위 사당 두 채만 남아 있다. 본래 불천위는 사당 한 채에 한 분의 위패만 모시게 되어 있기에 4대분의 위패는 어떻게 모시고 있는지 궁금하지 않을 수 없었다. 그래서 노종부 선산 김씨에게 여쭈었더니 놀랍게도 더욱 신비한 소설 같은, 전설의 고향 같은 이야기를 듣게 되었다.

「저쪽 대추나무 서 있는 데가 사당 있었던 자리라니더」

「그 옆에는 남향으로 별당이 22칸짜리가 있었고……, 내가 신행왔을 때는 이미 그 사당과 별당은 없었지만 그런 건물이 있었다니더」

〈별당(別堂)〉, 이름만으로도 정겨운 별당은 전통 가옥 구조에서 자주 등장하는 명사다.〈별당 마님, 별당 도련님〉사극(史劇)에서도 심심찮게 나오는 별당이 양진당 대종택 사랑 대청 옆에 있었다는 것이다. 지금도 기왓장이며 주춧돌이 보인다니. 또 올해(1997)로 83세이신 양진당 노종부께서 또렷하게 전해 들은 사실이라니 분명 존재했던 건물임에 틀림없다. 그 구조를 담은 설계도나 한 장의 사진도 남아 있지 않지만 평생을 살아오신 노종부 선산 김씨의 기억 속에는 사진 이상으로 선명하게 각인되어 있음이 틀림없다. 별당의 구조도 구조려니와 6칸 사랑대청이 비좁도록 좌우도서(左右圖書)가 있었고, 그것이 또 모자라 22칸 별당 곳곳에 그런 물건들이 보관되었을까? 어떤 분이 계셔서 계절이 가는 줄도 모르고『논어(論語)』를 천독 만독하셨을까?

이런저런 말씀 중에 뜻하지 않게도 연못 이야기가 나왔다. 노종부께서는〈연당못〉이라고 하셨다.〈연당〉이라 연은 연꽃 연(蓮)일 테고, 당은 연못 당(塘)이다.〈미각지당춘초몽(未覺池塘春草夢)〉. 주자(朱子)의 권학시(勸學詩)에도 등장하는 연못이 당(塘)이다. 사실 한국 정원에 연못은 썩 잘 어울리는 조경물은 못 된다. 안동 주변을 둘러 보아도 퇴계, 청계, 학봉, 서애 선생의 종택 모두에는 연못이 없다. 물론 아름답게 연못이 꾸며진 곳도 있기는 하다.

조선 중기의 처사(處士), 특히 청(淸)나라를 거부한 지조 높은 선비로 추앙받았던 동래 정씨의 석문(石門) 정영방(鄭榮邦, 1577-1650) 선생의 정자엔 서석지(瑞石池)라는 연못이 있다. 경북 영양군 입암면 연당리에 있는 이 연못은 정자와 함께 중요민속자료(제108호)로까지 지정되어 잘 보존되고 있다.

또한 안동시 풍산읍에 있는 예안 이씨들의 정자인 체화정(棣華亭)에도 아름다움을 극(極)한 자연의 연못이 그 앞에 펼쳐져 있다. 그러나 이는 어디까지나 예외적인 모습이라고 생각되며 그래서 일상적이고 전형적인 것은 아닌 것이다. 우리보다 저지대나 늪지대가 많은 중국의 남부 지방이나 일본의 경우는 비교적 연못이 다양하게 발달했으나 우리의 경우는 이와는 다르다. 주자의 권학시에서 보이는 지당(池塘) 역시 남송(南宋) 사람인 주자의 자연 환경에서 자연스럽게 나온 것임을 알 수 있다.

그런데 한국 그중에서 하회(河回)에서는 연못이 더더욱 어울리지 않는다. 그것은 풍수지리설과도 밀접한 관련이 있다. 일반적으로 하회는 연화부수형(蓮花浮水形), 즉 연꽃이 물 위에 뜬 형국이다. 또한 행주형(行舟形)이다. 즉 강 위로 배가 둥실 떠가는 모습이다. 둘 다 우물이나 연못을 만들 경우 별반 도움이 되지 않는다. 한 쪽은 잎이 손상되어 어여쁜 연꽃을 피우는데 장애가 될 것이고, 다른 한 쪽은 배가 가라앉아 마침내 저 멀리로 항해하지 못하고 말 것이다. 그것은 결국 하회에 살고 있거나 뿌리를 둔 풍산 류씨 씨쪽의 불운을 상징하는 것이기도 하다. 〈다리미 형국〉은 더구나 말할 필요가 없다. 벌겋게 달아오른 숯을 담아 빨래를 다리는 도구인 다리미에 구멍을 뚫는다는 것은 차라리 비극일 것이다.

당초에는 그래서 하회에는 우물도 파지 않고 연못을 만들지 않아 둘 다 없는 줄 알았다. 그런데 하회에 몇 번 오지 않아 지금은 방치된 도르래 장치까지 된, 그래서 아주 얼마전까지도 제 기능을 발휘했음직한 우물이 눈에 띄었고, 새로 지은 하회 출신 모 재벌댁 안에도 연못이 조성되어 있음을 보았다. 다른 마을에서는 당연한 것이지만 하회에서는 좀 뜻밖이었다. 처음에는 오해도 있었다. 이를테면, 새로 제택을 지을 때 마을의 원로들께서는 왜 연못을 파게 했을까? 하는 것이었고, 우물 역시 어떤 사연을 간직하고 있는지 적잖게 궁금했다.

의문은 쉽사리 풀렸다. 둘 다 일제 시대에 이루어진 것이라 한다. 일본인들은 조선 사람들의 기(氣)를 끊기 위해 명산이며 명당을 찾아 그 혈(穴)에다 쇠말뚝까지 박았던 장본인들이라서 그 의도는 짐작이 간다. 제택에 있는 연못은 일제 시대에 면사무소가 자리하던 곳으로 당시에 조성된 것이라 한다.

동수(洞樹)로 위함을 받은 800여 년 이상된 느티나무 바로 앞에 면사무소 건물이 지어졌고, 한술 더 떠서 마을에서 금기시된 연못까지 인위적으로 판 것은 다 노회(老獪)한 저들의 악의에 찬 행위였을 것이다. 아쉬움이 있다면 근자에 그 터에다 집을 지을 때 그 연못을 더 꾸몄다는 점이다.

그런데 마을 내에 인위적으로 조성된 연못 말고 600여 년을 이어온 풍산 류씨 대종택인 양진당 사랑채 동남쪽에 연못이 있었다는 사실은 더욱 놀랍다. 그 연못 이름은 〈연당못〉이었다.

양진당 노종부를 통해 들은 놀라운 이야기를 정리하면 이러하다.

「사랑 대청 옆에 22칸 별당이 있었고 별당 아래로 연못이 있었다니더, 연못물이 몇 길이나 될 정도로 깊은 연못이었는데 양근할뱀이 귀신을 청하기도 하고 쫓기도 하는 신통력이 있었다니더」

「양근할뱀이 종손이랬니껴?」

우선 양근할배가 누구인지 호기심이 일어나 질문을 던졌다. 한창 신명나게 이야기가 전개될 때 이런 따위의 질문은 호흡을 끊는 악재로 작용하는 줄 알면서도 그렇게 물었다. 양근할뱀이란 분은 대종택의 종손이었고 양근 고을로 장가를 들어 그렇게 불러오고 있었다. 그러니까 그 분은 노종부에게는 직계 조상이 되는 분이시다.

이야기는 이어진다.

「그런데 마을에 안씨 종가의 혼자 사는 종부가 하루는 혼비백산해서 우리 종가 사랑 대청으로 달려와서는 별당 아래 연못물에 빠져 죽으려다가 자초지종 양근할뱀한테 사실이나 사뢴다고 했다니더. 이유인즉 어젯밤 하회의 젊은 종들한테 욕을 당했다는 게라 ······」

사실 예전에도 어느 마을 할 것 없이 더러 이런 불미스러운 일이 있어 왔던 것이나, 상대가 수절하고 있는 안씨 종가의 종부이며 사안이 윤상(倫常)에 관계된 중차대한 문제가 아닌가. 사리에 두루 통달한 양근할뱀은 좋은 말로 차근히 타일러 은근히 조치할 테니 목숨을 잃지 말라고 했다.

한편 성격이 괄괄한 양근할뱀 아우가 그날로 하회의 젊은 종들을 모두 불러 그 일에 관계된 사람들 몇 명을 잡아서는 모조리 청어 엮듯이 엮어 처박아 연못에 수장시켰다. 그러고 난 후 미리 연못 주위에 쌓아 두었던 큰 돌덩이를 굴려 연못을 메우고 말았다. 힘이 장사에다 안광이 뻗치고 그 위엄이 추상 같은 어른이셨다는 부연 설명은 그날의 정경을 재구성하는데 어려움이 없을 정도다.

노종부님께서 말씀하신 〈양근샌님, 양근할뱀〉은 사실 하회 풍산 류씨 대종택 당호로 쓰이는 양진당(養眞堂) 류영(柳泳)이란 분의 택호다. 택호는 여러 가지가 있다. 제일 좋은 것은 벼슬 택호라 하는데, 이를테면 정승을 지내면 〈대감댁(大監宅)〉이요, 판서를 지내면 〈판서댁(判書宅)〉이다. 이보다 낮은 경우로 고을의 수령을 지내면 〈○○영감댁〉이다. 이런 경우가 아니면 처가 고을로 택호를 삼는다. 서울로 장가들었으면 〈서울댁〉이 된다. 그런데 양근할뱀의 경우는 양근(楊根)이 고을 이름이기 때문에 이해에 다소간의 혼란도 없지 않다. 양근 고을에 살았기 때문인지, 아니면 처가 고을이 그곳이어서 그렇게 불렀는지 말이다. 그러나 이런 의문은 족보나 이력을 적은 글인 행장(行狀)을 보면 확연해진다.

양진당 류영은 겸암 류운룡(1539~1601)의 6대손이요, 풍산 류씨 대종손이라는 사실 말고도 여러 면에서 당시 하회를 대표할 인물이었음이 분명하다. 종택 사랑 대청에 〈양진당(養眞堂)〉이라고 걸려 있는 것도 이와 무관하지 않을 것이다. 양진당은 숙종 13년(1687)에 태어나 영조 37년(1761)에 세상을 떠났다. 75살을 일기로 세상을 떠났는데, 당시로서는 장수를 했다 할 연세다. 입암 류중영이 59세, 겸암이 63세, 서애가 66세, 서애의 손자 졸재 류원지가 77세, 겸암의 증손자 희당 류세철이 55세 정도다.

양진당은 영조 4년 이인좌가 반란을 일으켰을 때 하회의 종손답게 앞장 서서 의병(義兵)을 규합해 출진(出陣)하기도 했다. 그러나 이보다 더욱 중요한 역할은 많은 문중 사업을 수행했다는 사실이다. 대표적인 것은 『풍산류씨족보』를 최초로 편찬했다는 것이다.

또한 대종택과 능동에 있는 선산(先山)의 재사(齋舍)를 수리하였고 아울러 겸암정을 복원했으며 증조인 회당 류세철이 이룩해 놓았던 상봉정도 중수해 만년을 그곳에서 파사하게 보낸 분이다.

생전의 주요한 이력은 대략 이러하다. 그런데, 야담으로 전하는 일화는 양진당의 기백을 이해하는 데 긴요하다. 그런 점이 야담의 맛이요 나아가 묘미일 것이다.

사실 양진당은 초시에도 합격하지 않았다. 그러니 문과에 급제하지 않은 분임은 말할 필요도 없다. 그렇지만 하회뿐 아니라 영남에서는 가장 존경받는 처사(處士) 가운데 한 분이다. 교육과 시험을 통해 어렵게 딴 자격증이 중요한 것은 사실이다. 그러나 충분한 자격이 있으면서도 남들은 다 희망하는 자격증 취득을 원치 않는다면 그런 분은 좀 독특한 인생 철학이 있을 법도 하다. 영남에서는 유달리 벼슬보다는 학문, 티끌 세상(정치판)보다는 초야(草野)에 가치를 두었다. 그래서 초야의 양심을 대표하는 처사(處士)는 만인의 추앙과 존경을 한 몸에 받았다. 누구나 그분 앞에서는 고개를 숙였다. 벼슬보다는 고결한 인격과 드높은 학문에 경의를 표했던 것이다. 지금도 영남에서는 벼슬하지 않고 돌아가신 조상의 제사를 모실 때 지방(紙榜)에다 〈처사(處士)〉를 쓰는 집이 있고 〈학생(學生)〉을 쓰는 집이 있는데, 〈처사〉는 함부로 못쓴다는 불문율(不文律)이 있다.

하여튼 영남, 하회 그중에서도 양진당 후손들은 가장 당당하게 〈처사〉라는 칭호를 쓰고 있다 한다. 바로 여기에 관련된 일화(逸話)다.

양진당은 초년에 경기도 양근에 터전을 잡은 판서댁에 장가를 들었다. 시임(時任) 예조판서라서 존경과 아울러 상당한 영향력도 행사할 수 있는 자리였다. 권력 서열 10위권 안에 들 수 있는 분의 사위가 된 셈이다. 그런데 시임 판서가 좋은 도성 안의 숱한 혼처를 두고 강과 산으로 수백리를 격해 있는 하회를 찾아 사돈을 맺은 것이다. 그것은 하회의 풍산 류씨 문중과 당사자인 양진당이 그만한 자격을 함께 갖췄기 때문에 가능했다고 보는 것이 온당하다.

하여튼 그렇게 혼인이 이루어졌고 양진당은 혼인을 약속한 양근 판서댁에 몇 차례 방문하게 되었다. 세번째로 판서댁을 찾았을 때 판서는 집사를 시켜 과거에 응시하면 받을 답안지 한 장을 은밀하게 전하는 게 아닌가. 일종의 암표요 비표였던 것이다. 미리 그 시지(試紙)를 건네준다는 것은 사위를 꼭 합격시켜 관리(官吏)로서 대성시켜 보겠다는 의사에서였을 것이다.

「에잇 고약하다. 양반의 자식으로 치맛바람에 벼슬하다니……. 당장 말 채비하렷다!」

추상같이 단호한 태도로 부정적인 방법을 거부했다. 이러한 정신은 물론 하루아침에 이루어진 것은 아니다. 환경적인 요인이 지대하다는 말이다. 무술(武術) 세계도 그렇다고 들었다. 단번에 고단자가 될 수 없고, 또 되었다 해도 결을 삭히고 온갖 경험을 하지 않은, 즉 연륜이 쌓이지 않은 고단자라도 하루아침에 낭패를 볼 수가 있다는 것이다.

양반, 명문가(名門家) 역시 한 분의 조상이 평지에서 돌출하였다 해서 단번에 될 수 있는 것은 아니다. 상당한 후광으로 작용하는 것은 사실이나 적어도 아들이나 손자 대, 또는 그 몇 대 후에라도 인격적으로 훌륭한 그래서 세상 사람들의 존경을 받는 분이 나와야 한다. 벼슬까지 한다면 금상첨화겠으나 벼슬이 평가의 척도가 되지는 않는다. 한두 그루의 재목이 될 만한 나무보다는 그 주위로 숲을 이루어야 한다. 숲이 우거지면 새나 짐승들이 모여들고 또 소나무가 오래 묵으면 약초나 약재, 그리고 송이버섯과 같은 것도 더불어 살게 될 것이 아닌가. 이것을 인간 세상에 비유하면 바로 명문가가 탄생함을 의미한다. 명문가는 우연히 이루어지는 것은 아니다. 구성원들 모두가 조상의 명예를 실추시키지 않기 위해 부단히 자신을 다듬어가야 한다. 그것을 수양(修養) 또는 수신(修身)이라고 하는데 포괄적인 학문(學文)을 뜻한다. 지금 우리가 쓰는 학문(學問)보다는 좀더 포괄적인 개념이 학문(學文)이었던 것 같다.

각설하고, 명문가에는 학문적인 전통이 있었다. 크게는 도학연원(道學淵源)으로 맥을 잇고, 작게는 탄탄한 가학(家學)의 전통이 있었다.

하회는 특히 퇴계 선생의 가르침을 직접 받고 수제자로까지 손꼽히는 서애 선생이 나신 마을이다. 뿐만 아니라 오랜 기간 동안 퇴계 선생을 모시고 도학(道學)의 진수를 전해 받은 겸암 선생의 마을이며, 양진당은 그분의 6대 주손이 아닌가. 사실 6대조 되시는 겸암의 경우는 세계관이 〈처사적〉이었다고 할 만한 분이셨다. 기질적으로 벼슬살이를 싫어했다. 퇴계 문도 가운데 처사적 삶을 살았던 전형(典型)으로 송암 권호문을 손꼽는데, 겸암과는 누구보다도 친밀한 사이를 유지했다. 정신적인 교제를 했고, 두 분 모두는 처사적 삶을 지향했다. 물론 겸암의 경우는 34살 때 부친의 준엄한 명에 의해 음직으로 벼슬을 시작해 풍기군수, 인동현감, 원주목사 등의 직을 지내기는 했어도 본인은 늘 〈산운(山雲)이요 야학(野鶴)〉처럼 그야말로 처사적인 삶을 그리워했다.

하회의 가학(家學) 가운데 필자는 〈청백(淸白)〉을 으뜸으로 손꼽고 싶다. 청백은 자본주의를 살고 있는 우리의 관점에서 보면 다소는 어렵고 불편하리라는 선입견을 떨칠 수 없다. 하여튼 하회는 청백의 전통이 있었던 것만은 분명하다. 서애의 맏손자인 졸재 류원지의 시에 보면, 〈청백은 우리 가문에서 전해 내려오는 보물이니(淸白傳家寶), 은근하게 그것을 지켜 어기지 말지라(慇懃愼莫違)〉라는 구절이 보인다. 〈가문의 전통〉이 청백이라는 말이다. 서애는 살아계실 때 백사 이항복의 추천을 받아 청백리(淸白吏)에 뽑혔던 분이다. 선생은 향리에 물러난 말년에는 죄인으로 자처하시며 하회에서 몇 십 리 떨어진 오지인 학가산 밑에 초가삼간을 짓고 사시다 그곳에서 돌아가셨다.

일국의 영의정을 지냈으며 임진왜란이라는 미증유의 국난을 지혜와 담력으로 감내하고 극복하셨던 서애 대감이 세상을 떠났는데 장례 비용이 없어 막막했을 정도였다 한다. 생전에 백성들에 끼친 은혜 때문에 누가 시킨 것도 아닌데 사셨던 서울 빈 집에 구름같이 모여들어 빈소를 차리고 통곡했다는 기록은 『조선왕조실록』에도 올라 있는 역사적 사실이기도 하다. 동료 벼슬아치들은 당색(黨色)을 뛰어넘어 부의(賻儀)를 각출했는데, 당시의 문건(文件)이 눈에 얼른 띄지는 않지만 지금까지 남아 유물 전시관에 전시되고 있다.

이러한 정신을 이어받은 후손인 양진당, 더구나 초년부터 이미 상당한 자기 수양을 이룬 그였기에 벼슬아치들의 출세법에 탐탁할 리가 없었다. 설령 상대가 시임(時任) 예조판서요, 장인이라 할지라도 타협할 수 없는 부분이 분명히 있었을 것이다. 정신이며 가학(家學)까지 몽땅 팔아서 세속적인 영달을 도모할 수는 없었기 때문이다.

말 채비를 해 그 길로 고향으로 내려온 뒤 처향인 양근을 두 번 다시 찾지 않았는데, 그래서인지 양진당은 벼슬은 하지 못했다. 벼슬을 못했다는 것은 얼마간을 잃은 것인지 모른다. 이를테면 같은 문학(文學)이라 할지라도 〈산림(山林) 처사(處士)의 시(詩)가 다르고 관각(館閣)의 시가 다르다〉는 말이 있다. 〈산림의 시는 관솔 냄새가 나고 관각의 시는 그에 비해 툭 트이고 그래서 활달한 기상이 넘친다〉는 것이다. 세상 바람을 쐬면 좋은 점도 많을 것이다. 녹봉만 잘 모아도 집안을 윤택하게 만들 수 있었을 것이다. 물론 후세에까지 자신을 망치고 가문의 명예에 먹칠할 나쁜 이름을 남기게 만들 수 있는 함정이 도처에 널려 있음도 사실이다. 그러나 인간사란 그렇게 단순하거나 외통수이지만은 않다. 성실하게만 살면 또 다른 세계가 있고 그래서 얻음도 있기 마련이다. 인간지사 새옹지마(人間之事 塞翁之馬)를 떠올릴 필요도 없이 그런 면이 있다.

얻은 것도 만만치는 않다. 벼슬을 하지 않는 경우 대개는 학문과 그를 통한 인재 양성이라는 업적을 남기게 된다. 벼슬길로 나아가면 다양하고 복잡한 업무로 인해 정신을 정일(精一)하게 가지질 못한다. 우선 시간적으로 많은 제약을 받는다. 그래서 학문에 전념하지 못하고 그래서 단 한 권의 문집도 남기지 못하는 관인(官人)들이 허다했다. 시(詩)의 경우는 다소 달라 관리로서 교제를 하자면 어쩔 수 없이 주고받고는 하지만, 소위 알맹이가 있는, 그래서 문학적으로 승화된 작품이나 작품집을 기대하지는 못한다.

어찌된 일인지 양진당은 문집을 남기지는 못했다. 그에 비해 조상 사업은 필적할 이가 없을 정도로 왕성하게 이룩해 두고 있다. 조상 사업은 위선(爲先) 사업이라고 불리는, 전통 사회에서 매우 중시되던 일이다. 조상이 사셨던 집을 새로 고치거나 짓는 것, 남긴 문집을 정리해 책으로 만들어 널리 펴는 것, 족보를 만드는 것, 묘소에 석물을 장만하는 것 등 다양한 사업이 그에 속한다.

양진당은 우선 풍산 류씨 족보를 최초로 단행했을 뿐 아니라 대종택과 능동 선산의 재사, 겸암정, 상봉정 등을 수리한 장본인이다. 대종택이나 능동 재사는 수십 칸이 넘는 큰 집으로 대대적인 중수는 지금에도 막대한 노력과 자금이 들어가는 공사라 섣불리 엄두를 내지 못하는 일이다. 이런 일을 그가 해낸 것이다.

청어 엮듯 엮어서 연못에 던져 젊은 종 몇을 죽인 사건, 이는 아무리 조선 시대라 할지라도 적지않은 문제를 안고 있었다. 우선 조선의 기본 법전인 『경국대전(經國大典)』에도 〈사람을 죽인 자는 사형에 처한다(殺人者는 死라)〉는 엄정한 조문이 있다. 그 법 조문을 피해갈 수 없는 급박한 상황이었다.

조선왕조를 지탱한 이념인 유교(儒敎)에는 특히 도덕이 강조되었다.

그런데 혼자 살고 있는 양반 부녀자를 욕보인 것은 죄질이 극히 나빠 극형에 처함이 지당하지만 개인이 임의로 처리한 것이 문제였던 것이다. 동생으로 하여금 관가에 이실직고를 시킨다면 낭패를 당할 것이 명약관화한 시점이었다. 그래서 하회 대종손인 자신이 처분한 것으로 하여 안동부(安東府)에 나아가 자수를 했다. 한창 광경이 좋았던 시절 대민(大民)으로 존경받아 오던 하회의 대종손이 살인을 자수해 온 것이다. 법치(法治) 사회에서 옥(獄)에 넣지 않을 수는 없고, 옥에 넣는다면 다른 죄수들과 뒤섞일 것이니 그럴 수도 없고 참으로 진퇴양난이었던 모양이다. 그럴 즈음 기발하게 떠오른 것이 별도의 옥을 짓게 해 그곳에 가두는 방안이었다. 이리하여 큰 재궁인 능골재궁을 지키던 재로(齋奴) 칠십여 인이 동원되어 단 하루만에 옥을 완성하였다 한다. 이 옥의 명칭이 〈하회옥(河回獄)〉으로 해방된 뒤까지 남아 있었는데 모습은 감옥이라기보다는 한옥이었다 한다. 물론 이 일이 있은 뒤부터는 죄를 짓는 류씨들은 이곳에 가두어졌다. 일종의 편법을 동원했던 셈이다.

대종택으로서의 양진당은 대대로 어렵기로 소문났다. 입향조로부터 21대 종부인 선산 김씨의 고생은 소설 몇 권으로는 담을 수 없는 정도라는데, 만석꾼 집에서 성장해서 고래등 같은 기와집에 시집와 사는 노종부가 남의 장래쌀을 내어가며 살았다면 납득할 사람이 얼마이겠는가. 그러나 그것은 어김없는 사실이었던 모양이다. 노종부에 비해 노종손(작고 하심)은 씀씀이가 아물지는 못했던 것 같다. 자연 집안을 부유하게 만들 생산적인 일에도 등한하자 문중에서는 농사일을 권하기에 이르렀다. 한 삼 년을 그렇게 농사지었다는데, 그러자니 일꾼이 필요로 했고 그중에 〈권용〉이라는 근실한 일꾼 한 사람도 안팎으로 문간채에 살았다. 권용은 재빠르고 부지런하여 늘 물지게로 강물을 퍼다가 안팎 마루를 걸레로 닦기도 했다. 당시 마을 사람들은 모두가 강물을 길어다 식수는 물론 생활 용수로 사용했다. 그런데 그 일이 만만한 것은 아니었다. 일꾼은 그래서 연당못이 있었던 자리에다 조그맣게 우물을 팠다.

「들성할매요, 물맛이 참 좋으이더, 먹어도 될시더」

기분 좋게 노종부를 불러 자랑이 이만저만이 아니었다. 일꾼은 우물 주위에다 둥그렇게 돌을 주워 날라 성(城)처럼 쌓아 퍽 유관하게 사용했다. 그래서 그 물을 들어다가 대청도 닦고 허드렛물로 풍족하게 썼다.

그랬는데, 어느해 봄 모심기 일꾼 십여 명을 해 둔 아침인데, 앞장 서서 일해야 할 그 일꾼이 온다간다 말도 없이 사라졌다. 갈 만한 곳은 다 찾아도 없어 낭패하고 있던 차에 안채 마루 아래에서 잔뜩 웅크리고 무슨 말인지 쉼없이 중얼거리는 게 아닌가. 그가 바로 일꾼 권용이었다. 가만히 가서 들어보니,〈양근 샌님요, 저를 살려주소, 아이고 양진당 할배요, 그저 저를 살려주이소……!〉하면서 두 손을 싹싹 빌며 수없이 염불하는 것처럼 하고 있는 게 아닌가. 그러고서는 미쳐서 온 동네를 나다니며 괴상한 행동을 하고 다녔다.

그런 일이 있자 종가에서는 재 넘어 사는 미친 병을 잘 고치는 사람을 청해 맡겼는데, 그 사람을 인근에서는 류풍수라고 불렀다. 류풍수는 한밤중에 강변에다 일꾼을 꽁꽁 묶어 두고 복숭아나무 가지를 가지고 온몸을 사정없이 후려쳤다. 온몸에 피가 흘렀지만 정작 당사자는〈양근 샌님 저를 살려주이소〉같은 말만 되풀이한다. 주위에 있던 사람들의 몰골이 송연해질 뿐이었다. 처참한 지경이 이어져 이윽고 새벽에 다다르자〈아이고 할매요, 아파서 못살시더……〉하며 차츰 정신이 돌아오는 기적이 일어났다.

그렇게 병을 고친 일꾼은〈연당샘을 파고부터 지마음이 이상하고 좋지 못했니더……〉라는 이야기를 남기고 하회를 떠났고 풍문으로 사우디에 돈 벌러갔다고 노종부는 들었다 한다.

그로부터 한 5-6년 뒤였을까. 그 때만 해도 차가 귀해 중리까지 하루에 한두 번 올 때인데 차를 타고 보니 소식이 끊겼던 일꾼이 뒤편에 타고 있는 게 아닌가. 하도 반가워서〈아이고 이게 누구로, 춘자 아바이 아이라! 아이고 이게 웬일이로〉반갑게 인사를 하니,〈지는 그 길로 가족을 띠 놓고 사우디에 가서 돈 쪼매 벌어 안동 마뜰(안동시 용상동 일대) 가서 집 한 채 사서 사니더. 지금 하회 드가는 길이시더〉하고 대답을 했다.

그래서 〈하회 가면 우리집에 오게〉하자, 깜짝 놀라면서 〈아이고, 양진당에는 못가니더〉라고 했다 한다.

감당할 능력이 모자라는 사람이 우연히 또는 의도했던 것이라 해도 비밀스러운 일을 발설해 변을 당한 믿기 어려운 사건이었다. 물맛이 그렇게 좋았다는 그 샘을 그 일이 있은 뒤로는 메워 지금은 없는 것이 당연하기는 하나, 그 샘물을 마시게 되면 그 기(氣)를 감당할 만한 이는 실로 상당한 효험이 있지 않을까 하는 생각을 떨칠 수 없다. 비범한 인재의 탄생과 무관치 않은 신비스럽고 영험이 있는 샘이 아닐까? 그러나 그것을 묻어버렸으니, 아쉬움이 앞선다. 다시 팔 수는 없을까? 요즈음은 기술이 좋으니 마음만 먹으면 잠깐 아닌가!

그런 전설이 없다 해도 상식으로도 삼면이 강물로 둘러싸인 하회인지라 파기만 하면 물이 날 것이라는 것은 삼척동자라도 알 수 있다. 그러나 여기에 쐐기를 박는 이야기 하나를 또 듣게 되었다.

종부의 맏손자가 이유없이 아팠다. 그래서 맏며느리인 진성 이씨는 그 아이를 업고 대구로 서울로 부산으로 치료차 다녔다. 그렇지만 별 효과를 보지 못했다. 뒤늦게 소문을 들은 종부께서 울산으로 달려가 보니 보기에는 이상이 없는데, 한밤중에 눕혀놓고 가만히 살피니 〈다름탈(집에 잘못된 일이 있어 탈이 나는 것)〉에 의심이 갔다. 그래서 며느리 보고 집에 남의 물건이 온 게 없는지 묻자 헌 신발장 외에는 없다고 하였다.

그것은 아니고 하는 수 없이 이웃에 물으러 갔더니 〈어른 집이 남향인데, 동쪽에 논도 아니고 밭도 아닌 곳이 있지요. 거기에 손을 대면 큰 탈이 납니다〉라는 게 아닌가.

사실 사당 앞에서부터 연당못터까지는 몇백 평은 족히 되는 공터가 있어서 6월 콩도 심고 고추도 갈고 해서 손을 대기도 하던 터였다. 또 거기에 자생하는 돌미나리를 꺾어 삶아 먹으면 향기가 좋아 그것을 먹기도 해왔다. 그러나 묻는 사람의 그 이야기를 듣고부터는 일체 손을 대지 않고 있다.

  그터 뒤로는 아름드리 은행나무 두 그루가 있고 동남쪽으로는 감나무가, 그리고 서쪽으로는 산수유나무가 서 있으며, 또 그 뒤로 한 20여 년 전에 옮긴 화장실 1동이 자리잡고 있다. 물론 연당못터 앞으로는 불룩하게 길을 따라 기와를 덮은 토담이 둘러쳐 있다.

  입향한 지 600여 년이나 되는 풍산 류씨 하회 대종택에 있는 연당못 이야기는 대략 이러하다.

13 추모의 공간

1 낙고사(洛皐祠)

　겸암과 서애 형제분이 전서공(典書公)의 유덕을 추모하기 위해 고개 밖[峴外]에 낙고사라는 세덕사(世德祠)를 세우고 전서공을 위시한 입암(立巖) 귀촌(龜村) 권옹(倦翁) 제종반(諸從班) 분들을 배향하여 300여 년 동안 춘추로 향사를 받들어오다가 대원군의 철폐령으로 훼철되었다.
　낙고사가 있던 터는 풍산 류씨 입향조인 공조전서가 원두막을 지어 외도 심고 짚신도 삼아〈3년간 만 명에게 구휼〉했던 적덕(積德)과 적선(積善)의 유서 깊은 곳이라 한다.

2 금계재사(金溪齋舍) —— 경상북도 유형문화재 제146호

　풍산(豊山) 류씨(柳氏)의 재궁이다. 1982년 2월 14일 문화재로 지정될 당시 〈안동숭실재(安東崇室齋)〉라고 명명되었으나 그보다는 문중에서는 〈금계재사〉로 통용되고 있다. 숭실재라는 이름은 문중에서조차 그 유래를 알지 못하고 있는 실정이다. 숭실재라는 현판이 걸려 있지도 않다.

〈금계(金溪)〉란 지명에서 따온 것으로 속명 〈검제〉를 말한다. 안동의 향토지인 『영가지(永嘉誌)』에는 이곳의 옛 지명이 〈조화골[造火谷]〉이라고 명시하고 있다.

오랜 역사라 확실한 증빙 자료는 없지만, 전설에 의하면 이 건물은 상량문에 오봉(五鳳) 원년(元年)에 지었다는 기록이 있었다고 한다. 오봉은 원년은 중국 한(漢)나라 때인 B.C 57년과 오(吳)나라 때인 254년으로 추정될 수 있다. 그 당시에 지어진 건물이라면 우리나라 목조 건물 가운데 가장 오래되었다는 봉정사(鳳停寺) 극락전(極樂殿)과 부석사(浮石寺) 무량수전(無量壽殿)에 비할 바가 아니겠으나, 사실로 받아들이기에는 너무나 무리가 있다. 또한 현재 마을에서 말하는 상량문 원문마저 남아 있지 않는 현실에서는 더욱 그러하다. 이처럼 확실한 건립 연대를 알 수 없지만 〈다래 덤불 속에 세 번이나 들어갔다 나왔다〉는 전설은 그만큼 오랜 세월을 겪은 건물임을 우리에게 알려준다.

이 건물은 원래 이처럼 사찰로 지어졌다. 사찰의 이름은 〈능효사(陵孝寺)〉로 알려져 있다. 그러나 고려 중엽부터 안동 권씨 시조인 권태사(權太師) 재궁(齋宮)으로 임시 사용되는데, 이러한 예는 당시로서는 일반적인 것이었다. 안동 권씨 시조 권태사의 재궁으로 사용되던 이 건물은 다시 풍산 류씨 9세손인 호군 부군(㳒) 사후 평창군사 묘 서록(西麓)에 장사한 뒤 연산군 8년(1501)에 10세 진사 부군(子溫)을 같은 동록(東麓)에 장사한 뒤로부터 풍산 류씨의 재궁으로 바뀌었다. 이어서 중종 34년(1539)에 좌랑 부군(公權), 명종 14년(1559) 참봉 부군(公奭), 선조 4년(1571)에 참봉 부군(公季), 같은 해에 대사헌 부군(景深), 역시 같은 해에 파산 부군(仲淹), 선조 6년(1573)에 감찰 부군(仲郢), 선조 13년(1580)에 영의정 부군(成龍), 선조 24년(1601)에 목사 부군(雲龍)의 묘가

사진 13-1 금계재사

안치되니 진사 부군 자손들의 선영이 되었다.

한편 안동 권씨의 시조인 권태사를 능동(陵洞)에 장사한 뒤에 시대가 오래되어 묘소를 잃어버리게 되었다.

600여 년이나 지난 뒤 평창군사 권옹(權雍)이 잃어버렸던 태사공의 묘소를 찾게 되었고, 이로 인해 권태사 묘소 계하(階下)에 자신을 계장(繼葬)할 것을 유언으로 남겼으나 후손이 다시 고향인 충주로 이거하였다. 이로 인해 외외손인 풍산 류씨가 수호하게 되었다.

능동이 풍산 류씨 문중의 장산(葬山)이 되고 나서 권태사 묘소를 봉사할 사람이 없게 되자 명종 12년 정사년(1557) 이후부터 류씨 문중에서 31년간(1557-1588) 봉사(奉祀)하기도 했다.

선조 20년 무자년(1588)에 권태사의 후손인 권극지(權克智)가 경상도 관찰사로 안동부를 순시하던 중 시조인 태사의 위패를 모신 태사묘에 참배하고 지역에 사는 권씨들을 모아 묘제(墓祭)를 올렸다. 이날 묘제가 끝날 무렵 잡일을 하는 종이 잘못하여 비석을 건드리자 갑자기 넘어져서 깨어지는 불상사가 있었다. 이에 관찰사는 종인(宗人)들과 수의하여 석재를 사서 글씨를 새기고 길일을 택하여 다시 세우도록 계획한 뒤 외손인 서애 류성룡에게 지문(誌文)을 짓도록 부탁했다. 이렇게 해서 세워진 묘전비는 지금도 권태사묘전에 서 있다.

3 풍송석(風松石)

풍송석은 서후면 능동의 금계재사 우측에 있는 하나의 자연석에 불과하지만 풍산 류씨들에게는 추모의 정이 저절로 일어날 수밖에 없는

사진 13-2 풍송석 암각서

뜻깊은 유적이다. 『서애집』 권2에 보면 이런 기록이 보인다.

금계재사 동쪽에 10여 명이 앉을 수 있는 커다란 바위가 있다. 내가 계유년(선조 6년, 1573)에 형님과 함께 그 주위에 여막을 짓고 기거했다. 그 밑에 큰 소나무가 있었는데 가지와 줄기가 기이하고 예스러워 고인(古人)의 〈풍송(風松)〉이란 두 글자를 가져다 표면에 새기고 그러한 사실을 기록해 두었다.

서애의 기록이다. 아울러 서애는 한 편의 시도 남겼다.

盤陀一片石 / 長在靑山麓
傍有百丈松 / 風來自蕭瑟
每當獨來時 / 遠憶銜哀日
荊萱盡凋謝 / 歲月如箭疾
刮苔鐫大字 / 題作風松石
應有繼來者 / 爲余長歎息

평평한 한 조각 바위는
오래도록 청산에 있었다네
그 옆에 휘늘어진 소나무여
바람 불면 소슬한 소리 냈었지
늘 혼자 이렇게 다시 올 때면
지난날 생각나 슬퍼지는데
부모님 모두 돌아가시고 보니
세월은 화살처럼 빠르기만 한 것을
이끼를 없애고 큰 글자 새기니
풍송석(風松石)이라 이름지었다네
뒷날 이곳을 찾는 후손들

날 위해 장탄식할 터인데.

　향년 58세를 일기로 세상을 떠난 입암 류중영은 겸암과 서애의 부친이 되는 분이다. 효성과 우애가 남달랐던 두 분은 삼 년간 시묘살이를 금계재사에서 했음은 물론이다. 이때 선친을 그리는 마음으로 근처의 넓은 바위 위에서 〈풍송석〉이란 글씨를 새긴 것이다. 그러한 효성을 바탕으로 남긴 시를 읽노라면 420여 년이나 지난 지금에도 가슴이 쩡하다.

4 공조전서입향기적비(工曹典書入鄕紀蹟碑)

　하회마을을 찾는 이라면 매표소를 지나 가장 먼저 만나게 되는 유적이 공조전서기적비다. 정확한 명칭은 〈가선대부 공조전서 풍산류공 기적비(嘉善大夫工曹典書豊山柳公紀蹟碑)〉다.
　이 기적비는 단기 4310년(1977) 정사년(丁巳年) 10월에 20대손 류장하(柳長夏)옹의 글과 경주인(慶州人) 손석원(孫錫遠)의 글씨로 세워졌다.
　비각 속에 대리석 비가 서 있는데 관광객들에게는 생소하기 이를 데 없는 기념물이다. 관심 있게 보려고 해도 완전히 한문으로 적힌 비문을 읽어내려 갈 수 없음은 물론 읽어내려 가더라도 그 의미를 온전히 파악할 수 없기 때문이다.
　그러나 최근에 건립한 것이지만, 하회 풍산 류씨들에게는 더없이 소중한 기념물이다. 오늘의 하회마을 풍산 류씨들의 문화가 있기까지 결정적인 역할을 한 분이 바로 공조전서 류종혜공이기 때문이다. 보통 이분을 하회마을 〈풍산 류씨 하회마을 입향조〉라고 부른다. 맨 처음 맞닥뜨릴 〈공조전서〉라는 벼슬이름에서는 일종의 낭패감도 있을 것이다. 하회마을에서는 약칭으로 〈전서공〉이라고 한다. 그래서 전서공을 이해하자면 자연 〈공조전서〉라는 벼슬에 대한 이해가 필요할 것이다. 그러나

사진 13-3 공조전서 기적비

어떻게 알 수 있겠는가.

고려 시대 관직표를 한참 찾다보면 겨우 알 수 있는 내용이, 〈공민왕 18년(1369)에 공부(工部)의 최고 책임자를 한시적으로 그렇게 불렀다〉는 사실이다. 조선 시대로 말하자면 공조판서와 동격이니, 정2품 아문의

13 추모의 공간 291

수장을 지낸 분이 낙향하여 하회마을에 정착했다는 뜻이다.
　입향조 전서공은 고려말 인물로 알려졌을 뿐 생몰년은 자세하지 못하다.

5 수동재사(壽洞齋舍) —— 상로재(霜露齋)

　수동재사는 서애 선생의 묘소를 수호하기 위한 재사다. 서애 선생의 묘소는 안동시 풍산읍 수2리 도로변에 〈서애선생묘동입구(西厓先生墓洞入口)〉라는 안내 표지석을 따라 마을 안으로 들어가 왼편 산록에 정향(丁向)으로 자리잡고 있다. 마을에서 고개 하나를 넘으면 골이 있다. 이곳에 상당한 규모의 입구자형 고기와집이 자리잡고 있는데, 바로 서애 선생의 재사다. 재사까지 가는 길은 길을 잘 닦아놓아 쉽사리 찾을 수 있다. 재사 주위에는 풍산 류씨 묘소들이 다수 모셔져 있어서 이곳이 선영임을 쉽사리 알 수 있다.
　대략 재사에는 몇 개의 현판이 붙어 있기 마련이나, 수동재사에는 그런 것이 발견되지 않았다. 후손들에게 물어보아도 현판이 붙어 있지 않았다고만 할 뿐 구체적인 이야기를 듣지 못했다. 이를테면 안동 권씨 권태사 묘소를 수호하기 위한 재사는 〈능동재사(陵洞齋舍)〉로서 문루(門樓)에는 〈추원재(追遠齋)〉라는 현판이 붙어 있고, 안동 김씨 김태사의 묘동을 수호하기 위해 건립한 재사는 〈태장재사(台庄齋舍)〉라는 현판과 역시 문루에 〈이상루(履霜樓)〉라는 현판이 걸려 있는 것처럼 수동재사 역시 그러한 집 이름이 게판되어 있으리라는 추측이다.
　그러나 유감스럽게도 종손이나 마을의 원로 몇몇 분을 제외하고는 현지에 가서나 마을에서 공히 그 이름은 쉽사리 알 수 없었다. 특히 이 재사의 창건에 관련된 역사에 있어서는 막연한 듯했다.
　근자에 우연히 서애 선생의 넷째 아들인 류천공(柳川公, 初) 부자 분

사진 13-4 상로재

의 문집인 『유천난고양세유고(柳川蘭皐兩世遺稿)』에서 「상로재기(霜露齋記)」를 발견하고서 직감적으로 이 글이 수동재사의 기문임을 알았다.

「상로재기」

만력 정미년(1607) 우리들은 돌아가신 아버지의 유체를 받들어 수동(壽洞)산에 모셨다. 이곳은 새로 잡은 터다. 촌락 사이에 끼어 있어 소나 양을 치는 아이들이 찾아들거나, 또는 초원에서 불이 번져올 것을 염려하여 산 밑에다 집을 지어 수호할 생각을 하고 있었는데, 마침 보우라는 중은 내가 평소부터 잘 아는 사이였다.

그가 우리들의 생각을 알고 딱하게 여겨 건축에 착수하였으나 힘이 부족한 까닭으로 5년만에 비로소 두어 칸을 마련하였다.

공사를 마치고 나에게 이르기를〈집에다 이름을 붙이는 것은 예로부터 내려오는 법이니 당신도 이름을 짓도록 하라〉하였다. 나는 슬픈 생각에 잠겨 말없이 있으며 자주 말하는 데도 응답하지 않았다. 그러나 다시 생각하니 그의 말이 옳았다.

한천(寒泉)이니 효사(孝思)니 하는 옛사람이 지은 이름이 벌써부터 있었다. 관계되는 유래를 가지고 이름을 지어서 뒷 사람들에게 알게 하는 것이니, 안 될 것이 없다. 그러나 〈모든 사찰이나 관광지의 건물에 땅 이름을 붙이거나 좋은 경치를 붙이거나 또는 그 건물의 의의를 가지고 붙이기도 하는데, 여기서는 어떤 이름을 붙여야 하겠느냐〉고 했다. 보우는 〈이것은 산소를 위한 것이며, 또 영구히 보호하기 위해서 지은 것이니, 사실대로 하면 되지 않습니까?〉하였다. 그리하여 서리와 이슬, 곧 상로(霜露) 두 글자로 현판을 달기로 하였다.

예기에 〈봄에 비와 이슬이 촉촉히 내리거나, 가을에 서리와 이슬이 내리거나 할 때마다 그리워한다〉라는 뜻에서 가져온 것이다. 가신 부모를 그리워하는 것은 효자가 언제나 갖는 생각이지만 특히 비와 서리가 내리면 초목이 싹트고 서리가 내리면 만물이 시들게 된다. 시들었던 것이 싱싱해지고 성성하던 것이 시드는 동안 철이 바뀌고 보이는 모양이 달라질 때마다 허전하게 금시라도 뵈올 듯한 생각이 드니 이러할 때 마음속으로 두려운 마음이 더욱 생겨난다. 그 비와 이슬이 촉촉하게 내리는 것을 보고 뵈올 듯한 생각이 생기고 서리를 밟고서 두려운 마음이 생기는 것은 이른바 〈죽은 사람을 산 사람같이 섬기고 사라진 사람을 생존한 사람처럼 섬긴다〉는 말과 거의 비슷하다 할 것이다.

아아! 하늘과 땅 사이에 있는 모든 물건은 모두 성쇠가 있으나, 다만 서리와 이슬은 하늘과 땅과 더불어 영원하여, 봄에는 촉촉하게 대지를 적시고 가을과 겨울에는 차디찬 빛을 번쩍여서 해마다 변함이 없는데도 사람들은 그 철을 당할 적마다 새로운 감회를 일으키곤 한다.

뒷날 이곳에 오르는 사람은 이 집에 들어와서, 그 명칭을 생각해 보고, 그 명칭에 의하여 이름을 이렇게 붙인 근거가 무엇이며 그렇게 느껴지는 이유가 무엇인가를 살펴본다면 선조를 추모하는 마음이 저절로 우러나서 영내를 살피고 청결하게 하며 제사를 정성들여 지내며 나무들을 가꾸어야 하겠다는 정신이 일어나서 장차 더욱 부지런하고 게을리하지 않아 영원한 세대에 이르도록 하루같이 성의를 다할 것이다. 이것이 내가 이름을 붙인 취지다.

그러나 여기에서 나는 또 크게 두려워하는 생각을 갖게 되었다.

이 산에 있는 것은 풀이요 나무다. 비와 이슬을 맞고 자라며 서리를 맞고 단단해져서 싱싱하고 무성해지는 것인데, 후대에 이 뜻을 받들지 못하는 자가 여기에 와서 싱싱한 것을 보고 땔감으로 쓸 것을 생각하며, 무성한 것을 보고는 재목으로 쓸 것을 생각하여, 보호하기는커녕 도리어 베어가고, 지키기는커녕 도리어 망가뜨려 재실의 명칭을 붙인 의의라든지 철이 바뀌는 데에 따른 사모하는 생각 같은 것은 조금도 문제를 삼지 않는다면 이는 짐승만도 못할 것이니 어찌 사람 속에 끼일 수 있겠는가?

이런 뜻으로 보우에게 이야기하고 이를 엮어서 「상로재기(霜露齋記)」를 지었다.

——『유천집』

서애 선생은 1607년 5월 6일에 세상을 떠났고 그해 7월 7일 안동부 서쪽 수동리 뒷산 정남향의 양지 바른 곳에 장사지냈다. 그리고 묘소 수호를 위해 재사를 꾸민 것이다. 재사는 류천공이 평소 알고 지내던 보우(甫右)라는 중의 노력으로 5년만에 완공을 보았다고 적고 있다. 이를 근거로 보면 재사 창건 연대는 대략 광해군 4년(1612)경으로 추정된다.

6 삼동재사(三洞齋舍)

서애 선생의 장손 졸재 류원지공의 묘소를 수호하기 위한 재사다. 〈풍산류씨재사〉라는 명칭으로 1989년 5월에 경상북도 문화재자료 제

219호로 지정되었다. 공의 아들 익찬(翊贊) 의하(宜河)공이 이곳에 장사지내고 재사를 건축하였다고 하는데, 창건연대는 1680년경으로 추정한다. 전형적인 입구자형 목조와가다.

14 명가의 가훈

1 신정십조(新定十條)

어느 지역보다 향약이 잘 시행되었던 곳이 안동이었다. 큰 선생들이 대를 이어가며 고을의 풍속을 아름답게 만들었는데, 서애 선생 역시 꼭 실천해야 할 열 가지 약속을 정해 후손들을 가르쳤다. 이 가르침은 조선 중기 안동에서 시행되었던 향인들의 약속이기는 하지만, 시공을 넘어서 오늘에까지도 적용될 만한 조목이 많이 남아 있다. 소개를 하면 다음과 같다.

첫째, 향임(鄕任 : 향청의 소임)을 중하게 여긴다.
▶ 향중에서 나이가 많은 덕망 있는 분을 추대하여 좌수(座首)로 삼고 조행자 세 사람을 뽑아 별감(別監)으로 삼되 향안(鄕案)에 오르지 않은 사람은 뽑지 않는다.
▶ 향임(鄕任)을 차출할 때는 공론에 따라야 하며 사사로운 정실을

개입시켜 마땅하지 않은 사람을 뽑아 향풍을 무너뜨리는 일이 있어서는 안 된다.

둘째, 회의를 엄정하게 한다.
▶ 매년 춘추로 강신례를 행할 때는 좌수 별감이 주석이 되고 품관(品官)은 연령 순서로 좌정하되 빈위(賓位)에 앉고, 지위가 높은 사람은 남향하여 서쪽으로 오르며 이작자(異爵者)는 남향하여 동쪽으로 올라서 좌정한다.
▶ 별감이 큰 소리로 향약을 읽는다.
▶ 헌수(獻酬)는 향약연집례(鄕約燕集禮)에 의한다.
▶ 향중의 모든 큰 일은 부로(父老)를 청하여 공론에 의하여 행사하며 집강(執綱)이 마음대로 처리하지 못한다.
▶ 이유없이 불참하는 사람, 문란하여 예의를 지키지 않는 사람, 좌중에서 떠들며 다투는 사람, 자리를 비우는 사람에게는 벌을 내린다.

셋째, 사람으로서 지켜야할 도리를 두텁게 한다.
▶ 부모에게 불순한 사람(조부모 이상도 동일), 형제끼리 싸우는 사람, 가정의 도리를 어지럽게 하는 사람은 멀리 내쫓는다.
▶ 친척과 불목(不睦)하는 사람, 본처를 소박하는 사람은 내쫓는다.

넷째, 향안(鄕案)을 공정하게 한다.
▶ 내외 사족으로 하자가 없는 사람은 향안에 올리되 기록할 때는 먼저 초안을 작성하고 향중에 의논을 거쳐 모두가 좋다고 하고 또 좌수 별감에게 품하여 이론이 없을 때 정안에 기록한다.

다섯째, 예속(禮俗)을 바르게 한다.
▶ 어른이 자기보다 10년 연상이면 아버지와 같이 문후하여 공경하고

길가에서 만나면 말에서 내린다.

▶ 이웃과 친척간의 길흉 경조에는 향약에 의거하여 거행하되 어기면 그때그때 벌로 다스린다.

▶ 관부(官府)의 일에 간섭하여 향풍을 어지럽히는 사람, 향장(鄕長)을 능욕하는 사람은 멀리 내쫓고, 이웃과 불화하는 사람, 또래끼리 싸우는 사람, 무뢰배와 어울려 행패를 부리는 사람, 환란을 당함에 도울 힘이 있어도 구원하지 않는 사람, 혼인과 상장에 이유없이 때를 넘기는 사람, 향령(鄕令)을 따르지 않는 사람, 향론(鄕論)에 불복하고 도리어 원망하는 마음을 품는 사람은 벌준다.

▶ 기세를 믿고 사람의 예절을 무시하고 거만한 사람, 구관을 전송함에 이유없이 불참한 사람도 벌로 다스린다.

여섯째, 연세 높은 어른을 공경한다.

▶ 60이 된 사람은 잡임(雜任)을 맡겨서는 안 된다.

▶ 70이 된 사람은 특별히 우대하며 모든 면에서 극진하게 보호하고 구휼한다. 만일 침해하거나 업신여기는 사람에게는 그 죄를 더 무겁게 한다.

▶ 80이 된 사람의 여러 아들 중에 한 사람에게 소임을 맡기지 않는다.

▶ 90이 된 사람은 아들을 소임으로 뽑지 않고 정초에는 집강(執綱)이 주과를 갖추고 찾아가서 위문하고 세상을 떠나면 치전(致奠)한다.

▶ 강회 때 75세가 넘어 모임에 참석하지 못하는 사람에게는 주병(酒餠)을 집으로 보내드린다.

일곱째, 비위(非違)를 금한다.

▶ 품관(品官)으로 까닭없이 관부(官府)에 드나들며 사리사욕을 꾀하여 폐단을 짓는 사람, 행실이 바르지 못하고 풍습을 해치는 사람, 수령을 헐뜯거나 경외에 터무니없는 말을 퍼뜨리는 사람은 내쫓고, 이를 고

치지 않는 사람은 추방한다.
▶ 망령되게 위세를 지어 관청을 시끄럽게 하거나 사사롭게 행동하는 사람, 강함을 믿고 약한 사람을 능멸하거나 남의 것을 침해하거나 빼앗는 사람, 공사간의 모임에서 관부(官府)의 정사에 시비하는 사람, 소임을 맡음을 기화로 공을 빙자하여 사리를 도모하는 사람, 소임을 맡아 조심성 없이 행동하여 고장의 풍습을 더럽히는 사람은 중손(中損)하고, 이를 고치지 않으면 상손(上損)한다.

여덟째, 지방 관아에 딸린 하급 관리의 잘못을 가려낸다.
▶ 민간에 마음대로 드나들며 까닭 없이 수색하고 물품을 탐하여 빼앗는 사람, 관아를 빙자하여 폐단을 이루는 사람, 관사(官司)를 속이고 정령(政令)을 바르게 시행하지 못하는 사람, 공물을 거두면서 협잡하는 사람, 예절을 무시하여 향중의 풍속을 해치는 사람, 양민을 함부로 차지하여 사사롭게 사역을 시키는 사람, 권세에 아부하여 본역(本役)을 피하는 사람, 양가의 딸이나 관비를 첩으로 들여놓은 사람, 하급 관리로서 협잡하여 폐단을 만드는 사람은 심한 행위일 때는 부사에게 알려서 죄를 주어 처벌한다.

아홉째, 부역(賦役)을 고르게 한다.
▶ 부(府)의 호구(戶口), 토지의 결복(結卜)을 따로 장부를 만들어 부역을 책정할 때 향소(鄕所)에서 그 많고 적음과 허실(虛實)을 살펴서 협잡으로 속인 사람은 죄로 다스린다.
▶ 모든 잡역에 관한 일은 팔결법(八結法)에 따라 행하며 그 경중은 각 면을 돌며 비교하게 하고 만일 부(富)나 세력을 믿고 불법으로 토지를 차지하거나 불성실하게 세금을 내는 사람과 있는 토지를 숨겨 요역(徭役)을 하지 않는 사람은 부에 알려 죄로 다스린다.

열째, 동몽(童蒙)을 가르친다.
▶ 각 면에서 학행이 있어서 스승이 될 만한 사람을 부에 보고하여 훈장에 임명하고 면 내의 아이들을 모아 소학(小學)을 가르친다
▶ 학생 가운데 나이가 20이 되어 장래성이 있으면 훈장은 향교(鄕校)에 진학시켜 학적부에 기록한다.
▶ 훈장으로 가르침에 성과가 있으면 법에 의하여 부에 보고하여 추천하고 혹 가르침이 엄하지 못하여 학생들이 공부를 태만하게 하면 향벌(鄕罰)로 다스린다.

2 어록(語錄) 초(抄)

2-1 간성군수 류공작(柳公綽)

하회 본가에 선세 위패를 봉안한 사당 세 칸이 있는데 그 규모가 매우 소박하고 협소했다. 관찰사 부군(입암 류중영)께서 향사하는 공간에 단청을 조금 하려고 했다. 공께서는 얼굴을 찡그리며 〈이 정도면 조상의 위패를 모시기에 족하다. 너희들은 단청한 집들이 오래가는 것을 보았더냐?〉라고 했다.
앞뒤로 벼슬살이를 하시면서 청렴하고 늘 조심했는데, 항상 음식을 드실 때면 〈나라의 은혜가 망극하도다〉라 했다. 집안 식구들이 더러 산업(産業)에 대해 언급하면 공은 성을 내어 〈나와 너희들이 일없이 관청에서 나온 음식을 먹고 있으니 이미 나라의 은혜를 입고 있는 것인데, 또다시 나에게 관청의 물건을 훔쳐오라는 말이냐?〉라 했다 한다.
──『종천영모록』

2-2 겸암(謙菴) 류운룡(柳雲龍)

자제들의 가르침에는 의리에 맞게 하고 늘 학업에 힘쓰게 해서 비록 여자들이 거처하는 안채라 할지라도 단정하고 엄숙한 것이 마치 엄격한 스승을 대한 듯 하였다. 일찍이 나에게 훈시하시기를, 〈나 역시 어릴 때 선비의 일에 뜻을 두었으나 중간에 벼슬을 하느라 일이 많아 그것을 이루지 못했다. 요즈음에 이르러 그것을 생각할 때마다 부끄럽고 후회되지 않음이 없다. 너희들은 아직 나이가 어리니 늘 경계하고 채찍질하여 조금이라도 진보하기 바란다. 다만 문장이나 꾸미는 일에 힘써 영리나 도모하는 것은 귀하게 여길 바가 아니다〉 하였다. 이때부터 선생은 장자(長者)의 풍도가 있다는 말만 들으면 보내 수업하게 하였다. 배우고 돌아왔을 때 내가 얻은 것이 있으면 정말 기뻐하셨고, 만약 하는 말이 보잘것없으면 성을 내어 매섭게 꾸짖었다. 말이 벼슬살이에 이르면 반드시 정성을 다해서 그 일을 행하고, 정신 없이 다투어 추종하지 못하게 경계하셨다.

——『겸암집』

2-3 서애(西厓) 류성룡(柳成龍)

13일(을사) 시 한 수를 지어서 자제들에게 보여주었다.

林間一鳥啼不息 / 門外丁丁聞伐木
一氣聚散亦偶然 / 兄恨平生多愼忸
勉爾子孫須愼忸 / 忠孝之外無事業

숲속의 한 마리 새는 쉬지 않고 우는데
문밖에는 나무 베는 소리가 정정하게 들리누나

한 기운이 모였다 흩어지는 것도 우연이기에
평생동안 부끄러운 일 많은 것이 한스러울 뿐
권하노니 자손들아 이것을 꼭 삼가거라
충효 이외의 다른 사업은 없는 것이니라.

——『서애집』

2-4 졸재(拙齋) 류원지(柳元之)

작은 아버님이신 수암(修巖) 선생께서 늘 〈경(敬)〉으로 나를 가르치셨는데, 그 말씀이 아주 자세하고 간절하지 않으신 적이 없었으나 나는 어리석고 노둔하여 성찰하지 못하여 끝내 성취한 바가 없었다. 다만 시골집에서 슬피 탄식하며 그 점을 후회하여도 어쩔 수가 없구나.

몸소 이러한 경계를 드나들지 않으면 이 괴로운 마음을 알지 못할 것이다. 매번 너희들에게 말할 때 누누이 언급한 것은 진정 스스로를 꾸짖는 나머지에서 나온 것이니 너희들은 오로지 이 점에 쉼 없이 노력하기를 바라노라.

모름지기 〈경(敬)〉이란 글자 위에 쉼 없는 노력을 기울여서 동정을 한결같이 하고 시종을 일관하여 성현의 지위에까지 도달하고자 해야 한다. 당초에는 비록 서로 맞지 않아 어렵겠지만 오래오래 노력해 익숙해지면 패연하게 저절로 여유가 있을 것이니 그러한 즐거움을 어찌 말로서 이루 다 할 수 있겠느냐. 다만 그저 〈경(敬)〉하기만 하면 학업을 성취하지 못하며 또 성취하였다 하더라도 오래가지 못할 것이다.

그러나 조금의 쉼도 없이 반드시 옛 성현의 책을 숙독하여 심신에다 체험하여 깊이 그것을 음미하면 또한 힘을 얻는 곳이 있을 것이니 언어나 문자를 가지고 언급할 바는 아니다.

또한 모름지기 조금씩 〈실지(實地)〉를 몸소 이행해 가야 할 것이며 쓸데없이 큰소리쳐서는 안 된다. 말로써 가르친다는 것은 참으로 무익

한 것이니 너희들은 어찌 평범하게 들을 수 있겠느냐. 노력하고 노력하여 조금도 게으르게 하지 말아야 하느니라.

무자년(인조 26년, 1648) 정월일 병든 아비가 써서 아들에게 주다.

——『졸재집』

2-5 회당(晦堂) 류세철(柳世哲)

상주(尙州)의 우천(愚川)으로 가는 길에 네 편지를 보니 마음이 놓이는구나. 그런데 편지에 쓴 글씨가 엉망이어서 볼 모양이 없더구나. 부형에게 올리는 글월을 되고 말고 쓸 수 있느냐. 매우 민망하더라. 이후로는 이렇게 쓰지 말아라.

병산서원(屛山書院)에 가서는 누구와 짝하며 또 무슨 책을 읽으려 하느냐. 만약 뜻을 굳건하게 가지고 부지런히 글을 읽어서 진취하고자 한다면 네 부형의 마음을 기쁘게 할 뿐 아니라 네 자신에게도 어찌 영광스럽지 않겠느냐. 힘쓰고 힘쓰도록 하여라.

나는 그저 그렇게 시간을 보내고 있기는 하다만 너희들 일이 늘 걱정되어 잠시도 마음속에서 떠나질 않는구나 이리저리 노닐어 그것이 습관이 되면 성취할 가망이 없다. 이미 나이가 많고 사람 노릇은 날로 퇴보하니 이러하다면 장래에 무슨 희망이 있겠느냐.

——『회당집』

2-6 우헌(愚軒) 류세명(柳世鳴)

너희들은 요즈음 무슨 책을 읽고 있느냐. 편지에서 말하지 않으니 완전히 글공부를 접어둔 듯한데, 통탄스럽고 통탄스럽다. 태아(泰兒)가 지은 잡문(雜文) 두 편은 퍽 희망이 보여서 매우 기뻤다.

너는 그렇게 둔한 편이 아니어서 만약 노력만 한다면 고인이라도 따라 미칠 수 있을 것이니 하물며 금세 사람에 있어서랴. 그렇지 않으면 마침내 형편없는 사람이 되고 말 것이다. 더구나 너는 이미 글 짓는 방법을 알고 있기는 하나 문자 사이에 결점들이 여전히 많더구나. 이것은 바로 고루한 데서 말미암고 또한 글을 많이 읽지 않은 때문이기도 하다.

무릇 독서를 할 때는 먼저 대의를 찾고 다시 글자를 놓는 법을 자세히 살피면 점차 진보할 수 있을 것이니, 이 점에 힘쓰고 힘쓰도록 하여라.
——『우헌집』

2-7 임여재(臨汝齋) 류규(柳逵)

연이어 잘 있다는 소식을 접하였다. 애석하게도 시험에 떨어졌다는 소식에 답답함을 형언키 어렵구나. 그러나 합격하였다고 해도 그렇게 빼길 것도 없고, 떨어졌다 해서 너무 기죽을 필요도 없다. 돌아와 좋은 책을 읽어서 의리를 잘 갈고 다듬어서 자신의 본분 사업을 성취한다면 합격해서 벼슬에 나아가는 것보다 만 배나 낫지 않겠느냐. 이런 자세로 마음을 다진다면 자신도 모르는 사이에 내면 수양이 저절로 중해져서 외면적인 일은 저절로 가벼운 문제가 될 것이다.

3 명가(名家)의 내훈(內訓)

3-1 양진당 21대 종부 김명규(金明圭) 여사

풍산 류씨 대종택의 종부로서 선산 김씨다. 친정은 선산군 고아면 원호리다. 속명은 〈들성〉으로 명문 선산 김씨의 집성촌이다. 대종택 종부는 18살에 하회로 시집 온 뒤로부터 평생을 입암과 겸암 불천위(不遷位)를 비롯한 연 15회의 제사를 정성껏 받듦은 물론 수없이 찾아오는 손님 접대에도 소홀함이 없다. 김씨는 모두 8남매를 출산하였는데 맏아들인 류상붕(柳相鵬 : 22대 종손) 씨가 종손이다. 종손이 직장을 따라 외처에 나가 있는 관계로 10여 년 이상을 혼자 종택을 지키고 있다. 봉제사(奉祭祀)와 접빈객(接賓客)은 종손의 의무라 할 수 있는데, 제사 때는 종손이 참석해 주재하지만 무시로 찾는 손님맞이는 집을 지키는 종부의 몫이 되고 말았다. 그래서인지는 몰라도 여든이 되도록 멀지도 않은 친정을 다녀온 것이 대여섯 번이 전부라고 한다. 〈내가 다른 사람에게 맞춰 살아야지 내 좋도록 해서는 안 된다〉는 것이 김 여사의 생각이다.

3-2 충효당 13대 종부 박필술 여사

충효당 종부 무안 박씨 박필술 여사는 1917년 영덕 도곡에서 태어나 스무 살 때 충효당으로 시집 와 지금까지 종부로서의 전형적인 삶을 살아왔다. 충효당 종부의 살아온 이야기의 일부는 『명가(名家)의 내훈(內訓)』이라는 제목으로 1985년 초판이 발행된 이래 지금까지 16쇄를 거듭했을 정도로 독자들의 사랑을 받고 있다. 다만 구술한 것을 좀더 구수한 안동 어투로 살렸으면 하는 아쉬움은 있다. 일기 한 편을 인용한다.

    1980년 10월 25일
  오늘은 영하(寧夏 : 충효당 종손) 자친(慈親)의 기일(忌日)이다. 내가 이 제사를 받든 지 45년. 어떤 때는 아무도 없이 나 혼자 지낸 때도 있었다. 아이를 낳는 데는 연패하고 본인도 항상 병마에 시달리면서 끝으로 고고한 남매를 붙들었으나 이마저 운명의 신이 짓궂어 기대가 컸을 두 아이의 장래 영화를 보기도 전에 오륙 세 어린 강보(襁褓)를 둔 채 세상을 떠났다고 한다. 어찌 영혼이 눈을 감을 수 있었으리.
  그후 이 아이의 아버지께서는 어린 남매의 양육이 문제라 새장가를 가려고 해도 불쌍한 남매에게 계모의 학대를 걱정한 나머지 몇 번을 생각하고 고려하다가 30세의 젊음도 있으려니와 대가(大家)의 봉제사(奉祭祀) 접빈객(接貧客)과 위로 육순 독로(篤老)가 계시고 주모(主母)가 없이는 집을 이끌어 갈 수 없어서 드디어 36세에 재혼을 하였다. 여기에 선택된 것이 16년 아래인 나였다.

요사이 같으면 20세 어린 나이지만 그때로서는 노처녀였다. 막상 와보니 대궐 같은 큰 집이 비만 오면 새는 곳이 많아 곳곳에 그릇을 갖다 받쳐놓아야 했고, 흉년이 들어서 당장 끼니거리도 없이 식량은 팔아먹는 처지이고 제사는 1년 중 18위(位) 별묘(別廟) 제사와 불천위까지 일년 내내 제사였다. 아이들은 국민학교 5학년과 3학년이요 남편은 사람을 데려다 놓고 어디론지 휙딱 가버리고 한달이면 이십구 일 부재란 별명의 남자였다. 밤이면 넓은 뜰 안에 달빛은 교교하고 부엉이는 무섭게 울어댄다. 어느 날 꿈에 소복한 여인이 내가 거처하는 문밖에서 말없이 서서 두 남매를 간곡히 부탁하는 것이었다. 나도 그렇게 하겠노라 말없이 눈으로 답하였다. 아침에 일어나니 꿈이나마 이상한 생각이 든다. 얼마나 어린 자식이 못 잊혔길래 내게 현몽(顯夢)한 것일까.

아이들이 똑똑하고 얌전해 그대로 올바르게 자라주었고 남가여혼(男嫁女婚) 다하여 유자생녀(有子生女)하고 이제는 완전한 이 집의 대들보가 되어 제사도 저희들 친히 받들게 되었으니 나도 맡은 책무를 다하였다고 자부할 수 있고, 외로운 영하에게 두 남동생을 낳아 키워서 제각기 사회의 일원으로 활약하면서 저의 형을 끔찍이 빈 마음으로라도 위하고 있으니 옛날 그 영성(零星)하고 간고(艱苦)하던 때를 다 벗고 집도 모두 고쳐서 두 손자가 여룡여호(如龍如虎) 잘 크고 있으니 영령은 안식하소서.

오늘도 효자가 직접 장을 보러갔으며 이제는 지하에서 못다한 영감님 10년 전에 돌아가신 두 분 합장하였으니 영혼이 외롭지 않으리라 생각됩니다.

제삿날 감회가 새로워 기록하노라.

15 하회의 민속놀이

하회의 민속놀이는 크게 하회별신굿탈놀이와 선유놀이 그리고 화전놀이를 들 수 있다. 하회마을 민속놀이의 특징은 계급이나 계층간의 조화로움에 있다. 다만 하회탈놀이를 제외하고는 그 명맥마저 위태로운 지경에 있어 안타깝다.

1 하회별신굿과 탈놀이

1-1 별신굿의 유래와 역사

하회마을은 처음 정착한 허씨 때부터 성황신을 받드는 상당과 하당(국시당), 그리고 삼신당이 있었다. 이들 세 곳의 당에는 정월 보름날마다 정기적으로 동제를 모셔오고 있고, 700여 년이나 지난 지금까지도 그 전통은 명맥을 이어오고 있다. 별신굿은 무당이 주관하는 무속의 일

사진 15-1 하회별신굿탈놀이

종인데, 양반이나 선비들은 원래 무속을 배척해 왔기 때문에 풍산 류씨들은 별신굿에 관심이 없었을 뿐 아니라 행사에도 직접적인 관여를 하지 않았다. 주관자를 산장(山長)이라고 하는데 지금까지 풍산 류씨들은 맡지 않고 있다.

하회마을에 사는 서민들은 양반으로부터 소외당한 한을 별신굿을 통해 토로해 왔다. 아울러 별신굿에서는 일종의 세태 풍자도 있었던 것 같다. 별신굿을 통한 대리 배설과도 같은 아주 흥미로운 장치다.

타지역에서도 성황당이나 삼신당에서 다양한 형태의 제사가 올려지고 있지만 하회에서는 이외에도 특별히 하회탈 제작자인 허도령의 넋을 하회마을의 수호신으로 받들어 허도령이 만든 탈을 쓴 가면무를 통해 허도령의 혼령을 위로함은 물론 마을의 무사태평을 비는 행사를 열어왔다. 이를 〈하회별신굿〉이라고 한다. 허도령이 무진생(戊辰生)이라 해서 무진년마다 정기적으로 행사를 하고 그외에 십년 혹은 임시로 행

15 하회의 민속놀이 309

한 적도 있다고 한다. 동제를 지낼 때의 제문은 허씨 때부터 있었다고 하며, 동제문(洞祭文) 문구에 무진생 신령님이란 구절이 있는 것으로 보아 무진생인 허도령의 혼령을 위로하기 위한 굿임이 온당하다고 생각된다.

하회마을에는 많은 문화유산이 보존되고 있다. 그러나 실로 엄청난 유무형의 유산 가운데는 상당 부분이 외지인들에 의해 반출되었다. 특히 학자들에 의해서도 이 같은 일이 저질러졌는데, 이를테면 연구를 위해 자료를 좀 빌려달라고 하고서는 오랜 시간이 지난 뒤 어렵게 수소문을 하여 반환을 요구하면 〈보냈다〉거나 〈기억이 나지 않는다〉, 〈조만간 돌려주겠다〉는 등으로 회피 또는 모면해 결국은 유실되는 그런 방식이었다.

그래도 그런 경우는 어떤 경로로 분실되었는 줄은 알지만 그렇지 못한 마을 공동 유산은 그야말로 분실 그 이상도 이하도 아니다.

그중의 하나가 하회마을 동제이다. 수백 년을 내려왔음직한 하회마을 동제의 제문은 마을에는 아주 신성하고 그래서 소중한 문건이다. 그러나 지난 1994년까지 있었던 기름 먹인 문종이에 국문으로 쓴 제문이 감쪽같이 사라진 것이다. 사실 하회마을의 동제는 그 유래나 절차에 상당한 관심이 있어왔고 연구나 조사도 폭넓게 진행되었다.

그런 연유로 해서 지난 1995년에 하회마을 원로회 회장 류시섬옹에 의해 새로 제문이 지어지게 되었고 현재는 그것을 사용하고 있다.

하회동제축문(河回洞祭祝文)

유세차 을해년 정월 보름날 부락대표 ○○○는 삼가 술과 정갈한 어과로 제수를 차려놓고 무진생 성황 신령님께 고하나이다.

〈천하 만물 중에 유인이 최귀라〉 하였으니, 세상에 태어나서 만수무강 행복을 누리도록 천지신명께 바라는 것이 인간의 상정이라 할 수 있사옵니다. 조물주는 인간을 세상에 태어나게 하여 크게는 사회를 꾸미고 작게는 한 마을 조성하여 집단으로 터전을 만들어주셨나이다. 우리 부락도 전서공(典書公)께서 터전을 잡아 육백여 년 동안 훌륭한 조상의 얼을 계승해 오고 있사온데, 무진생 성황님께서 수호하고 감싸주신 덕택으로 전국에서 이름난 하회마을이 되었습니다.

  백이십여 호 전 주민들은 무진생 성황님께 고개 숙여 비옵니다.

  천만 년 내내 동네 농사짓는 사람에게는 연년이 풍년 들게 하여 주시고, 객지에 나가 사업하는 사람들에게는 백만장자가 되게 하여 주시며, 부락에 사는 남녀노소 모두에게 건강과 재수 대통하며 활기찬 생활을 하게 해주소서.

  백 이십여 호 부락민들을 상부상조의 정신으로 융화 단결하여 일익 번창하게 해주시고, 주기적으로 유행하는 질병도 사전에 막아주시옵고, 부락민의 생명수인 수돗물은 만년이 가도록 청결하여 오염 없게 해주시옵소서.

  끝으로 보잘것없는 제수이오나 정성들여 올리는 것이오니 만반 진수로 생각하시와 반갑게 흠향하시기를 축원하나이다.

별신굿의 시작은 허도령이 죽은 뒤인 고려말로 보며 1928년 무진년 별신굿을 행한 이후 명맥이 끊겼다가 지역에서 이를 재현하고 정부에서 중요무형문화재로 지정하여 이제는 많은 사람들의 갈채를 받고 있다.

하회별신굿탈놀이보존회

  안동 지방의 전통문화놀이를 계승 발전시키려는 취지로 뜻을 같이하는 젊은이들이 모여 1973년 10월 20일 〈하회가면극연구회〉를 결성한 것이 이 단체의 모태가 되었다.

  이 연구회에서는 1928년 무진년 별신굿놀이 당시 각시 역을 맡았던 이창희옹을 찾게 되면서 이 놀이의 복원을 위해 박차를 가한 결과 1978년 제19회 전국민속예술경연대회에 참가하면서 문화공보부장관상을 수상하면서 국내는 물론 전세계에 하회탈과 탈놀이의 우수성을 널리 알리게 되었다.

하회별신굿탈놀이는 1980년 11월 26일 국가지정 중요무형문화재 제69호로 지정되었으며 탈놀이에 사용되었던 하회탈 원형은 국보 제121호로 각각 지정되어 보존되고 있다. 이 보존회에서는 인간문화재 1명, 보유자 후보 4명, 이수자 4명 등 총 33명의 회원으로 구성되어 있으며 매년 정기 공연은 물론 초청 공연, 일반 공연 등 30-40회 정도 공연을 갖고 있다.

주요한 공연 실적으로는 1986년 아시안 경기대회와 1988년 서울 올림픽, 1992년 일본 공연, 1993년 대전 엑스포, 1995년 워싱턴 케네디 센터 공연과 광주 비엔날레 공연을 손꼽을 수 있다.

또한 1997년 3월부터는 매 일요일마다 상설 공연을 가지게 되어 일반에 한걸음 더 다가갈 수 있게 되었다.

하회탈

하회탈은 넓은 의미로 하회탈과 병산탈을 말한다. 하회탈의 유래에 관해서는 여러 가지 전설이 있는데 그중 한 가지를 말하자면 이렇다.

집안이 가난한데다 엄격한 부모 슬하에서 성장해 온 허도령은 삼십이 넘도록 장가를 들지 못했다. 어느 날, 우연히 보게 된 이웃집 처녀를 사모하게 되었지만, 뜻대로 사랑을 이룰 수 없어 번민하고 있었다. 그러던 중 꿈속에서 집안에 금줄을 치고 신이 계시한 열두 개의 탈을 완성하면 그 뜻을 이룰 수 있을 것이라는 말을 듣고 다음날부터 성심성의껏 탈 제작에 임한다. 그 일에 몰두한 지 수개월만에 열한 개의 탈을 제작하고 열두 개째인 이매탈을 제작할 찰나에 허도령을 사모하던 안씨 처녀가 궁금한 나머지 어느 날 밤 담을 넘어 문구멍으로 그 광경을 들여다보자 이상하게도 허도령은 피를 토하고 죽고 말았다는 전설이다.

오랜 역사를 간직한 하회탈에 전설이 명료할 리가 없다. 그래서인지는 몰라도 이런 이야기도 있다.

마을에 전염병이 만연했다. 백약이 무효한 형편이라 성황님을 누구나 찾았다. 18세기 초인 숙종 연간에도 괴질로 2만이 죽었고 18세기 후반인 영조 때도 2만이 죽은 기록이 보이는 것으로 보아 그 위력은 우리의 상상을 초월했을 것이다. 하루는 지성껏 기도하던 허도령의 꿈에 산신령이 나타나 현몽하기를 〈탈 12개를 만들어 자신에게 제사를 지내면 전염병을 물리칠 수 있다〉라고 했다. 깜짝 꿈에서 깨어난 허도령은 즉시 산 속 계견불문처(鷄犬不聞處)에 움막을 짓고 탈 제작에 몰두했다. 그러나 여기에는 시련이 닥쳤다. 평소 허도령을 사모하던 처녀가 있었고 그 기한을 지키지 못하고 문을 열고 말았다. 그 뒤의 결과는 동일하다. 그래서인지 현존하는 열두 개의 탈 가운데 이매탈만 턱이 없다.

12개의 탈 가운데 총각과 떡다리, 별채탈 등 세 개는 분실되고 나머지 아홉 개만 국보 제121호로 지정되어 모두 국립중앙박물관에 보관되어 있다. 봉산탈 등 현전하는 우리나라의 모든 탈들이 오백 년 미만의 역사를 지니고 있으나 하회탈만은 천여 년의 역사를 간직하고 있을 뿐 아니라 조형미도 세계 제일이라는 평을 받고 있다. 그래서인지 현전하는 우리나라 탈 가운데 유일하게 국보로 지정되는 영예를 안았다. 또한 턱이 움직이므로 인해 인간사의 희로애락을 다양하게 표현할 수 있다는 것이다.

국보 지정

국보로의 지정은 하회탈의 운명을 바꾸어놓은 일대 사건이었다. 1964년 3월 30일에 국보 제121호로 지정된 하회탈. 확실한 제작 연도나 제작자, 그리고 그 명칭에 있어서도 혼란이 있었다. 일반적인 추론인 고려 이래에 허씨 일족에 의해 제작된 것이 그것이다. 1980년 4월 2일 주지탈 2개가 추가 지정되었다. 명칭에 있어서는 병산탈 2개의 경우 작풍이 하회탈과는 완전히 달라 잠정적으로 갑(甲), 을(乙)로 구분하였다. 1980년에 이르러서야 대감과 양반탈로 지정된 것이 그것이다.

사진 15-2 하회탈(김동표 작)

그러나 관심사는 국보로 지정된 이후의 소유권 문제이다. 현재 하회 탈은 안동 하회마을과 병산마을 동민 소유가 아니라는 점이다. 《국보》라는 잡지에 보면 〈안동 하회, 병산동민장(藏)에 국립중앙박물관 보관〉이라고 명시되어 있다. 이것을 풀이하면 소유권은 안동에 있으나, 양해 하에 국립중앙박물관에 임시로 보관중이라는 말이다. 그러나 현실은 그렇지 못하다. 법적인 소유권까지 국립중앙박물관측에 있다. 그래서 각종 문화재 통계 수치에서도 누락된다. 다만 안동시의 경우 각종 문화재 홍보물에는 이것을 포함시키고 있지만 경상북도의 통계수치에서는 엄연히 빠지는 현실이다.

마을에서도 국보의 반환을 위해 절차를 밟아본 일이 있기는 하나 전제 조건이 워낙 복잡하고 힘에 겹다. 이를테면 먼저 세계 최고의 탈을 안전하게 보관할 관리사와 직원을 우선적으로 확보해야 한다는 것이다.

건물과 인력 모두에는 엄청난 예산이 수반된다. 시립 안동민속박물관은 하회에서 떨어져 있어서 안 될 것이고 최근 개관한 탈 박물관은 개인 소유에다 도난의 우려가 있다고 하면 그뿐이다. 또 복잡한 화학약품 처리 등등을 요구하면 두 손을 들 수밖엔. 결국 불가능하다는 말이다.

그렇다면 하회탈과 병산탈이 발견될 당시는 어떠했는가 하는 점이다. 모두가 짐작할 수 있듯이 하회탈 역시 1960년대까지 주목의 대상이 되지 못했다. 그야말로 고물(古物)에 불과했을 뿐이었다. 그나마 보존될 수 있었던 것은 쇠붙이가 아니었다는 점일 듯하다. 그랬더라면 영락없이 고물상이 수집해 가거나 일제의 수탈을 면치 못했을 테니까. 〈탈을 잘못 만지면 탈 본다〉는 속담도 한몫을 한 것 같다. 오랜 물건이라 잘못 만지면 부정탄다는 신성한 믿음에서 나온 말이다. 그래도 이런 믿음은 식견이 있는 어른에게나 통하는 것일테고 어린아이들에게는 하나의 재미있는 장난감에 불과했을 것이다.

당초에는 신당에 신성하게 보관했을 것이나 언제부터인지는 마을로 그것을 가져왔다고 한다. 하회탈이 국보로 제정되는 계기가 된 것도 이 탈들이 마을 안에 있었기 때문이다. 외국인 학자가 우연히 이 탈을 보고는 세계 제일이라고 격찬한 데서 외부에 알려지기 시작했고 문화재 당국에서 이 탈을 검사하기 위해 서울로 가져간 것이 마지막이었다. 물론 한 장의 영수증도 없이 말이다. 외국인 학자가 이 탈을 볼 당시 탈들은 마을 입구에 있었던 간이 의용소방대 창고 안에 있었다고 한다.

하회탈은 어디가도 하회탈이다. 더 많은 사람들이 그것을 보고 하회의 역사와 문화를 이해하는 데 도움이 된다면 더할 나위 없겠지만 그 소유권에 있어서는 분명한 태도가 있어야 한다. 그것이 하회 사람들과 안동인의 권리인 동시에 의무라고 생각한다. 문화의 해외 반출만 중요한 것이 아니라 국내 반출도 생각해 볼 시점이 아닐까.

안동국제탈춤페스티벌

안동에서는 매년 가을 세계인이 함께 탈을 쓰고 덩실덩실 흥겹게 어우러지는 축제가 벌어진다.

그러나 양반 고을로 널리 알려진 안동에는 축제라는 단어 자체가 생소하다. 더구나 국제라는 수식어까지 붙게 되면 그 정도는 심해진다. 이러한 여건을 극복하고 하회탈과 탈춤이라는 가장 한국적이고 안동인의 정서를 잘 담고 있는 소재를 가지고 세계화에 앞장서려는 구상은 여러 단체와 개인에 의해 이루어졌다. 그러나 그것을 축제라는 형식으로 엮어 실천하지는 못했다.

안동에서는 1997년 10월 1일에서 5일까지 제1회 국제탈춤페스티벌이 성황리에 개최되었다. 이 기간 동안 한국을 대표하는 탈춤 단체는 물론 미국과 몽고 등 해외단체들도 기꺼이 참가해 대회를 빛냈다. 이 행사는 안동민속축제와도 맞물려 향토축제의 한 전형도 감상할 수 있는 기회를 제공하기도 했다.

누구도 실천하지 못했던 이 행사가 기획되고 성사되기까지는 두 사람의 역할이 두드러졌다.

도영심(사단법인 하회탈춤보존회 이사장) 전 국회의원과 강준혁 스튜디오 메타 대표 두 분의 작품이라고 해도 과언이 아닐 정도로 기여가 컸다. 안동을 대표하는 문화계 인사들과 안동시청 관계자 여러분, 그리고 주민들의 헌신적인 참여와 성원도 빠뜨릴 수 없는 축제의 성공 요소였다.

우선 안동 하회지역의 문화적 특성에 진작 착안하여 아이디어를 현실로 옮겨서 강력한 추진력을 통해 열악한 현실을 모두 극복한 도 이사장의 역할은 오래도록 기억될 것이다. 아울러 지방에서 세계적인 축제로 매년 시행될 수 있도록 총괄적으로 기획한 강준혁씨의 솜씨도 돋보인 축제 한마당이었다.

이러한 첫회 행사를 기반으로 보다 많은 사람들의 사랑을 받으며 해를 거듭할수록 한국을 대표하는 축제로 승화될 것이라 확신한다.

하회탈 박물관

하회에는 탈 박물관이 있는데, 이는 전국 최초의 사설 탈 전문 박물관으로 1996년 6월에 개관되었다.

마치 수원시에 있는 수원성을 옮겨놓은 듯한 외형의 이 박물관은 전적으로 하회탈에 자신의 삶을 건 장인(匠人) 김동표 씨에 의해 구상되고 개관에 이를 수 있었다. 120여 평의 전시실에는 250여 점의 각국 탈이 자세한 설명과 함께 전시되어 있다. 탈 박물관을 개관한 김동표 씨는 하회별신굿탈놀이 전수자로서 하회별신굿탈놀이보존회 인정 하회탈 공식 제작자로 활발한 활동을 하고 있다. 김동표는 1976년 스물 다섯에 하회탈을 깎기 시작하여 6년 전부터 탈 박물관을 짓기로 마음 먹고 국내는 물론 해외까지 나가 광범하게 각양 각색의 탈들을 수집 연구해 왔다.

〈연중 탈을 전시하는 것은 물론 탈과 관련된 기획전도 준비중입니다. 탈은 물론 탈과 관련된 악기나 의상도 함께 보여주는 것 말입니다.〉

김동표는 풍천면 구담리에서 순천 김씨로 태어났다. 어려서부터 대목기질을 발휘하였고 군에서 제대한 이후 1976년부터 하회탈을 깎는 공방을 만든 것이 탈과의 인연이라 한다.

1-2 별신굿 놀이의 내용 및 부수제의(附隨祭儀)

강신

목수가 소나무를 엄선하여 새로 만든 내림대를 산주(山主)가 들고 서낭대 대메는 광대 2명이 어깨에 메고 성황당으로 올라간다. 산주와 모든 광대들이 갓을 쓰고 두루마기를 입는데, 각시만 소년의 평복이다.

서낭대는 성황당 앞쪽 처마에 고움대(내림대는 서낭당을 받쳐 세울 때는 고움대가 된다)를 받쳐 세웠다가 산주가 당방울을 달고 양손으로 받

사진 15-3 하회별신굿탈놀이(무동마당)

처들고 성황당 안으로 들어가 기대어 세우고 강신을 소원한다.
   그때 광대들은 큰광대, 각시, 양반, 선비 순으로 줄지어 횡대로 선다. 산주가 재배하고 합장하여 성황신에게 빈다.
   산주가〈해동 조선국 경상북도 안동군 풍천면 하회동 무진생 성황님아……, 내리소서 내리소서……〉하며 마을의 안녕과 질서를 기원하고 이어서 풍농 굿놀이를 할 것이니 도와달라는 즉흥적인 말로 소원하고 산주가 내림대를 잡고 정성을 들이면 이윽고 당방울이 울릴 때 전원은 강신한 것을 알고 마음속으로 기뻐한다.

산주는 재배하고 당에서 물러나와 다시 재배하는데 광대 전원도 동시에 일제히 재배한다. 산주는 당방울을 서낭대 꼭대기에 옮겨 달고 앞장 서서 하산을 서두른다.

대광대가 서낭대를 메고 산주가 서고, 가면을 쓰지 않은 각시가 무동을 하여 뒤따르며, 양반, 선비 그리고 광대의 연령순으로 뒤따르며 제일 뒤에는 부정이 없는 노인 서너 명이 선다.

광대농악군의 길매구(길군악) 가락에 맞추어 하산하게 되는 것이다. 각시는 양 어깨에 걸쳐 소매 속으로부터 내린 긴 명주 수건을 휘날리며 손을 위아래로 흔들어 오금춤을 춘다. 이때 각시를 받치고 있는 무동꾼은 춤을 추지 않는다.

국신당, 삼신당을 둘러 동사에 다다르며 서낭대를 동사 처마에 기대어 세우는데 역시 고움대로 받치는 동시에 산주는 봉납된 옷가지를 서낭대에 달아맨다.

* 서낭대에는 당방울 외에는 아무것도 달린 것이 없고 무당도 참가하지 않는다.
* 고수: 질굿 장단 —— 세마치 장단.
* 서낭대 2명은 각시와 같이 등장하여 한바퀴 돈다.

무동마당

전 광대들은 이윽고 청광대가 갖다놓은 오장치에서 자신의 가면을 꺼내 쓰고는 별신굿놀이를 할 채비를 서두르고, 일부는 꽹과리, 북, 징을 들고 농악을 울린다. 각시도 가면을 쓰고 다시 무동하여 춤추다가 다른 광대가 갖다준 꽹과리와 채를 들고 관람객 앞을 돌면서 걸립을 한다.

걸립에 응하지 않는 사람 앞에서는 꽹과리를 두드려 재촉을 하는데, 그러면 다투어 걸립하게 된다.

돈을 받을 때는 동이대꾼(무동받이)이 무릎을 약간 굽히면 손이 닿는다. 이렇게 걸립한 금전은 모두 별신 행사에 쓰인다.

앞에서 하산할 때 국신당과 삼신당에는 산주는 가지 않고 유사와 광대들만 간다. 이처럼 국신당과 삼신당에는 한번만 돌아오면 그만이다.

무당은 7, 8월경에 도착하여 남은 기일 동안 광대와 행사를 같이 하며 놀이에 참가하나, 주된 일이 아직 없어서 암무당은 꽹과리를 들고 숫무당은 장구를 치면서 장단만 맞추어 준다.

각시는 때때로 내려서 관중 앞을 돌면서 걸립을 한다. 이 각시의 걸립은 모든 마당을 마칠 때까지 수시로 연출된다.

* 산주 대매는 광대 ── 농악
* 무동 ── 길굿 장단

주지마당

삼베자루 같은 포대를 머리부터 쓴 한 쌍의 주지가 등장하여 한바퀴 돈 뒤 마주보고 춤을 춘다. 자루 위쪽에 손이 나오는 구멍이 있어서 손목을 내밀고 꿩 털이 많이 꽂힌 주지 가면을 쥐고 있다.

껑충껑충 뛰면서 싸우는 시늉도 하고 서로 입을 물고 맞붙어 비비 꼬기도 한다. 이때 가면의 입을 개폐시켜 딱딱 소리가 난다. 초랭이가 등장하여 목격하고 〈후이, 후이〉 하며 주지를 쫓는다. 주지는 서로 뛰면서 싸우다가 한 마리가 지쳐 쓰러지면 한 마리가 반대 방향으로 쓰러진다.

이윽고 초랭이의 〈후이, 후이〉 하는 소리를 듣고 벌떡 일어나서 퇴장한다. 그후 초랭이가 한바탕 까불거리며 춤을 추고는 들어간다. 이 주지 춤은 몸은 용, 머리는 호랑이의 형상을 한 귀신의 춤이라 하기도 하고, 암주지, 숫주지의 춤이라고도 하며 꿩싸움이라 하기도 한다.

대가(大家)에 초청되어 놀 때는 주지가 양곡 가마니나 솥뚜껑이나 옷을 당기면 성황당의 필요라 믿고 내어준다. 그러나 무진년에는 그러한 일이 별로 없었다.

　＊악사 : 세마치 장단──잦은 세마치 장단

백정마당

백정이 도끼, 칼, 우랑을 넣은 망태를 걸어 메고 등장하여 호탕한 웃음을 웃고 포악한 춤을 한바탕 춘다. 이때 소가 어슬렁거리며 등장한다. 백정은 본능적으로 소에게 덤벼들려고 하다가 떠받쳐 나가떨어진다.

백정　저놈의 소새끼 저기 있구나. 저놈을 잡아서 여기에 큰 잔치를 벌려야 겠다.

백정　앗따 저놈의 소불알이 크다아 해서 저놈을 뚝 띠다가 머그마 양기에 억시기 좋을시더.

우하하…….

(소가 뿔로 백정을 떠받는다)

　＊악사 : (장단 중단)

백정은 다시 일어나서 도끼로 후려쳐 소를 순식간에 죽인다.

칼을 갈아서 소 껍질을 잽싸게 벗기고 육각을 떠내고, 또 염통과 우랑을 잘라 가지고 통쾌하게 웃으며 호탕한 춤을 춘다.

　＊악사 : 세마치──자진 세마치 장단

백정　보소 샌님들 염통 사소, 염통요, 아직 뜨끈뜨끈해서 이대로 썰어가지고 히를 해먹어도 좋고, 불포깜 중에는 소 염통이 제일 이씨데이. 누가 불포깜으로 안살라니껴? …… 헤헤…… 아무도 안사니껴? 그라만, 염통 사먹지 말고, 쓸개나 염통 없는 양반들 사서 넣어보소. 사람 것보다 훨씬 커서 오줄 없는 양반들 오줄 생기도, 염치없는 양반 염치 생기니더. 헤헤……. 여 있는 양반들 다 오장 쓸개가 바로 백힌 양반들인 모양인데, 자 그라만 염통 사먹지 마고 우랑 사소, 우랑요. 우랑 모르니껴. 소불알 말이

시더. 맛 좋고 먹으만 양기에 좋고, 늙은 양반 마느래 둘씩 데리고 사는 데는 이 소불알 아이고는 안 될께시더. 아따 남의 눈치는 머할라꼬 보니껴. 그라지 마고 얼른 사소 얼른요. ……지 돈 주고 지 양기 돋굴라 그는데 누가 머라 카니껴? 헤헤 헤헤 헤…… 공자도 자식 놓고 살았지요. 지식을 볼라카만 양기가 씨지 전에는 빌 다른 도리가 없니데이……. 헤헤헤…… 그놈의 서너푼어치도 안 되는 체면 점잔 바람에 이놈의 장사 마하네 마해서…… 에이고, 장사는 안 되고 춤이나 실컨 추다 가야 될따.

* 악사 : 세마치 장단.

망태에 넣은 칼과 도끼를 꺼내어서 휘두르며 춤을 한바탕 춘다. 그러다가 이윽고 천둥소리에 놀란 백정은 허겁지겁 퇴장한다.

* 악사 : 훈련 세마치 장단.

할미마당

할미가 베를 짠다. 일평생 고달프게 살아온 신세타령을 베틀가를 부르며 구성지게 외운다.

* 악사 : 북은 각 소절마다 장단.

할미　춘아춘아 옥단춘아/서낭당의 신령님께/시단춘이 춘일런가
　　　시집간지 사흘만에/이런일이 또있는가/열다섯살 먹은나이
　　　과부될줄 알았다면/시집갈년 누이런가/바디잡아 치는소리
　　　일평생을 시집살이/아구답답 내팔자야/베틀다리 양네다리
　　　앞다리는 돋우놓고/뒷다리는 낮춰놓고/쌍을지워 네다릴세
　　　서방다리 두다리요/내다리가 두다리라/쌍을지은 네다릴세
　　　바디잡아 치는소리/우리낭군 목소리요/살림살이 어떤가배
　　　에고에고 묻지마소/시집온날 입은치마/분홍치마 눈물되고
　　　다홍치마 행주되네/삼대독녀 외동딸이/시집온지 사흘만에

　　　　저양반집 씨종살이/씨종살고 얻은삼을/짜투리고 어울쳐도
　　　　삼시세때 좁싸래기/삼복염천 긴긴해를/허리메고 배가고파
　　　　저선비네 씨종살이/디리썩썩 내리싹싹/독수공방 밭매기나
　　　　바디잡아 치는소리/모진삼을 잘도간다
(할미 눈물을 닦는다)
상쇠　할마이 비는 다 짰나?
할미　베는 다 짰다마는
상쇠　할마이, 어제 내가 장에 가서 사온 청어는 다 먼나?
할미　어제 저녁에 당신 한 마리, 내 아홉 마리, 오늘 직에 내 아홉 마리, 당신 한 마리, 한 두름 다 먹었잖나.
상쇠　할마이는 그렇게 먹어댄이께네 이가 다 빠지지……. 그따우로 살라카만 쪽배기나 들고 얻어먹기 알맞다 맞다 마저.
할미　에이고, 팔자가 안 되는걸 어쩔 도리가 있나.
할미는 걸립을 하고 나서 한바탕 춤을 춘다.
＊악사 : 세마치 장단

파계승 마당
＊부네가 사뿐사뿐 걸어나오면서 춤을 춘다. 주위를 살핀다.
　좌우를 살피다가 갑자기 오줌 눌 자리를 찾는다. 두세 자리를 보다가 소변을 본다.
　(이때 중이 등장해서 이 광경을 목격한다. 중은 염주알을 만진다)
＊악사 : 중이 등장하면 메구, 징은 중단하며 장구와 북은 약하게 친다.
(부네는 장구 가락에 맞추어 춤을 계속 춘다)
중　나무아미타불 관세음보살, 나무아미타불 관세음보살.
중　허허 저게 뭐로? 거 참, 이상하다. 저게 분명 사람 같은데, 거 참 이상타.
(부네는 생리적으로 떨며 일어선다)

사진 15-4 하회별신굿탈놀이

(중은 각씨가 소변 본 자리로 가서 두리번 두리번 사방을 살핀 다음 흙을 모아 움켜쥐고 냄새를 맡는다)

 중 (성에 대한 쾌감을 느끼는 웃음으로) <u>으흐흐흐흐</u>, 아이구 냄새야, 이이고 찌린내야.

(손바닥을 턴 다음 합장 주문하며 앞으로 다가선다)

 중 나무아미타불 관세음보살, 에라 몰따, 중이고 뭐고 다 때라치우고 저짜 있는 각시하고 춤이나 추고 놀아야 될따.

 중 아, 내가 이래서 되나(독백). 나무아미타불 관세음보살……

어흠, 나도 이만하면 사내대장부지. 어흠, 여보 각시, 나도 사람인데 춤이나 추고 놀아보시더.

(중이 부네 뒤쪽으로 다가서서 손을 벌려 부네를 잡을까 말까 하는 동작을 하면서 어깨를 툭 친다)

＊악사 : 가락 중단.

(부네는 거절을 표시하는 북을 친다)

중   여보 각시, 사람 괄세하지 마소, 일가산에 사는 늙은 중이 이가산 가든 길에 삼로 노상에서 사대부녀를 만나 각시 오줌 냄새를 맡고 욕정이 치밀어서 칠보 단장 아해도 팔자에 있는동 없는동 그러면 구별할 게 뭐 있니껴? 여보 각시 모이나 한번 주오.

부네 (보오옥) (승낙을 표시)

＊악사 : 세마치(정저쿵 가락에서 세마치 장단)

(부네는 몸을 꼬면서 걸어간다. 중은 두 손을 잡으려고 따라다니며 허리를 잡으려고 한다)

(초랭이가 촐랑대며 뛰어다니다가 중과 부네의 노는 광경을 목격하고 무릎을 치면서)

초랭이 헤헤헤…… 우습데이, 우수워. 세사 이런 일이 다 있노.

(초랭이 웃음소리에 놀란 중이 부네를 업고 도망을 간다. 황급히 도망을 가다가 부네는 꽃신 한 짝을 떨어뜨리고 도망간다)

초랭이 아이고! 부네하고 중놈이 어디로 갔노?

(그리고는 도망간 쪽으로 가다가 못마땅한 표정을 하면서 돌아간다. 이윽고 꽃신을 발견하고)

초랭이 아, 요게 뭐로? 아, 중하고 부네하고 노다 빠자놓고 간 꽃신이구나! 아이고 고와래이!

(초랭이는 혼자 좋아서 콩콩 뛰며 어쩔 줄 모른다)

초랭이 보소, 이거 이쁘지요? 이거 주까요? 안 돼니더 보소, 이쁘지? 이거 니 주까? 안 돼, 헤헤헤……. 에이고 중하고 부네하고 춤추고 노는 세상인데 나도 이메나 불러 춤이나 추고 놀아야 될따(독백).

(초랭이는 한참 신나게 춤을 추다가 이메를 불러서 같이 한바탕 놀다 선비를 부르러 간다)

초랭이 아이그 이느마야 쫌 제바르게 댕기거라.
초랭이 이메야 니는 왜 절룩절룩 그며 댕기노.
이메 까부지 마라 이느마야. 니는 왜 까불락 까불락 그면서 댕기노, 이느마야.
초랭이 이메야, 중놈도 춤추고 노는 세상인데 우리도 같이 춤추고 놀아보자.
이메 그래 좋다 좋아.
초랭이 참, 우리 양반한테 일러야지.
* 초랭이 독백으로 이메에게 알린다.
* 악사 : 장단 중지.
(초랭이는 뛰어들어간다)

양반 선비마당
초랭이 셈님요. 셈님요, 셈님 어른요. 빨리 나오소.
(초랭이가 양반 선비를 모시고 등장한다. 양반은 부채를 들고 정자관을 쓰고 거만한 여덟팔자 걸음으로 나오고 선비는 유건을 쓰고 모산대를 쥐고 황새걸음으로 양반 뒤를 따라 나온다. 부네는 선비 뒤에서 나오면서 선비에게 가까이 간다)
초랭이 (부네 엉덩이를 만지면서) 아이고, 부네 궁디도 이뿌데이.
(부네는 손으로 뿌리친다)
(양반, 선비가 선 자리에서 초랭이가 뛰어나오면서)
* 악사 : 장단정지
초랭이 셈님 어른요. 나온 김에 인사나 하소.
양반 여보게 선비, 우리 통성명이나 하세.
선비 예, 그래시더.
(양반과 선비가 절을 하려고 앉을 때 초랭이는 양반 머리 위에 엉덩이를 돌려대고 선비에게)

사진 15-5 양반선비마당

초랭이 니 왔니껴?
(양반은 부채로 초랭이 엉덩이를 때리면서 호통을 친다)
양반 엣끼, 이놈.
선비 저놈 초랭이가 버릇이 없구만요.
양반 암만 갈채도 안 되는걸 별 도리가 있나.
선비 아니 그래가지고 이마에 대쪽같은 거 쓰고 양반이라 카나.
(초랭이는 꾸지람을 듣고 귓속말로 소곤거린다)
양반 어흠, 그래 내가 양반이 아니고 뭐로. 여기에 내보다 더한 양반이 어디 있노.
초랭이 지도 인사, 나도 인사 받기는 마찬가진데 뭔 상관이 있니껴.
(이때 부네는 고개를 끄덕거리며 답을 한다)
선비 야야, 부네야.

(부네는 선비 귀에다 대고 세게 소리를 지른다)
부네 보옥
선비 아이쿠, 깜짝 놀래라. 오냐 부네라.
(부네는 선비 옆에 바짝 붙어 앉아서 어깨를 주물러준다)
이 모습을 본 초랭이는 양반에게 다가가서
초랭이 센님 어른요, 어깨 주물러주까요?
(초랭이는 어깨를 우악한 동작으로 주물러준다)
양반 아이구 이놈, 어깨 뿌서질따.
초랭이 양반요, 내 말 좀 들어보소. 세사 이런 일이 다 있니껴.
양반 허허 이놈이 오늘따라 왜 이리 수답노.
초랭이 참, 세사아 빌 꼬라지 다 볼시데이.
　　　　아까요, 중놈이 부네하고 요래 요래 춤을 추다가 중이 부네
　　　　차고 저짜로 갔짢니껴.
양반 아이 머라꼬, 허허 망측한 세상이로다. 허허허…….
(양반은 못마땅한 표정을 지으며 당황한다)
양반 야야 초랭아, 이놈 거기서 까불락거리지 말고 저기 가서 부네나
　　　　찾아 오너라.
(선비는 이 이야기를 듣고 아주 못마땅한 표정으로 연신 담뱃대를 쥐고 땅을 친다)
초랭이 부네 여기 왔짢니껴.
(부네는 양반 옆에 가서 〈보오옥〉 한다)
양반 아이쿠 깜짝이야, 귀청 떨어질라.
(부네는 양반 머리의 이를 잡아준다)
초랭이 아이고, 양반 머리에도 이가 다 있나.
(선비는 물끄러미 바라보다가)
선비 쯔, 쯔, 저런 엑끼 고얀지고.
양반 오냐 부네라. 어흠, 국추단층에 지체후 만강하옵시며, 보동댁이

감환이 들어, 자동 양반 문안드리오.
부네 보오옥.
양반 허허, 그곳이 하도 험악하여 보호차로 왔나이다.
수목은 울창하고 양대꽃이 만발하니 거기에 들어가기만 하면 백혈을 토하고 죽어가기에 보호하러 왔나이다.
(선비, 못마땅한 표정을 짓고 있다)
양반 예 부네야. 우리 춤이나 한번 추고 놀아보자.
부네 보옥
* 악사 : 굿거리 장단.
(이때 부네는 몸을 꼬며 〈보오옥〉한다. 선비는 못마땅하게 헛기침을 하며 부네에게 다가선다)
선비 엑끼, 고얀지고.
부네 보욱
(부네는 선비에게 가서 내 여기 왔다는 표현 동작을 한다)
선비 오냐, 부네라. 그래, 내하고 춤이나 추고 노자.
양반 아니, 저놈의 선비가? 허, 저 망할 요부가 어흠.
(양반은 한참 생각하다가 선비에게 가서 선비를 속이고 부네를 데리고 와서 춤을 춘다)
선비 여보게 양반. 자네가 감히 네 앞에서 이럴 수가 있는가?
양반 허허 무엇이 어째? 어흠, 우리 할뱀은 문하시중을 지내셨거든.
선비 아, 문하시중, 그까짓것…… 우리 아뱀은 문상시대인걸.
양반 아니, 뭐? 문상시대? 그건 또 뭐로.
선비 에헴, 문하보다는 문상이 더 높고, 시중보다는 시대가 더 크다 이 말일세.
양반 허허, 그것 참. 빌꼬라지 다 볼세. 그래 지체만 높으면 제일인가.
선비 에헴, 그라마 또 뭐가 있단 말인가.
양반 학식이 있어야지. 나는 사서 삼경을 다 읽었네.

선비　뭐 그까짓것, 사서 삼경가지고. 어흠, 나는 팔서 육경을 다 읽
　　　었네.
양반　아니, 뭐? 팔서 육경? 도대체 팔서는 어디 있으며 그래 대관절
　　　육경은 또 먼가?
초랭이　난도 아는 육경, 그것도 모르니껴. 팔만대장경, 중의 바라경,
　　　　봉사의 안경, 약국의 길경, 처녀의 월경, 머슴의 세경요.
(육경을 북으로 장단을 쳐줌)
선비　그래, 이것들도 아는 육경을 양반이라 카는 자네가 모른단 말
　　　인가.
양반　여보게 선비, 우리 싸워봤자 피장파장이께네, 저짜 있는 부네나
　　　불러 춤이나 추고 노시더.
선비　(잠시 생각하다가) 암, 좋지 좋아. 예 부네야.
부네　우욱
＊악사 : 세마치 장단
　(부네는 양반과 선비에게 다가서고 부네, 양반, 선비, 초랭이가 춤을 추고
놀 때 할미가 쪽박을 차고 절뚝절뚝 걸으며 엉덩이를 흔들면서 걸어나온다)
　할미는 춤추고 노는 광경을 보고 어울려 놀고 싶은 생각이 난다. 노
는 데 취해 자기도 모르게 어울려 춤추려고 양반에게 다가선다.
　할미　여보게 양반, 내하고 춤추고 노시더.
　(양반은 정신없이 춤추고 놀다보니 부네 아닌 할미가 옆에 있다.)
　양반　아니, 이 늙은 할마이가, 에끼이 할망구야(밀어낸다).
　할미　에이, 이놈의 양반아, 사람 괄세하지 마래이, 니도 내그치 늙어
　　　　봐라……. 저짜 있는 선비한테 가야 될따.
　(할미는 선비에게 다가가서 선비 옆에서 춤추고 노는데 선비는 한참 놀
다보니 옆에 할미가 와 있음을 보고)
　선비　아이, 요 망할 할마이가 엑끼 이 할마이야.
　(선비는 할미를 밀어내고 부네에게 간다)

330

할미 예끼 이놈, 니도 그 나물에 그 밥이구나. 에이고 들어가야 될따.
(할미가 돌아가려고 한다)

초랭이 할매요. 디가지 마고 내하고 춤추고 노시더 왜요.

할미 그래 그래, 역시 초랭이가 제일이따. 내 사정은 초랭이가 안다.
(양반, 선비, 부네, 초랭이, 할미가 어울려 춤추고 놀 때 백정이 망태에 소불알을 넣어 가지고 나타난다)

백정 헤헤헤, 꼴들 참 좋다, 조하, 헤헤헤…… 센님 알사소.

* 악사 : 장단 중지.

양반 아니 이놈아. 한참 신나게 노는데 알은 무슨 알이로.

백정 알도 모르니껴?
(이때 초랭이가 톡 튀어나오면서)

초랭이 헤헤헤…… 달걀, 눈알, 새알, 대감 통불알 말이시더.

백정 맞다 맞아, 불알이야 불알.

선비 이놈 불알이라니.

백정 소불알도 모르니껴?

양반 이놈, 쌍스럽게, 우랑이니라……. 안 살테니 썩 물러가거라.

백정 센님 소불알 먹으마 양기에 억시기 좋으이데이.

선비 뭐라꼬, 양기에 조타꼬. 음, 그라마 내가 사지.

양반 (다가서면서) 허허, 야가 아까 날보고 먼저 사라꼬 켓스이께네 이건 내 불알일세.

선비 아니. 이건 내 불알일세.
(양반, 선비, 백정, 저로 우랑을 잡아당긴다)

백정 아이쿠, 내 불알 터지니더.

할미 (땅에 떨어진 소불알을 집어들면서) 쯔쯔쯔 소불알 하나 가지고 양반은 지불알이라카고, 선비도 지불알이라카고, 저기 저 백정 놈도 지불알이라카이, 대관절 이 불알은 뉘 불알이로? 내 육십 평생 살았다만 소불알 하나 가지고 싸우는 꼬라지는 처음 봤어.

　　　　에이 몹쓸 것들아…….
(모든 광대들은 한바탕 춤을 춘다)
(이때 별채가 등장하여 큰소리로 외친다)
별채　환재 바치시오. 환재 바치시오. 환재 바치시오.
(별채는 노는 꼴을 보고 환재는 바치지 않고 부네와 어울려 노는 양반, 선비, 할미에게 횡포를 부리면서 마구 다가선다. 이때 모든 광대들은 별채의 환재 바치라는 소리와 횡포스러운 동작에 겁을 먹고 도망친다)

　최종일 당제를 지낸 다음 야밤에 〈혼례마당〉과 〈신방마당〉은 단 한 번만 논다. 다른 마당은 요청에 따라 걸립성과 알맞게 되풀이된다.

헛천거리굿마당

혼례마당
(홀기)
　신랑 출, 신부 출, 서동부서, 서부서서, 부선재, 배서답일배, 시자침주, 예필(禮畢)

　양반, 각시, 총각, 초랭이, 할미, 선비, 이메, 별채, 백정, 중, 떡다리, 부네 등장. 양반이 홀기를 부르고 초랭이가 장구를 앞에 놓는다.
　총각과 각시가 혼례식을 올리도록 양반이 주선한다.
　* 양반의 혼례식 시작 소리와 함께 고수, 북 중단.
　혼례식을 마치면 초랭이는 총각 옆에서 각시의 절을 받으며 총각을 놀리고 이메는 초랭이와 같이 어울려 흉내를 내면서 각시를 집적거린다.

신방마당
　신방 분위기를 살리기 위해서 삼경(三更)에 이 행사가 이루어진다.

총각이 각시의 저고리 고름을 풀면서 각시에게 접근하여 각시를 끌어안고 눕힌다.

각시는 부끄러운 표정을 지으면서 몸을 눕히고 그 위에 올라타서 성행위의 동작을 연출하면서 다리를 꼬아댄다.

각시는 다리를 꼬면서 〈아야, 아야〉하며 각시 특유의 애정에 찬 소리를 낸다.

2 하회선유(河回船遊) 줄불놀이

하회마을에는 서민들의 탈놀이와는 대조적으로 내려온 450년 역사를 지닌 양반 풍류의 일종인 줄불놀이가 있다. 음력 7월 16일 야음이 깔리면서 시회를 곁들인 오락인 선유(船遊)를 해왔다.

추칠월 기망(旣望)이 되면 계선암(繫船巖)에 메어두었던 배를 띄워 만경창파(萬頃蒼波) 능파대(凌波臺) 앞을 돌아 추월담(秋月潭)을 거쳐 달관대(達觀臺)를 바라보며 형제암(兄弟巖)까지 강을 거슬러올라갔다가 비스듬하게 뱃머리를 돌려 강 중심에 배를 멈추고 술잔을 높이 들어 길게 늘어진 흰 수염을 쓰다듬으며 적벽부를 오연하게 외울 즈음 달은 화산 언저리에서 살포시 얼굴을 내미는 정경, 그야말로 우화등선의 정취를 마음껏 누렸음직하다. 7월 16일은 중국의 소동파 고사와 지나치게 연결한 듯한 감이 있다. 그래서 알아보니 음력 7월 7일에 한 경우도 있었고 일정치는 않았다는 증언도 들을 수 있다. 하회에서 들은 바로는, 부용대에서 배를 타고 흥겹게 놀며 강을 거슬러올라가면 병산서원까지 이를 수 있다고 한다.

불꽃놀이를 겸한 이 놀이는 천혜의 절벽과 강과 백사장이 어우러진 부용대 아래에 걸쳐 열 줄 정도의 동아줄을 걸고 그 줄에다 뽕나무 숯 봉지에 불을 붙여 걸어서 아래로 내려보내면 수백 개의 숯 봉지에서는 아름다운 불꽃이 떨어져 밤하늘을 수놓을 뿐 아니라 완만히 흘러가는 고요한 강물에도 비치어 장관을 연출한다.

또한 겸암정과 옥연정사를 연결하는 벼랑 사이의 길을 따라 줄을 걸고 그곳에도 숯 봉지를 걸고 불을 붙였다 한다. 부용대 정상에서 만송정까지는 대략 230m 정도 되는 거리다.

뿐만 아니라 겸암정에서 옥연정에 이르는 강물 위에는 수백 개의 달걀 껍질 속에 기름 솜불을 켜서 띄우면 하늘과 지상 모두에서는 휘황찬란한 꽃 세계가 연출된다. 이것을 연화(蓮花)놀이라고 한다. 종이 봉지나 표주박도 사용되었다.

행사가 절정에 이르면 솟갑 단과 장작에 불을 붙여 65m나 되는 부용대 위에서 그것을 던지기도 했다. 이런 상황에서 부용대 아래 화천에는 배를 놓아 주중에서 시회와 흥겨운 주연을 베풀었는데, 중국의 소동파(蘇東坡)가 행했다는 적벽(赤壁)놀이와 흡사했다.

그러나 진정한 이날 행사의 피날레는 선비들의 시회(詩會)였다. 표주박에 기름으로 적신 솜에 불을 붙여 띄워보내면 옥연정사까지 도착하는 데 얼마간의 시간이 걸린다. 이 짧은 시간 동안 시 한 수를 지어야 하는데 이를 어기면 벌주를 내린다. 옛날 궁중에서 촛불에 금을 그어놓고 시를 짓게 하였는데 이를 각촉부시(刻燭賦詩)라고 한다. 이는 유희에만 그친 것이 아니라 문학을 장려하는 일종의 교육이기도 했다. 넓은 의미로 보면 문화 행사였다고나 할까. 민중들의 아픔에는 전혀 관심이 없는 심하게 말하면 그들의 피로 이루어진 양반들의 놀음쯤으로 이해할 수 있겠지만, 유학의 근본에는 애민 의식이 있음을 상기할 필요가 있다.

배를 띄워 시를 짓는 풍류가 어우러진 하회마을, 어떤 어른이 가장 먼저 시를 지었고 또 누구는 시간 내에 시를 짓지 못해 벌주를 많이 마셨다는 정보를 귀엣말로 주고받았을 저녁은 각박한 요즈음의 세태보다는 넉넉했을 것이다. 이날 밤 선유놀이에는 기녀(妓女)들의 가무(歌舞)

는 없었다.

이러한 놀이는 전국에서도 그 유래를 찾기 어려운 것이나 애석하게도 적지 않은 경비와 뽕나무 숯을 만드는 기술자가 없어 마을 자체에서는 단념하고 있는 실정이다. 다만 안동문화원이 주도하여 민속을 아끼는 지역 인사들에 의해 몇 차의 시연이 있었을 뿐 연례적으로 이어지지는 못하고 있다.

하회선유줄불놀이 시연 현황
조선 후기 단절
일본 제국주의 시절 한두 차례 시연
광복 후 미군정시 하회에서 재현
1968년 제1회 안동풍년제 때 하회에서 시연
1975년 국내 외교사절단 일행의 요청으로 하회마을에서 시연
1981년 5월 안동민속축제 행사의 일환으로 안동보조댐에서 안동공고학생에 의해 시연
1990년 6월 2일 안동민속축제 행사의 일환으로 풍산종고(당시 교장 김재구) 학생들에 의해 하회마을에서 시연
1991년 5월 28일 풍산종고 학생들에 의해 하회마을에서 시연
1991년 12월 10일 김재구 편저로 『하회유선줄불놀이』라는 책자가 안동문화원에서 발간됨
1997년 10월 1-3일 안동국제탈춤페스티벌 추진위원회에서 행사의 일환으로 하회마을에서 3회에 걸쳐 시연
1998년 9월 26일 안동국제탈춤페스티벌시 시연

3 화전놀이

화전놀이는 화전을 지져 먹고 가사도 지으며 실컷 자신의 소회를 푸는 부녀들의 놀이다. 이 놀이는 여류 문사가 많았던 하회마을에서 특히 사랑을 받았다. 화전(花煎)이란 꽃잎을 붙여 부친 부침개이다. 찹쌀가루를 잘 반죽해서 기름을 두르고 지진 떡으로 계절에 따라 진달래, 배꽃, 국화꽃 등이 이용된다. 우리나라 세시풍속 중에는 삼월 삼짇날 들놀이를 할 때 진달래꽃을 따서 찹쌀가루에 섞어 지진 절식(節食)을 먹는 풍습이 고려 시대부터 전래되어 왔다. 이러한 풍습은 조선 시대에도 이어져 궁중에서도 이런 놀이가 행해졌다고 한다.

이 놀이의 절정은 역시 가사를 지어 초성 좋게 읽는 것이다. 이러한 분위기에서 지어진 가사를 특히 화전가(花煎歌)라고 부르는데 하회에서는 유달리 화전가를 잘 짓는 분들이 많았다고 한다. 그것은 양반마을이라는 전통과도 무관치 않다. 하회마을로 시집 온 부녀들은 대개가 명문가에서 자라 규중(閨中)에서 규방가사(閨房歌辭)를 익혔음은 물론 규중 교양을 충분히 받은 경우가 많았다. 그래서 자신의 친정 가문의 명예를 추락시키지 않기 위해서도 화전가를 짓는 데 열심이었을 것이다.

단조로운 규중 생활을 하던 부녀들에게는 봄철의 화전놀이는 특별한 경험임에 틀림없다. 법으로 말하면 조치법이 적용되는 때라, 손위나 아래가 서로 흉허물 없이 어울리는 그런 확 트인 날이었다. 며느리는 시어머니나 손위 동서에게 자신의 솜씨를 선보일 절호의 기회며 상대편에서도 손위 어른으로서의 고뇌나 한을 넌지시 알릴 때다. 며느리가 지은 화전가에 답가(答歌)가 따르기도 하는데 그렇게 되면 쌍방간의 문학을 통한 교감인 것이다.

하회마을 화전놀이의 단골 장소는 화천(花川)을 나룻배로 건너가면 나오는 남산(南山) 중턱의 팔선대(八仙臺)다. 팔선대는 깎아지른 듯한 바위 위에 여럿이 앉을 수 있는 공터가 나 있는 곳으로 강과 하회마을 전경이 일품인 신선들이 노닐었음직한 장소다. 하회탈놀이는 마을에서 펼쳐지고, 유선놀이는 만송정 솔숲과 부용대가 어우러진 화천에서 열리며, 화전놀이는 마을과 멀리 떨어진 팔선대에서 펼쳐진다. 꽃부침개를 할 수 있는 제반 도구는 물론 종이와 벼루 그리고 붓도 준비된다. 이 하루를 위해 준비된 고운 옷과 노리개로 단장한 자태를 왕골자리에서 한껏 뽐낸다. 외양이 좀 뒤진다 싶은 어떤 부녀는 드디어 자신의 문장을 자랑할 기회를 갖게 되고, 한편에서는 낭랑하게 지은 가사를 부르며, 저쪽에서는 수군수군 서로의 작품을 평한다. 이렇게 하루해는 저물어 간다. 특기할 사실은 남정네들은 아무도 참여할 수 없다는 점이다.

하회마을 종택에서 가사를 읽는 모습을 한두 번 본 적이 있다. 이미 고인이 된 시어머니가 가사를 읽은 것을 녹음 테이프를 통해 들으며, 〈우리 어맴은 참 초성이 좋으셨니더〉, 〈우째 초성이 저래 좋노〉, 〈왜 아이껴, 생시 같니더〉를 연발하는 감동과 흥이 있는 장이었다.

〈그때 딸네들이 화전놀이하는 걸 잘 지 논게 있었잖니껴. 화유가 말이시더……〉, 〈거게 들어보면 하회십육경이 다 들었잖니껴……〉, 〈훤하게 눈으로 보는거 같지 뭐〉 하면서 가사를 소개했다. 그렇게 잘 지었다는 화유가는 이미 고인이 된 류재하(柳在夏) 씨 작품이며, 택호는 미동댁(美洞宅)이라 했다.

건곤이 조판후에/절세를 분별하니/아마도 좋은승객/춘하갱명 가절이라
자전홍수 각호춘은/서총이원 시절이요/향양화목 이위춘은/공후적색 호흥이라
고금을 헤아리니/허다춘풍 가소롭다/우리동류 몇몇여자/규중에 깊이숨어
처신언행 조심하고/침선방직 힘쓰다가/심중에 울화나서/사창을 반개하고
애광에 앉았으니/난데없는 일점동풍/은근히 불어와서/호응을 일으키니
적울지회 갱발하야/일장화유 송판일세/그뉘아니 응낙하리/
녹의홍상 떨쳐입고/삼삼오오 작반하여/좌우한닢 느리우고/연모를 곱게곱게
만송정 올라서니/심신이 상쾌하다/청산은 빛을띄고/녹수는 반기는듯

북천에 뜬기러기/가노라 하직하고/강남에서 나온제비/왔노라 인사한다
반공중에 종달새는/비비배배 노래하고/강언덕의 금잔디는/방긋방긋 웃는구나
이산저산 울긋불긋/일년일도 다시피어/이화는 작작하고/도화는 요요한데
화간의 범나비는/꽃을보고 춤을춘다/세류간의 꾀꼬리는/벗을불러 노래한다
옥수를 서로잡고/차례로 승선하여/어기여차 배를띄워/범범중류 떠나갈제
화류에 취한술은/연화중에 둘러보니/부용대 광난빛은/고색을 띄워있고
운송대 갈모암은/여화수석 경개로다/겸암옥연 양선정은/도덕유촉 장할시고
선봉에 맑은기운/백운에 어려있고/울림에 미한기상/초연히 어리었다
능파대 맑은물에/어룡이 잠기었고/차아한 강산수봉/애내일성 불어줄듯
인사난 변천하되/풍경은 예와같다/계선암에 배를메고/일제히 물에내려
부용대를 치쳐올라/좌우산천 둘러보니/천하제일 명승지라/이런경계 또있는가
맑고맑은 낙동강은/주야장천 흘러가니/영웅의 기상이요
높고높은 저화산은/만고에 불변함이/군자의 절개로다
중천에 우뚝솟은 부용대는/차디찬 북풍한설/용맹하게 막아있고
운간에 높이솟은/화려한 저남산은/온화한 봄소식을/은연히 전해주네
반공중의 갈모봉은/백운에 솟았는듯/곱고고운 원지산은/문장도덕 빛이나고
화수당 종소리는/소슬한풍 가이없다/강상에 떠난배는/순풍에 돛을달아
만경창파 넓은물에/봄을찾아 왕래하고/질풍같은 자동차는/화류객을 가득 싣고
벽력같은 기적성에/구비구비 돌아든다/다시금 일어서서/수림천 당도하니
제안에 양류지난/푸른실을 드리우고/청산에 송백풍은/청풍으로 화답한다
청송의 학두루미/취흥을 도우는듯/사장의 갈매기는/한몽을 놀라깬다
청계에 탁족하고/상봉정을 올라가니/회당선조 장구지라
난간을 의지하여/석사를 생각하니/추모지심 가이없다
담안에 오동목은/봉황이 깃들이고/정중의 벽도화난/웃는듯 반기는듯
정화난 작작하야/우리걸음 지체한다/원중의 기화요초/호두유금 노래로다
우습다 남정들아/남자로 생겨나서/인기가 장쇠한들/풍정조차 그리없나
춘추양절 좋은시절/연년이 놀던일이/너희들에 미쳐서는/아주영영 끊어지니

338

강산도 섭섭할 뿐/풍월도 아깝도다/우리동류 몇몇여자/규중에 여자오나
너희풍정 생각하니/한심코 가련하다/행장의 포도주를/수삼배 마신후에
쾌활한 흥이나서/돌고지 올라서니/화향이 습의하여/흉금이 상쾌하다
풀자리 가라앉아/잠시지체 한연후에/여동을 분부하야/두견화 희롱하니
낙화화변 채련가난/다시금 새롭도다/서서히 일어서니/남창이 저기로다
향풍이 인도키로/팔선대 찾아가니/화전하던 옛곳이라
팔선녀는 어디가고/빈터만 남았는고/우리오늘 선녀로다/석탑을 정히쓸고
차례로 둘러앉아/상하를 굽어보니/일월산 나린용은/기암괴석 나열하고
낙동강 맑은물에/이천지수 둘렀도다/남창에 꽃이피고/구십춘광 난만한데
불여귀로 슬피우니/오릉의 소년들은/준마를 머무르고/창가의 저소부난
단장을 재촉한다/연기가 선경이요/천하의 명승이요/홍끝에 회포나서/
다시금 생각하니/애들할사 우리여자/남자로 생겼으면/천하명승 우리하회
생사간에 놀아볼걸/여자로 생겨나서/다정한 부모동기/청아한 연화수석
일조에 이별하고/동서로 흩어앉아/약수천리 먼먼길에/청조새 끊어지고
북해만리 너른곳에/홍안성 전혀없어/이화두견 슬피울고/오동양류 적막한데
외로이 혼자앉아/고향풍경 생각하니/춘풍도리 삼월모춘/추우오동 엽락시라
풍우성이 비감이라/강산대야 돋는초목/겨울가고 봄이오니/기화요초 유정하고
송구영신 회포된다/가련하다 우리동류/어느때에 다시보리/무정할손 유수광음
어이그리 쉬이가노/북망산 누루봉에/오는쪽쪽 백발이요/궂은비 찬바람에
백양이 소슬한데/홍안이 얼마런고/우리도 이세상에/저와같은 초로인생
백발이 오게되면/그아니 가련한가/어허어허 가소롭다/원부모 이형제는
면치못할 소임이라/오늘날 이승회에/비가상심 쏠데없다/거들거려 놀아보자
좌중이 이만하니/뉘기뉘기 모였는고/얌전한 연당댁은/설중의 매화이며
단아한 우평댁은/반만핀 장미화요/아름다운 영천댁은/추수부용 반개화라
어리무던 의성댁은/설중의 명월이요/힌섭한 새터댁은/명사십리 해당화요
수련한 경주댁은/수중의 연화로다/봉울봉울 미동댁은/창전의 옥매화요
산들산들 김산댁은/옥분의 난초로다/자태있는 구담댁은/새로핀 할미화요

화려한 예안댁은/우후의 명월이라/놀음이 이만하니/음식인들 범연하리
옥병의 감로홍은/국미춘 향기나고/송강의 노어회는/은사실을 드리운듯
강남의 연자병은/수중의 연화로다/쑥뜯어 애탕하고/꽃꺾어 화전하니
요지연 잔치라도/이에서 못할거요/홍문연 모둠인들/이에서 더할손가
노자작 앵무배로/반취하게 먹은후에/없는흥이 절로난다/산수가로 노래하네
듣기좋은 권주가는/장진주로 화답하고/화창한 여민락은/어부사로 화답하고
청아한 죽지사는/남풍시로 화답하니/사장의 갈매기는/춘흥을 못이겨서
두나래를 펴트리고/반공중에 높이떠서/이리너울 저리너울/너울너울 춤을춘다
여흥이 미진하야/석양이 재를넘네/섭섭이 일어서서/강산을 하직하고
만연이 산에나려/다시금 선유하니/새흥이 더욱좋다/소동파의 적벽부냐
소언에 월출이라/청풍은 서래하고/수파는 불흥이라/칠월기망 놀음인가
적벽강이 완연하다/중류에 높이떠서/형제암 얼른지나/옥연쏘에 배를매고
십육경 둘러보니/부용대 줄을매고/칸칸이 화등달아/월세계를 이루었다
강상의 달걀불은/만경창파 너른물에/경경하게 흘러가니/은하수의 별빛같고
천인절벽 높은곳에/아주펄펄 내려와서/주중에 떨어지니/낙화암이 분명하다
뱃전을 두드리고/수명사명 양안대에/소상강 찾아갈제/우리놀음 구경차로
일점이점 행렬지어/평사낙안 이아닌가/적막한 어룡들은/새를쫓아 출몰하고
사장의 백구들은/빛에놀라 사라지니/화수용월 이아니냐/강산이 변화하여
세계를 지었으니/산악이 대명하고/음풍이 노호한데/처마끝에 급한형세
백척폭포 이뤘으니/이골저골 흐른물이/낙동강에 합수하여/장강수를 이뤘는데
바위에 부딪치니/어룡이 비웃는듯/해금강 방불하니/입암천장 경계로다
마늘봉 상상봉에/백운이 어리어서/신선이 하강한듯/봉래방장 완연하고
전봉숙운 이아니냐/백석청탄 반석위에/풍진세계 이별하니/반기조수 한가롭다
육척상군 떨쳐입고/세우사창 요적한데/야월삼경 적막한줄/깊고깊은 수림천에
무교를 물어내야/일원이라 저산하는/일면이 육지되고/삼면은 물이되어
소월이라 동원에는/두견이 슬피운다/천봉만학 높은곳에/울긋불긋 꽃이피어
단풍시절 이뤘으니/수봉상풍 경계로다/파연곡 한곡조에/풍류객이 돌아갈제

언덕에 배를매니/도두횡주 이아니냐/강산구경 다하려면/몇날갈지 모르겠다
슬프다 우리여자/면치못할 이책임을/한탄한들 쓸데있나
어찌타가 우리여자/일가족친 태어나서/영세동락 못하고서/오늘날 작별한후
뉘를따라 놀잔말가/네가나를 이별터니/봄조차 이별이라/낙화분분 떨어지고
녹음방초 돌아오면/수양버들 높은가지/높다랗게 그네매고/녹의홍상 떨쳐입고
추천놀음 즐기는일/눌과함께 하잔말가/가기는 절을찾아/구추에 늦어다가
수림천의 한버들이/성튼가지 소슬하고/남창에 꽃이피니/상엽이 방불하다
인간의 귀뚜라미/긴소리 짧은소리/경경하게 슬피울고
상풍에 놀란홍안/운간에 높이떠서/옹용한 긴소리로/벗을찾아 왕래하고
춘풍호시 저문날에/두견성도 느끼거든/오동추야 단장시에/차마어찌 들을손가
창전에 피는국화/천봉만학 붉은단풍/눌과함께 보잔말가
그럭저럭 세월가서/명년정월 돌아오면/상하촌 우리동류/옥수를 서로잡고
웃다듬어 옆에끼고/이집저집 다니면서/웃모야 하던놀음/눌과함께 하잔말가
함루안간 함루안에/단장인송 단장인을/무정패상 천사록에/매개고인 칠석산을
삼월정당 삼십일에/광풍이날 이별터니/너도나를 이별하네
이별이야 이별이야/전송춘의 낙화이별/강수원 함정하니/만리에 차군이별
연화삼월 하양주에/황학루상 고인이별/초가사면 만영월에/초패왕의 미인이별
우우풍풍 마외역에/당명황의 귀비이별/엄루사 단봉하니/왕소군의 한궁이별
일장풍우 흩어지니/남북의 군신이별/서출양관 무고인에/양관의 고인이별
예로부터 있던이별/말로만 들었더니/우리에게 당탄말가
오늘날 작별한후/어느시절 다시보리/화려한 너의태도/눈에삼삼 어찌하며
다정한 너의음성/귀에쟁쟁 어찌할꼬/청천에 뜬구름은/한량없이 높을시고
저구름에 앉았으면/고은화용 보련마는/만경창파 깊은물에/주야장천 흘러가니
저물같이 가게되면/너있는데 가련마는/여자유행 어찌하이/오늘이별 설워말고
시가문전 들어서서/시부모께 귀염받고/일가친척 화목하고/수부귀 다남자에
웃음으로 지내다가/다시보기 기약하세/온갖구경 다했으니/침선방적 둘러서고
여공백행 지키다가/명춘삼월 호시절에/제제히 다모여서/다시놀기 언약하세

하회마을 가사의 고전이라 할 수 있는 작품이 「쌍벽가(雙璧歌)」다. 이것은 하회 사람들에게 자긍심을 갖게 하는 가사 작품이라 할 수 있다. 쌍벽가는 누가 지은 가사인가?

하회마을에서 여류 문사로 기억되는 대표적 인물은 학서(鶴棲) 류이좌(柳台佐, 1763-1837)의 모친인 연안(延安) 이씨(李氏)일 것이다. 이분은 판서를 지낸 남인 이지억의 따님이며, 학서는 졸재 류원지공의 6대손으로 예조참판을 지낸 인물이다.

정조 18년(1794), 같은 해에 급제한 동갑인 종형(從兄) 일우(逸愚) 류상조(柳相祚)와 함께 귀향할 때 정조는 친히 제문을 지어 문충공 서애 선생의 사당에 제사를 지내게 할 정도로 총애를 받았다. 전해오는 말에 의하면 원래의 이름은 류이조(柳台祚)였는데 정조가 직접 이좌(台佐)로 개명하였다고 한다. 나 이(台)자는 도울 좌와 합해 풀이하면 〈(네가) 나를 보좌하여라〉라는 의미가 된다. 〈台〉자는 별 이름 태와 나(我), 기쁘다(悅), 기르다(養)의 의미를 지니는 글자인데, 별 이름 이외에는 모두 이자로 발음된다. 그러나 별 이름 태자로 널리 알려진 글자다.

세간에 전해오는 말에 〈하회(河回)는 학서(鶴棲: 류이좌)의 자손이 되어야 하고 양동(良洞)에는 수졸당(守拙堂: 회재 李彦迪의 넷째 손자인 李義潛)의 자손이 되어야 한다〉는 것이 있다. 양반마을 중에서도 양반마을인 하회와 경주의 양동에서도 그중에서 인물이 더욱 많이 난 조상을 이렇게 후세에 손꼽은 말이다. 학서 류이좌는 그만큼 비중이 있는 인물이라는 뜻으로 해석된다.

학서와 일우 두 종형제의 경사를 두고 연안 이씨가 지은 가사가 바로 「쌍벽가」다.

하회마을 대종택인 입암고택에서 21대 종부 김명규 여사의 시누이로 선산 들성(坪城)으로 출가한 류한규(柳漢圭: 신유생) 여사의 낭랑한 초성으로 「쌍벽가」를 들을 수 있는 뜻깊은 시간을 가진 적이 있다. 두루마리에 언문 달필로 쓰여진 쌍벽가는 오늘에까지도 그 영광스러웠던

순간을 감격스러운 어조로 전해주고 있다. 다만 한문 문구가 많아 그 정확한 의미를 파악하기 어렵다는 아쉬움이 있지만 미진한 상태로나마 적어보면 그 내용이 이러하다.

우리님 효제인의/급인제호하사/화산부 대명가에/성은이 중첩하사
청하 초길일에/하회가 재청하여/금미옥린 제용품을/가지가지 주웁시니
상하촌 귀천노소/모임도 모일세라/삼각산 저괴석아/네언제 내려왔노
비선세 혜여보니/뫼마다 공성이고/내심사 두고보니/정금이오 미옥일다
팔분쓰던 고운손에/채봉채미 하려니와/육십사괘 뇌외시며/방한간이 아롱곳가
홍장호걸 저부인아/친신위나 가이없다/눈썹그린 저장부야/탄탄위아 무삼일고
세원인망 오래거든/예양지우 다시나며/정구정인 다시나랴/양주고객 뉘알소냐
청풍은 저가되고/명월은 피리되어/우리낙도 평생이야/조석으로 알건마는
종남산을 회수하니/삼각산이 의희하다/소안에 봉사하야/어느새 백발인고
이친척 기 부모는/성현유교 정녕하다/강호의 사십년이/어제런듯 그제런듯
기왕을 상상하니/형극노황 그지없다/삼순구식은/너를 이른 말씀이오
십년일관은/어느친척 보태더냐
어름궁게 잉어잡아/수육회나 수이하며/청소보월 억제한들/어느동생 찾아올까
북해에 순양하던/소중랑의 고절이요/유리에 점역하던/주문왕의 액이러니
어와 오늘이야/기산에 봉이우네/고반의 벗님네야/괴석이라 우롱마소
유붕이 자원방래/자네어찌 모르는가/문장 명필이야/낙양에도 많거니와
기고봉의 사단칠정/다시분석 뉘하신고/성학십도 육도지리/외운 분이 그뉘시고
우리부모 문명하사/도학인의 묘하하사/추로지향 높은곳에
위자손계 하시거늘/원지산 맑은경에/호연이 도우시니/지세도 좋거니와
풍경이 더욱조해/안자연의 누항이요/도연명의 오류로다/병산에 부이캐니
유백운의 청전인듯/화천에 낚시띄니/엄자릉의 부춘인듯/부용대 다시올라
십육경 고쳐보니/곤륜산 상상봉을/못보아 한할손가/차강산 그려다가
자달에 간하고져/호호한 저백구야/어약연비 좋을시고/인걸은 지령이라

못난이는 바이없다/성군이 꿈꾸신가/비웅비호 상서있네/충효당 아해들아
뜻에새겨 잊지마라/네선세 덕을심어/동방이 제안하니/공존사직 하오시고
업수후예 하시고야/세세마다 염담하여/안빈낙도 잘하시며/번화가 점점멀어
고체하여 흠이러니/갑인년 하사월에/제제상이 감동하여/십만군유 모인중에
제일두가 한림인가/일필휘지 일천선장/운중룡 풍종호를/일석에서 보았구나
금전을 초개하니/상서로운 복이어늘/봉궐에 득인하니/삼태로 도우리라
상운이 어린속에/서일이 화명하다/소소구성에/봉황이 내의로다
칙명이 연첩하야/옥계에 근시하사/단공서추 나아가니/선성지의 가자서라
신야에 부열이요/위빈의 여상이라/팔채용미에/화기가 영롱하다
주석으로 반기시고/동량으로 믿으시니/오늘날 이은혜는/불감당 하였서라
신재인재 이아해야/인재신재 저사람아/이향사군 아니려면/임이어찌 아르시며
이향사군 아니려면/임이어찌 모르시리/이수도 중첩하고/성은도 망극하다
문충공 다시일러/어제사제 하오시며/연급어 조무하고/해동이 문미로다
합하에 몸을세워/역로 돌아서니/삼현 쌍적은/오백리 성설이요
우개 주륜은/성제를 모셨으니/자비관 육칠수령/좌우로 호위하고
봉명하온 이익운은/홍양산이 엄엄하다/당시에 예던길이/이제야 돌아왔네
걸어넘던 문경새재/남여로 완보하니/형제홍패 쾌할시고/십이연봉 성은일다
천암만학 둘러보니/우로지택 한이없다/삼춘에 오색꽃이/곤제계지 추종하고
전세후세 채운이요/천리만리 화풍이라/축지법을 자로자로/가향이 거의로다
경역에 장입하니/십리갈전 숙소하고/문계성이 일전할세/화신광풍 흠이러니
봉생용관 다시보니/욱일시가 이아닌가/명려하다 우리강산/전도곤 배승하다
곤강이 이뫼이며/여수가 이물인가
경경한 일편단심/북궐에 맺혔어라/의문하신 헌화불로/불변춘색 하여있고
평생 소교아는/안색이 승절이요/치자 동북은/상흔이 향연이라
옥으로 가꾼안색/선형후제 하는고야/수절을 못보거든/명부관을 뉘알소냐
구곡에 맺힌한이/차시에 풀렸도다
양진당 너른뜰에/수다지정 화열친척/홍성함도 그지없다/만송정 도판소에

낙고봉이 의희하다/모대를 고쳐쓰고/화학관복 다시입고/형선 후제하니
금문고문 개유하네/풍원군 출주하여/하당영지 하올적에/국궁하고 진퇴하여
제이성이 황황하다/청향명촉/이 또한 군은이라/척강이 소소하여
감읍하여 반기실듯/영영하신 우리왕고/중천에서 즐기실듯/오늘날 이영광은
광필하신 임의은혜/우리님 심은덕택/여천동대 하시고야/흑삼동 삼백인이
일심으로 지영하고/제부주사 조제하되/기기제율 하올적에/팔음이 양양한데
육율을 섞어부니/채운이 머뭇머뭇/서일이 청화할새/구름같은 손님네야
앞길이나 틔워주소/문풍한 부로휴유/조석수가 밀리는듯/인성이 벌이되어
작선을 가리왔네/계지 청삼은/어느분이 형이신고/두 홍패를 고사하니
차례로 오를시고/선생이 호신하니/소리도 빈빈하다/조용할사 두 신은이
수연함도 수연하다/이도곤 나은사업/우주간에 또있는가/쌍벽이 진퇴하니
봉황이 천에놀고/문광이 영롱하다/기린이 원에노니/개기후 처음으로
문명타 하리로다/삼백년 유래고풍/묘무씨서 웃는거동/지당에 호화신가
동정의 명월인가/풍신도 좋거니와/얼굴이 더욱좋다/연치도 같거니와
사업이 더욱조해/약불위지 형이러면/아우마음 즐거우며/약불위지 아우려면
형의마음 쾌할손가/동년동학 하였더니/동일도문 하는구나/이리보니 논도경방
저리보니 섭리음양/어찌보니 형이나아/어찌보니 아우나아/격지성정 형이신가
명경성신 아우신가/광옥 지모에/오색을 빗겨입고/비봉 양익에
홍패옥대 편편하니/형산의 백벽이요/여수에 경금인가/용호의 기상이요
일월의 광채로다/이리보니 형이조해/저리보니 아우조해/관저관원 형이조해
양당열친 아우조해
산악지풍 형이중해/일월지광 아우중해/춘풍기상 형이로새/추수정신 아우로다
목율하신 두신은이/대구입이 다되었네/문장이 약차런들/소로천과 같을게고
도덕이 고명터면/제성공을 부뤄하랴/명륜당 대성전에/숙량흘이 높았으니
제성전 제성이야/그뉘라 막을소냐/정정하신 저부인들/괴석으로 들었더니
공순하고 정숙하니/석중옥이 아니신가/천품이 정대하니/사직지신 재위시고
그 도가 엄중하니/직사를 낳으신가/성경현전 배에 있고/제자백가 입에 있네

평생에 궁박더니/의연함도 의연하다/경향으로 내왕하여/삼천지교 배우신가
산고함에 옥이나고/해심함에 금이나네/대아의 옥성금성/일문을 윤택하고
중아의 화풍감우/구족을 화목하네/오동벽상 광풍제월/일세에 칭경하니
태학에 붓을 꽂아/소과연벽 더 이상해/회귤하는 중아풍신/승당입실 하올적에
노래자의 아롱옷을/위에서 주셨도다/혁혁한 일이삼에/오가 연소 어여쁘다
장원각을 중수하니/이등으로 사양하소/억만년 우리 국조/요천일월 순지건곤
국태민안 하옵시고/나의삼아 만세지영/백대천손 만대유전/여일지승 여월지항
여죽포의/남산에 장수하여/무너지지 않으리라.

끝으로, 작고한 파산(巴山) 종손 류길영(柳吉榮, 1912년생) 옹의 작품으로 전해오는 풍산 류씨 항렬가사를 소개한다.

節義根基 우리祖上/敦睦으로 門規삼아/
挺挺一念 忠孝이요/伯仲茶飯 友愛로다
蘭芝郁郁 子孫들이/葆守靑靑 힘쓰도다/
從此世居 河回에서/洪業大計 세우셨다
沼湘明月 芙蓉인데/子孫興旺 하올시라/
公明正大 닦은德業/仲尼之道 이아닌가
龍天劒을 품었으니/裕裕綽綽 靑雲路라/
元亨利貞 밝은道를/世世承承 行하노라
後孫위해 敎育함은/聖經賢傳 이뿐일세/
源源之水 不渴이며/春風和氣 滿堂이라
祚運無窮 하는길은/睦族敬祖 第一일세/
道學높은 先祖모신/榮華롭기 그지없다
佑助받아 光復이라/時代따라 修本이라/
夏日冬夜 勤課하라/漢陽서울 다시찾아
根深葉茂 定한이치/應當百歲 無窮하리/

志貞基라 곧은마음/升健鎭이 좋을시고
洛水求라 貴한지고/秉來昌昌 하오리다/
希薰魯가 分明하다/奎坤容은 어찌하리
會郁星이 빛나옵고/守濟함이 當然하여/
直과樂을 바로알고/炯然亨이 되고지고

부록

1 조선 시대의 풍산 류씨 인물

불천위(不遷位) 입암 류중영 7. 13(비위 8. 21)
　　　　　　　 귀촌 류경심 6. 2(비위 7. 21)
　　　　　　　 파산 류중엄 12. 25(비위 4. 8)
　　　　　　　 겸암 류운룡 3. 5(비위 9. 16)
　　　　　　　 서애 류성룡 5. 6(비위 7. 25)
　　　　　　　 수암 류 진 1. 13(비위 9. 29)

정승(政丞) 서애 류성룡(선조조, 영의정)
　　　　　 낙파 류후조(고종조, 좌의정)

문형(文衡) 입암 류중영(명종조)
　　　　　 서애 류성룡(선조조)

호당(湖堂) 서애 류성룡(선조조)
　　　　　 우헌 류세명(숙종조)

청백리(淸白吏) 서애 류성룡(명종조)
　　　　　　　 수암 류 진(인조조)
　　　　　　　 낙파 류후조(철종조)

유일(遺逸) 겸암 류운룡
　　　　　 수암 류 진
　　　　　 강고 류심춘
　　　　　 계당 류주목

349

사신(使臣) 류공권
　　　　입암 류중영
　　　　귀촌 류경심
　　　　서애 류성룡
　　　　일우 류상조
　　　　낙파 류후조
　　　　학서 류이좌

봉군(封君) 풍산부원군(豊山府院君) 류중영(柳仲郢)
　　　　　풍원부원군(豊原府院君) 류성룡(柳成龍)
　　　　　풍양군(豊陽君) 류성화(柳聖和)
　　　　　풍창군(豊昌君) 류　운(柳　澐)
　　　　　풍은군(豊恩君) 류종춘(柳宗春)
　　　　　풍안군(豊安君) 류상조(柳相祚)

2 풍산 류씨 문과 급제자

柳陽春 1468년, 세조 14 戊子年 식년문과 을과
柳公權 1528년, 중종 23 戊子年 식년문과 병과
柳仲郢 1540년, 중종 35 庚子年 식년문과 병과
柳景深 1544년, 중종 39 甲辰年 별시문과 병과
　　　 1546년, 명종 1 丙午年 중시문과 갑과
柳成龍 1566년, 명종 21 丙寅年 별시문과 병과
柳宗介 1585년, 선조 18 乙酉年 식년문과 병과
柳世鳴 1675년, 숙종 元 乙卯年 증광문과 병과
柳世賓 1681년, 숙종 7 辛酉年 식년문과 병과
柳光億 1777년, 정조 元 丁酉年 식년문과 병과
柳相祚 1794년, 정조 18 甲寅年 알성문과 을과
柳台佐 1794년, 정조 18 甲寅年 정시문과 병과
柳致睦 1814년, 순조 14 甲戌年 식년문과 병과
柳蘗祚 1817년, 순조 17 丁丑年 별시문과 병과

柳道海 1840년, 헌종 6 庚子年 식년문과 병과
柳光睦 1843년, 헌종 9 癸卯年 식년문과 장원
柳進翰 1844년, 헌종 10 甲辰年 증광문과 장원
柳道彙 1851년, 철종 2 辛亥年 증광문과 을과
柳芝榮 1857년, 철종 8 丁巳年 정시문과 병과
柳厚祚 1858년, 철종 9 戊午年 별시문과 병과
柳道昌 1861년, 철종 12 辛酉年 식년문과 병과
柳道緯 1876년, 고종 13 丙子年 식년전시 을과

3 풍산 류씨 생원·진사 합격자

柳　强 1469년, 예종 1, 증광 생원 3등 83
柳之湖 1469년, 예종 1, 증광 진사 3등 37
柳成龍 1564년, 명종 19, 식년 생원 1등 3
柳成龍 1564년, 명종 19, 식년 진사 3등 66
柳宗介 1579년, 선조 12, 식년 진사 2등 19
柳　袗 1610년, 광해 2, 식년 진사 1등 1
柳義男 1615년, 광해 7, 식년 진사 3등 71
柳時元 1642년, 인조 20, 식년 진사 3등 79
柳元起 1648년, 인조 26, 식년 생원 3등 50
柳世翊 1652년, 효종 3, 증광 진사 3등 33
柳世哲 1654년, 효종 5, 식년 진사 3등 85
柳世鳴 1660년, 현종 1, 식년 진사 2등 10
柳世晦 1662년, 현종 3, 증광 생원 2등 29
柳世賓 1666년, 현종 7, 식년 생원 3등 56
柳日祥 1675년, 숙종 1, 증광 진사 2등 28
柳後光 1679년, 숙종 5, 식년 생원 1등 4
柳後康 1687년, 숙종 13, 식년 생원 2등 29
柳喜潤 1708년, 숙종 34, 식년 생원 2등 28
柳昌潤 1710년, 숙종 36, 증광 생원 3등 32
柳夢瑞 1713년, 숙종 39, 증광 생원 3등 78

柳恒潤 1713년, 숙종 39, 증광 진사 3등 59
柳聖雨 1729년, 영조 5, 식년 진사 2등 12
柳聖會 1740년, 영조 16, 증광 진사 2등 24
柳載春 1753년, 영조 29, 식년 생원 2등 28
柳象春 1765년, 영조 41, 식년 생원 2등 27
柳尋春 1786년, 정조 10, 식년 생원 3등 64
柳奭祚 1795년, 정조 19, 식년 생원 3등 73
柳喆祚 1795년, 정조 19, 식년 생원 3등 97
柳時春 1801년, 순조 1, 식년 생원 3등 86
柳燁春 1801년, 순조 1, 식년 진사 3등 40
柳志鼎 1801년, 순조 1, 식년 진사 3등 61
柳璧祚 1804년, 순조 4, 식년 진사 3등 80
柳徽祚 1814년, 순조 14, 식년 생원 3등 87
柳道宗 1814년, 순조 14, 식년 생원 3등 99
柳進明 1831년, 순조 31, 식년 생원 3등 53
柳敎睦 1834년, 순조 34, 식년 생원 3등 77
柳祈睦 1837년, 헌종 3, 식년 생원 3등 58
柳進翰 1837년, 헌종 3, 식년 진사 3등 68
柳厚祚 1837년, 헌종 3, 식년 진사 3등 95
柳進徽 1840년, 헌종 6, 식년 진사 3등 35
柳孝睦 1846년, 헌종 12, 식년 생원 2등 10
柳宇睦 1848년, 헌종 14, 증광 생원 1등 5
柳敎祚 1850년, 철종 1, 증광 생원 3등 32
柳進奎 1852년, 철종 3, 식년 생원 3등 39
柳進鳳 1852년, 철종 3, 식년 진사 3등 38
柳驥榮 1858년, 철종 9, 식년 생원 3등 39
柳道藥 1864년, 고종 1, 증광 생원 1등 5
柳道望 1864년, 고종 1, 증광 생원 3등 88
柳晩祚 1864년, 고종 1, 증광 생원 3등 92
柳寅睦 1865년, 고종 2, 식년 생원 1등 5
柳道運 1870년, 고종 7, 식년 생원 3등 44

柳道龜 1873년, 고종 10, 식년 생원 3등 37
柳道弼 1873년, 고종 10, 식년 생원 3등 45
柳昶祚 1874년, 고종 11, 증광 생원 3등 139
柳膺睦 1879년, 고종 16, 식년 진사 3등 61
柳道興 1880년, 고종 17, 증광 생원 3등 58
柳道直 1882년, 고종 19, 증광 진사 3등 52
柳永佑 1885년, 고종 22, 증광 생원 2등 8
柳東奎 1891년, 고종 28, 증광 생원 3등 171
柳相佑 1894년, 고종 31, 식년 진사 3등 87
柳泓植 1894년, 고종 31, 식년 진사 3등 631
柳時一 1894년, 고종 31, 식년 진사 3등 668

3 풍산 류씨 항렬자(行列字)

1	節	마디	절	21	祚	복조	조			
2	敦	두터울	돈	22	進	나아갈	진	睦	화목	목
3	挺	곧을	정	23	道	길	도			
4	伯	맏	백	24	榮	영화	영	東	동녘 동 植	심을 식
5	蘭	난초	난	25	佑	도울	우	默	잠길 묵 勳	공훈 훈
6	葆	성할	보	26	時	때	시	在	있을 재 壽	목숨 수
7	從	쫓을	종	27	夏	여름	하	文	글월 문 信	믿을 신
8	洪	넓을	홍	28	漢	한수	한	浩	물 호 海	바다 해
9	沼	못	소	29	根	뿌리	근	相	서로 상 桓	굳셀 환
10	子	아들	자	30	炳	불꽃	병	應	응할 응 克	이길 극
11	公	귀인	공	31	志	뜻	지	正	바를 정 基	터 기
12	仲	버금	중	32	升	되	승			
13	龍	용	룡	33	洛	물	락			
14	衣	옷의	변	34	秉	잡을	병			
15	之	갈	지	35	希	바랄	희			
16	河	물	하	36	奎	별	규			
17	後	뒤	후	37	會	모일	회			

18 聖 성인 성   38 守 지킬 수
19 氵 삼점 변   39 直 곧을 직
20 春 봄 춘   40 炯 빛날 형

4 풍산 류씨 주요 집거지(集居地)

안동시 풍천면 하회리	겸암, 서애파
안동시 풍천면 광덕리	파산파
의성군 점곡면 사촌리	겸암파
의성군 단밀면 생송리	서애파
상주시 중동면 우물리	서애파
문경시 산양면 존도리	서애파
예천군 보문면	귀촌파
예천군 용문면 축동리	축동파
봉화군 소천면	모하당파
경주시 안강읍	안강파
경남 함양군	참판공(咸陽派)
전북 남원시 운봉면 암계리	참판공(雲峰派)
안동시 예안면 서촌리	교위공파
안동시 와룡면 가구리	모하당파

5 풍산 류씨 역대 족보 간행

무인보(戊寅譜, 영조 34, 1758)
정묘보(丁卯譜, 순조 7, 1807)
을묘보(乙卯譜, 철종 6, 1855)
갑진보(甲辰譜, 1964)
무오보(戊午譜, 1978)

참고문헌

1 문집류

류중영, 『입암선생문집』.
류운룡, 『겸암선생문집』.
류운룡, 『겸암집』, 아세아문화사, 1981.
류성룡, 『서애선생문집』.
류성룡, 『서애전서』, 서애선생기념사업회, 1991.
류중엄, 『파산선생일고』.
권 기, 『영가지』.

2 단행본

류성룡, 『국역서애집』, 민족문화추진회 옮김, 1982.
류성룡, 『징비록』, 남만성 옮김, 현암사, 1973.
華山 柳時學, 『하회안내』, 1984. 12. 24.
풍산류씨화수회, 『豊柳會報』, 1988년 창간호.
임재해, 『민속마을하회여행』, 밀알, 1994.
김용직, 『안동하회마을』, 열화당, 1990.
박필술 구술, 『명가의 내훈』, 현암사, 1994.
송지향, 『안동향토지』, 대성문화사, 1983.
이원승, 『류성룡의 군사분야 업적 재조명』, 청문각, 1992.
서애선생기념사업회, ≪서애연구≫ 2집, 1979.
황패강, 『임진왜란과 실기문학』, 일지사, 1992.
임형택, 『이조시대 서사시』, 창작과비평사, 1992.

경상북도안동교육청, 『안동교육사』, 1992.
서수용, 『영남의 가훈』, 영남사, 1993.
이중환, 『택리지』, 이익성 옮김, 을유문화사, 1994.
서수용, 『안동의 서원』, 안동문화원, 1994.
민속박물관, 『안동의 동제』, 영남사, 1994.
건들바우박물관, 『선현의 발자취』, 1994.
임재해, 『안동하회마을』, 대원사, 1994.
서수용, 『안동의 문화재』, 영남사, 1995.
이우성, 『한국고전의 발견』, 한길사, 1995.
류희걸, 『하루에 50번 웃으면 백년을 산다』, 영남사, 1995.
윤수경, 『단양향토지』, 단양향토문화연구회, 1994.
단양향토문화연구회, 『단양의 고을고을 그 역사따라 향기따라』, 1995.

3 논문 및 팸플릿, 기타

서애선생기념사업회, 『하회 영모각』, 도서출판 한통, 1988.
이동신, 「하회, 하회마을」, ≪안동≫, 1990 봄호.
안동문화원, 「하회유선줄불놀이」, 1991.
풍산류씨대구화수회, 「하회마을과 병산서원」, 1992.
안동군 대구대박물관, 「하회마을 서애 류성룡 선생 생가지 발굴조사보고서」, 1993.
하회별신굿탈놀이보존회, 「하회별신굿탈놀이」, 1995.
≪백년이웃≫, 두산그룹 사보, 1995.
KBS, 「지방시대를 연다」, 김시묘 PD 연출, 1995.

안동 하회마을을 찾아서

1판 1쇄 펴냄 • 1999년 2월 5일
1판 2쇄 펴냄 • 2000년 4월 8일

지은이 • 서수용
펴낸이 • 박맹호
펴낸곳 • (주) 민음사

출판등록 • 1966. 5. 19. (제16-490호)
서울시 강남구 신사동 506 강남출판문화센터 5층
대표전화 515-2000 • 팩시밀리 515-2007
www.minumsa.com

ⓒ 서수용, 1999. Printed in Seoul, Korea

값15,000원

ISBN 89-374-2417-7 03380